Thomas Dienberg, Gregor Fasel,
Michael Fischer (Hg.)

Spiritualität & Management

Kirche – Management – Spiritualität

herausgegeben von

Prof. Dr. Thomas Dienberg
(PTH Münster)

Band 1

LIT

Thomas Dienberg, Gregor Fasel,
Michael Fischer (Hg.)

Spiritualität & Management

Grundlagenbeiträge von
Thomas Dienberg, Michael Fischer,
Joachim Hagel, Urs Jäger
und Bernd Kriegesmann

LIT

Gedruckt auf alterungsbeständigem Werkdruckpapier entsprechend
ANSI Z3948 DIN ISO 9706

Bibliografische Information der Deutschen Nationalbibliothek
Die Deutsche Nationalbibliothek verzeichnet diese Publikation in der
Deutschen Nationalbibliografie; detaillierte bibliografische Daten sind
im Internet über http://dnb.d-nb.de abrufbar.

ISBN 978-3-8258-0908-9

© LIT VERLAG Dr. W. Hopf Berlin 2007
Auslieferung/Verlagskontakt:
Fresnostr. 2 48159 Münster
Tel. +49 (0)251–62 03 20 Fax +49 (0)251–23 19 72
e-Mail: lit@lit-verlag.de http://www.lit-verlag.de

Inhalt

Vorwort

Management und Spiritualität in Verbindung zueinander zu bringen ist derzeit ein
Thema, das zunehmend Menschen beschäftigt. Doch auf welcher Basis kann eine
solche Verbindung überhaupt hergestellt werden, wie können unterschiedliche
wissenschaftliche Disziplinen in einen fruchtbaren Dialog miteinander treten. Und
lässt sich dieser Dialog überhaupt erkenntnisgeleitet führen?
Mit diesen Fragen setzt sich der vorliegende Band auseinander. Er ist der erste
einer Reihe von Veröffentlichungen zu dieser Thematik, herausgegeben vom Vorstand des Instituts für Kirche, Management und Spiritualität. Geplant und z.T.
bereits in Vorbereitung sind vertiefende Beiträge zu besonderen Teilaspekten der
Thematik.
In diesem ersten Band geht es darum zu klären, auf welchen Grundlagen ein Dialog zwischen Spiritualitätstheologie, Wirtschaftsethik und Managementlehre gelingen kann. Fünf Autoren nehmen aus ihren jeweiligen Arbeitsgebieten Stellung
zum Thema Management und Spiritualität. Damit wird auch die wissenschaftliche
Grundlage dargestellt, auf der am Institut für Kirche, Management und Spiritualität in Münster Forschung und Lehre aufgebaut sind.

Im ersten Beitrag definiert **Thomas Dienberg** den Begriff der Spiritualität, wie er
am Institut gebräuchlich ist. Ausgehend von den aktuellen Trends in der Gesellschaft erläutert er, unter Berücksichtigung einer historischen Herleitung, wie Spiritualität, insbesondere christliche Spiritualität, heute verstanden werden kann.
Denn der Begriff Spiritualität wird heute, so sein Befund, von zahlreichen Gruppen und Personen gebraucht oder auch missbraucht. Nach seinem Verständnis ist
Spiritualität ein Prozess, die fortwährende Umformung eines Menschen in leidenschaftlicher und engagierter Beziehung zur Welt, zum Menschen und zum Unverfügbaren, wobei im christlichen Verständnis der persönliche Gott das dem Menschen Unverfügbare ist.

In ihrem Beitrag zum kybernetischen Kreislauf der Spiritualität legen **Walter
Krieg** und **Urs Jäger** dar, wie sich Management als praktizierte Spiritualität verstehen lässt. Ausgehend von der Kernfrage „Als was möchte ich in Erinnerung
bleiben" stellen sie einen Kreislauf dar, der fünf Dimensionen beinhaltet. Die
Autoren plädieren in ihrem Beitrag für eine ganzheitliche Auffassung von Management als Voraussetzung für ein Management aus Spiritualität heraus, wobei sie
dies auch als Anforderung für die Ausbildung zukünftiger Manager ansehen.

Michael Fischer weist in seinem Beitrag das Spannungsverhältnis von Theologie und Ökonomie in Unternehmen der Caritas und der Diakonie auf. Unter den verschärften ökonomischen Rahmenbedingungen für diese Unternehmen stellt sich zunehmend die Frage, wie sich in ihnen die Prioritäten von Fürsorge und Barmherzigkeit realisieren lassen. Dabei geht er auf die drei Ebenen Person, Organisation und System ein. Der Autor weist auf, dass das St. Galler Management-Modell für Unternehmen der Caritas und Diakonie in besonderer Weise geeignet ist, da es als integratives Konzept die Bedeutung der Theologie und Ökonomie im Blick behält und beide Bestimmungsfaktoren gelten lässt.

Bernd Kriegesmann, **Friedrich Kerka** und **Marcus Kottmann** gehen in ihrem Beitrag auf die Rolle des Individuums bei der Gestaltung und Veränderung von Organisationen ein. Ohne den Einzelnen und sein innovatorisches Potenzial, sein Werteverständnis und seine spezifische Spiritualität, so ihr Befund, wird sich innerhalb einer Organisation nichts verändern. Damit aber Individuen veränderungskompetent bleiben, bedarf es physischer und psychischer Voraussetzungen. Wie eine solche Kompetenz zu verstehen ist, wie sie nachhaltig erhalten und ausgebaut werden kann, welche veränderten Anforderungen an Kompetenzentwicklung durch die veränderten Rahmenbedingungen entstehen, welche Ressourcen bei den Mitarbeitern entwickelt werden müssen, all dies sind die Fragen, mit denen sich die Autoren beschäftigen.

Der abschließende Beitrag von **Joachim Hagel** befasst sich mit Fragen der Wirtschaftsethik. Dabei geht es insbesondere um den *moral point of view*, also die Frage, wie Verantwortung in der Unternehmensführung sittlich begründet umgesetzt werden kann. Der Autor stellt die Entwicklung der Ethik dar, wobei er besonders auf die Entwicklung im europäischen, christlich-jüdischen Kulturraum eingeht. Es wird dabei deutlich, dass Unternehmen und Organisationen als Systeme innerhalb einer Gesellschaft von der geistesgeschichtlichen Entwicklung ihrer Umsysteme abhängig sind. Sein Ziel ist es aufzuzeigen, wie ein Unternehmen eine ethisch vertretbare Strategie entwickeln kann, die von den identifizierten Stakeholdern weitgehend mitgetragen werden kann, um die *Corporate Social Responsibility* des Unternehmens zur Zufriedenheit aller Stakeholder wahrzunehmen.

Alle Beiträge befassen sich also mit der Fragestellung, wie der Einzelne in einer Organisation verantwortet an Entwicklungen mitwirken und sie verantwortet beeinflussen kann. Der Ansatz des Instituts für Kirche, Management und Spiritualität geht davon aus, dass Spiritualität und Management einander vieles mit auf den Weg geben können, vor allem aber dass ein erkenntnisgeleiteter Dialog sich lohnt und für beide Seiten sehr fruchtbar sein kann. Die Grundlagen für diesen Dialog lassen sich in den vorliegenden Artikeln finden.

Spiritualität – ein Definitionsversuch

Thomas Dienberg OFMCap

Inhalt

1. Die Sehnsucht als Ausgangspunkt der Spiritualität

„Es schienen so golden die Sterne,

Am Fenster ich einsam stand

Und hörte aus weiter Ferne

Ein Posthorn im stillen Land.

Das Herz mir im Leib entbrennte,

da hab ich mir heimlich gedacht:

Ach, wer da mitreisen könnte

In der prächtigen Sommernacht..."[1]

Diese berühmten Worte des Dichters Joseph Eichendorff drücken in noch immer berührender und unnachahmbarer Weise aus, was es heißt, Mensch zu sein: nämlich sich sehnsüchtig ausstrecken nach dem, was vor einem liegt, was in weiter Ferne liegt, was die Träume versprechen, was die Utopien andeuten oder auch das Herz verlangt. Mensch sein heißt Sehnsüchte haben und diesen nachgehen. Der französische Philosoph Jacques Lacan umschrieb den Menschen mit einem einzigen Wort: ‚desir', die pure und oft auch maßlose Sehnsucht. Ein Mensch, der keine Sehnsucht mehr hat, ist tot. Sehnsucht ist nicht nur eine der Grundantriebskräfte menschlichen Lebens, sie ist auch Ausgangspunkt sowie elementarer Bestandteil von Spiritualität, die sich als die Suche nach dem begreift, was hinter den Dingen und der Wirklichkeit liegt: die Suche nach der Wirklichkeit in aller Wirklichkeit, die Suche nach den Antworten auf die Grundfragen des menschlichen Lebens: woher, wozu, wohin und wer bin ich? Sehnsucht treibt den Menschen an, auf diese Fragen eine Antwort zu finden und das eigene Leben entsprechend zu gestalten, gerade auch mit Hilfe einer Spiritualität.

Das Grundcharakteristikum jeder Sehnsucht ist Mangelerscheinung. Der Mensch streckt sich nach dem aus, was er nicht hat, was ihm im Moment fehlt und er sich gerne erwünscht. Die Sehnsucht weist auf etwas anderes, etwas Fernes, etwas Größeres oder auch Göttliches hin, etwas, das dem einzelnen zu seinem Menschsein oder seinem vollkommenen Glück eben noch fehlt. Auch die Sehnsucht nach der Beantwortung der elementaren Fragen des menschlichen Lebens streckt sich nach Antworten aus, die das Leben augenscheinlich nicht so einfach zu bieten hat, oder die sich nur partiell offenbaren oder sich ganz entziehen. Aufgabe menschlichen Lebens ist es, die Sehnsucht nicht zu verlieren, nicht zu resignieren oder fatalistisch alles über sich ergehen zu lassen. Aufgabe des Menschen ist es, die Sehnsucht wach zu halten. Die Schriftstellerin Ulla Hahn schreibt: „Der zweite Gesichtspunkt ist die Sehnsucht nach etwas, was es in der Wirklichkeit nicht gibt, aber doch in der Bibel verheißen ist. Ich glaube, schreiben hat viel damit zu tun, Ich schreibe, um diese Sehnsucht wachzuhalten. Ich glaube, niemand würde schreiben – und auch nicht lesen -, wenn er mit dem, was hier auf der Welt passiert, zufrieden wäre. [...] Aber es drückt sich darin auch eine Sehnsucht nach einer Gestalt aus, nach einem Ort –

---

[1] Joseph von Eichendorff, in: Meine deutschen Gedichte, ges. v. H. v. Henting, Kempten 2001, 103.

ganz gleich, wie Sie Gott beschreiben wollen –, wo ich so aufgehoben sein kann, wie ich
wirklich bin, ohne etwas leisten zu müssen, ohne mich dauernd selber wieder unter Beweis stellen zu müssen."[2] Für Ulla Hahn ist das Schreiben eine Haltung des Wachhaltens
der grundsätzlichen Sehnsucht, die jeden Menschen erfüllt. Ihre Gedichte versteht sie als
Ausdruck dieser elementaren Sehnsucht nach Leben, der Sehnsucht nach einer anderen
Welt und der Sehnsucht nach der Integrität und Echtheit der eigenen Person. Ihre Gedichte sind zugleich Ausdruck der Unzufriedenheit mit dem, was ist.

„Diese Sehnsucht
dich beim Namen zu nennen
Diese Angst
dich beim Namen zu nennen

Diese Sehnsucht
Wort zu halten
Diese Angst
Wort zu halten

Diese Sehnsucht nach einem Leben
das kein Gedicht wird
Diese Angst vor einem Gedicht
das ein Leben vorwegnimmt."[3]

Ulla Hahn trifft mit diesem zitierten Gedicht die Grundkomponenten der Sehnsucht:
Sehnsucht bedeutet hier ein Hoffen, ein Erhoffen und Wünschen von etwas, was der
Mensch nicht hat. Es drängt ihn zu etwas oder zu jemandem. Sehnsucht hat den Charakter
dessen, dass der Mensch sich ausstreckt nach etwas, das ihm im Moment fern ist; wie
Ulla Hahn es formuliert: die Sehnsucht, einen Menschen beim Namen zu nennen, ihn zu
kennen, von ihm zu wissen, dass der da ist; die Sehnsucht, Wort zu halten, Vertrauen zu
können, einem anderen und vor allem sich selbst; zugleich dabei die Erfahrung zu machen, dass das so oft nicht erfahren werden kann; die Sehnsucht nach einem Leben, das
nicht sehnsuchtsvoll in Sprache gekleidet werden muss, weil es diese Erfahrungen im
alltäglichen Leben nicht gibt. Hahn bringt dabei eine Kategorie mit ihrem Gedicht ins
Gespräch, die zur Sehnsucht dazu gehört, sozusagen ihr zweites Gesicht ist: die Angst,
oder auch anders formuliert, der Schmerz. Sehnsucht und Schmerz gehören zusammen.

---

[2] U. Hahn, in: Kuschel, K.-J., „Ich glaube nicht, dass ich Atheist bin." Neue Gespräche über Religion
und Literatur, München 1992, 19.
[3] Hahn, U., Unerhörte Nähe. Gedichte. Mit einem Anhang für den, der fragt, Stuttgart 1988, 59.

Sehnsucht ist ein leidenschaftliches Begehren, das sich aus der Mangelerfahrung nährt. Schmerz und Angst nähren Sehnsucht. Konkrete Rahmenbedingungen dabei sind des Menschen eigene Grenzen und seine Endlichkeit, die heute, gerade auch in Hinsicht auf ein neues Jahrtausend mit vielen Bedrohungen, zunehmend mehr Ängste wecken.[4] Diese Sehnsucht nach dem anderen kann die Sehnsucht nach einem Gott implizieren, sie kann einen persönlichen Gott anstreben, sie kann auch rein innerweltlich ihre Ziele finden. Sehnsucht ist die Triebfeder des Lebens, der Religion sowie der Spiritualität, die jeder Religion zugrunde liegt, doch auch ohne Religion existieren kann. Um noch einmal Ulla Hahn zu Worte kommen zu lassen: „Ich sehne mich nach dem, was ich nicht bin, nicht habe. Weil es mehr und Besseres geben muss als das, was wir sind und haben. Nicht aus einer Sehnsucht heraus, die die Augen vor der Wirklichkeit verschließt, die den Blick über die Wirklichkeit hinaus nur auf das Erhoffte richtet. Ein solches Leben und Schreiben wäre Hochmut. Meine Sehnsucht entspringt dem genauen Hinsehen auf die Wirklichkeit, Schreibend suche ich die Möglichkeiten, die über das, was ich weiß, bevor ich die Worte setze, hinausgehen. So vermehre ich mich selbst und die Wirklichkeit auch."[5]

Die Literatur ist also eine Form, auf die wesentlichen Fragen des Lebens einzugehen und die Sehnsucht nicht ersterben zu lassen. Eine andere Ausdrucksform, die Sehnsucht nach dem anderen wach zu halten, ist die Religion, und explizit in der Religion das Gebet. Auch das Gebet unterliegt prinzipiell einer tiefen Sehnsuchtsbewegung. Das Gebet ist zutiefst Ausdruck unerfüllter und erfüllter Sehnsucht.[6] Im Gebet sprechen sich die Erfahrungen der Menschheitsgeschichte aus, die Erfahrung Gottes und zugleich seine Nicht-Erfahrbarkeit. Im Gebet bleibt, wie auch im Gedicht, eine Unzufriedenheit, die aus dem Wissen um ein ‚Mehr' und einer nur vorläufigen Erfüllung der Wünsche und Träume entspringt. ‚Denn die Sehnsucht zu schreiben hat überall das Übergewicht', so formulierte es der Schriftsteller Franz Kafka.[7] Dieser Satz lässt sich ähnlich auch für das Gebet formulieren: Denn die Sehnsucht zu beten hat überall das Übergewicht. Für den Beter ist das Beten ein ähnliches Muss wie für den Dichter das Schreiben. Beide können nicht anders, um ihrer Sehnsucht Ausdruck zu verleihen. Das Beten und das Schreiben haben überall das Übergewicht. Das Gebet ist eine der Urgegebenheiten des Menschen. Menschheitsgeschichte ist immer auch Gebetsgeschichte.[8] Das Gebet durchzieht die Geschichte der Menschheit, ob zu einem Gott, zu verschiedenen Göttern, in welcher Art auch immer. Es ist Ausdruck der Abhängigkeit, von Vertrauen und der menschlichen Sehnsucht nach Mehr, nach dem, was das Leben trägt, hält und ihm Ziel verleiht. Das Gebet ist Antriebsmotor und Ausdrucksform der Spiritualität in der Religion. Es drückt die natürliche Sehnsucht des Menschen nach Mehr aus, eine natürliche Sehnsucht des Menschen nach Gott. Thomas von Aquin umschreibt diese Grundbefindlichkeit des Menschen mit dem soge-

---

[4] Vgl. Kehl, M., ʻSehnsucht' (1997).– eine Spur zu Gott?, in: GuL 70 (1997) 404-414.

[5] Hahn, Unerhörte Nähe, a. a. O., 85.

[6] Vgl. Plattig, M., Mystik, mystisch – Ein Modewort oder die Charakterisierung des ʻFrommen von morgen' (Karl Rahner)? Theologie der Spiritualität als eine praktische Theologie der Sehnsucht, in: Wissenschaft und Weisheit 60/1 (1997) 105-116.

[7] Kafka, F., Briefe 1902-1924, in: Gesammelte Werke in acht Bänden, hrsg. v. M. Brod, Frankfurt a. M. 1975, 392.

[8] Vgl. Metz, J. B., Rahner, K., Ermutigung zum Gebet, Freiburg 1977, 12ff.,

nannten 'desiderium naturale'. Für Thomas ist es die Ausrichtung eines Seienden auf ein letztes Ziel, letztlich auf die Anschauung Gottes.[9] Im Gebet drückt sich diese natürliche Sehnsucht des Menschen nach Gott aus. Auch Bonaventura sieht den Menschen als ein Wesen, das zutiefst geprägt ist von einer fast unhaltbaren Sehnsucht, die sich für ihn in einer stetig steigenden Bewegung auf Gott hin zeigt. Bonaventura möchte in seinem 'Itinerarium' den Leser zur göttlichen Beschauung führen. Zu dieser Beschauung ist jeder fähig, der ein Mann der Sehnsucht ist. „Keiner ist nämlich auch nur irgendwie disponiert für eine von Gott geschenkte Beschauung, die zur Entrückung des Geistes führt, wenn er nicht wie Daniel ein ‚Mann der Sehnsucht' ist. Sehnsucht aber lässt sich in uns auf zweifache Weise entflammen: durch das laute Rufen im Gebet, wenn der Mensch das Seufzen seines Herzens nicht zurückhält, sondern ungehemmt ausbrechen lässt, und durch den aufleuchtenden Glanz in der Betrachtung, wodurch der Geist sich den Strahlen des Lichtes direkt und ganz gesammelt zuwendet."[10] Dem Gebet kommt dabei die Rolle der Mutter und des Urquells der Seelenerhebung und der Gottesschau zu. Das spezifisch Paradoxe des Christlichen im Gegensatz z.B. zu vielen Gruppierungen auf dem Heilsmarkt heute besteht in der Tatsache, dass der Mensch diese Sehnsucht niemals selbst erfüllen kann. Die betende Sehnsucht weiß um das Mehr, hat es vielleicht erfahren und stellt nun einen leidenschaftlichen Akt menschlicher Existenz zwischen Erinnerung, Erfahrung, Begegnung und einem unerfülltem Mehr dar. Es bleibt ein Wachen, ein Warten, eine Endsehnsucht, die der Beter nicht von sich aus befriedigen kann; er allein nicht. Er ist angewiesen auf die Gnade Gottes. Das Gebet als religiös-spiritueller Grundakt schlechthin ist zugleich der Grundakt menschlicher Existenz. Es ist eine Bewegung des Menschen auf Gott hin, die der Bewegung Gottes auf den Menschen hin antwortet; doch die erneute Antwort Gottes kann der Mensch nicht machen und geben. Es bleibt die offene Frage nach Gott als dem Ewig Fernen oder dem Kommenden. Wie auch das Dichten so bleibt das Beten ein Wagnis. Es hat elementar mit Vertrauen zu tun: „Angerührtwerden, Aufhorchen, Zurückschrecken, Ringen mit der Angst, Wissen, dass es um alles geht, Beschreiben schließlich des großen, offenen Weges im Vertrauen zum Sich-schenkenden und zugleich fordernden DU – dieser ganze Prozess ist zuletzt nicht mehr reflektierbar. Aber er ist eben Gebet."[11] Beten ist das Schwerste und Einfachste zugleich, das der Mensch tun kann. Auch hier haben Gebet und Gedicht einiges gemeinsam.

Die Suchbewegungen des Betenden und des Poeten zielen auf etwas anderes, das noch keinen oder keinen deutlichen Namen oder einen sehr deutlichen Namen hat: auf eine andere Form von Leben, Dasein, eine Wirklichkeit hinter dem Beschreibbaren und Greifbaren, eine geheimnisvolle Gegenwart, die sich in des Menschen Leben erfahren lässt oder dem es auf die Spur zu kommen gilt. Die Sehnsucht danach will ins Wort gefasst werden und sucht ihre Wege in der Sprache. Sie will ausgedrückt werden, sie will mitgeteilt werden. Die Sprache der Sehnsucht ist Akt inmitten einer Landschaft und Kultur, die

---

[9] Vgl. Raffelt, A., Desiderium naturale, in: LThK, 1995, Bd. 3, 108-110.

[10] Bonaventura, Itinerarium mentis in deum – Der Pilgerweg des Menschen zu Gott, lat.-deutsch übers. u. erl. v. M. Schlosser, Münster 2004, 7. (Theologie der Spiritualität: Quellentexte, hrsg. v. Institut für Spiritualität Münster, Bd. 3.)

[11] Bamberg, C., Entscheidung zum Geheimnis. Vom Streit des christlichen Gebetes, in: GuL 51 (1978) 166-178, 171.

der Sprache immer weniger Respekt und Ehrfurcht zollt: inmitten einer Werbesprache, die mit der Macht und Kraft der Sprache spielt; inmitten einer technisierten Computersprache; inmitten schließlich auch einer Informations- und Pressesprache, die Sprache, vielfach vereinfacht und einen Sensationsstil an den Tag legt. Gedicht und Gebet vermögen noch immer, eine andere Sprache zu sprechen, aus Ehrfurcht und Ohnmacht der Sprache gegenüber, aus einer Ohnmacht heraus, das zu Sagende nicht in Worte kleiden zu können, es aber zu müssen: „Immer noch und neu das fast metaphysische Bohren in einem Himmel Nirgendwo"[12], so formuliert es P. K. Kurz für den Dichter. Diese Worte lassen sich genauso auch für das Gebet und die sich darin ausdrückende Sehnsucht begreifen: 'immer noch neu das metaphysische Bohren in den Himmel Gottes, der auch die Erde ist'. Analog der ewigen Frage: Wozu noch beten?, stellt Kurz die Frage nach dem Wozu der Lyrik heute und spricht von der unnützesten Tätigkeit des Schreibens überhaupt: „Gedichte produzieren jenes Unnütze, ohne das wir vergreisen."[13] Auch das Gebet steht jenseits jeglicher Nützlichkeitserwägungen. Es geht im Gebet nicht darum, dass es etwas bringt, dass es einen Ertrag zeitigt, es sprengt die Kategorie des Nutzens, es bringt nichts, und lässt sich, wie auch das Gedicht, als eine der unnützesten Tätigkeiten, des Lebens beschreiben.

Der Mensch ist ein Wesen der Sehnsucht. Die zwei elementaren Äußerungsformen von Gebet und Dichtung zeigen das auf. Doch auch andere Verhaltensweisen des Menschen sprechen eine beredte Sprache hinsichtlich menschlicher Sehnsucht: die Musik, die wie kaum ein anderes Medium im Menschen Seiten zum Schwingen bringen kann, die Sehnsüchte wecken können.[14]

Insbesondere in der gegenwärtigen Zeit wird deutlich, wie sehr Sehnsucht das Leben vieler Menschen bestimmt. Gruppierungen, die Heil und Hilfe versprechen, wachsen wie Pilze aus dem Boden. Spiritualität ist in aller Munde, und ein jeder ist auf der Suche nach seiner Spiritualität, nach dem, was seinem Leben Geist und Sinn verleiht. Das metaphysische Bohren in einen Himmel, irgendwo oder nirgendwo zeichnet, so viele Religionssoziologen, die Gegenwart geradezu aus. Wie selten zuvor suchen Menschen nach Antworten auf die großen Fragen des Menschseins. Die bisherigen Hauptanteilseigner und geltenden Instanzen, die Kirchen und die großen Religionen, bieten vielen Menschen heute keine Antworten mehr, oder aber sie geben sie in einer Form, die manche heute nicht mehr akzeptieren können. Die Religionen und die Anbieter der Religionen sind Teil eines riesigen Warenangebotes eines religiösen und spirituellen Supermarktes, der unübersichtlich geworden ist. Manch ein Theologe spricht in diesem Zusammenhang von der ‚Re-spiritualisierung' und ‚Re-sakralisierung' der Welt.

Vom Mittelalter heißt es, dass insbesondere das 11.-13. Jahrhundert eine Zeit des Umbruchs und der Krisen darstellte. Viele Menschen flohen in die Städte, um dort Arbeit zu erhalten. Verarmung, große Diskrepanzen zwischen arm und reich, Naturkatastrophen

---

[12] Kurz, P. K., Komm ins Offene. Essays zur zeitgenössischen Literatur, Frankfurt a. M. 1993, 154.
[13] Ebd., 166.
[14] Vgl. Dienberg, T., Von Berührungen zwischen Dichtung und Gebet, in: Studies in Spirituality 9/1999, 267-286.

und Seuchen weckten Urängste, Sehnsüchte und in vielen Fällen auch Wut- und Ohn-
machtgefühle. Die Menschen verloren das Vertrauen in weltliche, aber auch in kirchliche
Instanzen. In einer solchen Epoche der Unsicherheit brach das ‚Urbedürfnis' nach unmit-
telbarer religiöser Erfahrung und Erschütterung in breitesten Schichten des Volkes mit
elementarer Gewalt immer wieder auf. Viele suchten das Heil außerhalb der Kirche, in
Sekten und in der Mystik. Das klingt für heutige Ohren sehr bekannt. Es könnte fast eine
Zustandsbeschreibung heutiger Wirklichkeit sein. Der Herbst des Mittelalters also und
der Herbst der Neuzeit treffen sich. Ist die heutige Zeit eine Zeit der religiösen Gottlosig-
keit oder eine Zeit eines unerhörten Ausmaßes wiedererwachter Glaubensbereitschaft? Ist
es eine Zeit der maßlosen Gottessehnsucht, wie es andere beschreiben, eine Zeit der
Chance der Spiritualität?

Religion ist ein Weg, mit der Sehnsucht nach dem ‚Mehr' umzugehen. Laut dem Wiener
Pastoraltheologen Paul Michael Zulehner verfolgen 85% der Zeitgenossen das Ziel, das
Beste aus ihrem Leben herauszuholen[15]. Und diesbezüglich gibt es heute eine ungeheure
Anzahl von Angeboten auf dem esoterischen, dem religiösen und dem weltanschaulichen
Markt - das Beste aus dem Leben herausholen, weil ich es ja nur einmal lebe, also nur
einmal die Chance habe. Für Zulehner ergeben sich zwei praktische Handlungsweisen als
Konsequenz: Zum einen der so genannte Escapismus (Traumschiff, Reisen, Drogen, psy-
chosomatische Krankheiten, Sekten, Selbstmord), zum anderen die kreativere Antwort,
nämlich sich einer Religion anzuschließen.

1.1. Gesellschaftliche Megatrends[16]

Doch wie sehen diese gesellschaftlichen Basisströmungen oder Megatrends, wie sie
neuerdings bezeichnet werden, aus, die als religionsfördernd sowie religionsproduktiv
betrachten werden und die Sehnsucht, von der zu Beginn die Rede war, in einem neuen
Kontext erscheinen lassen: die Sehnsucht nach dem Religiösen und der Spiritualität, die
sich aus diesen Megatrends ergeben? In aller gebotenen Kürze soll im Folgenden auf
diese Trends eingegangen werden. Sie dienen lediglich als Hintergrund und mögliche
Erklärungshilfe für die vielfältigen religiösen und spirituellen Phänomene heute. Zugleich
sind sie, trotz der kurzen und plakativen Darstellung, eine Hilfe für das Verständnis eines
sich ändernden Spiritualitätsbegriffs. Ob es sich dabei um eine Renaissance der Religionen handelt, um eine Wiederkehr der Religionen oder gar um eine neue Zeit, die man mit
dem Paradox einer post-säkularen Zeit (Habermas) umschreiben will, dem soll an dieser
Stelle ebenfalls nicht weiter nachgegangen werden. Unbenommen der Diskussion über
interpretatorische oder begriffliche Umschreibungen gelten die von Pollack und Zulehner
in ihrer Studie aufgestellten Charakteristika sicherlich für die Tatsache, dass sich die
Sehnsucht im Menschen nach einer transzendenten Wirklichkeit oder nach etwas in und

---

[15] Vgl. Zulehner, P. M., Megatrend Religion. Welche Religion kehrt zurück?, in: Ortswechsel. Auf neue
Art Kirche sein, hrsg. v. E. Purk, Stuttgart 2003, 27-37.
[16] Vgl. zu diesem Kapitel: Megatrend Religion? Neue Religiositäten in Europa, hrsg. v. R. Pollak, Ostfildern 2002. Der Autor beruft sich auf diese umfassende und interessante Studie.

hinter den Dingen ihre Räume sucht. Die inflationäre Rede und Gebrauch des Modewortes Spiritualität bringt dieses Phänomen deutlich zum Ausdruck.

1.1.1. Pluralisierung und Individualisierung:

Mit Pluralisierung wird ein Trend beschrieben, der sich vor allem in den westlichen Gesellschaften in den letzten Jahrzehnten ausgeformt hat. Unterschiedlichste Wertehaltungen, Lebensformen und religiöse Anschauungen bestehen nebeneinander. Alte Werte und Sozialformen fassen nicht das Ganze der Gesellschaft, die sich zunehmend ausdifferenziert in unterschiedlichste Segmente, die gleichwertig nebeneinander stehen: die Arbeits- und die Freizeitwelt, die Konsumwelt, die Religionen, die Kultur, die Wirtschaft usw. Die Gesellschaft zerfällt sozusagen in eine unüberschaubare Anzahl von Teilgruppen, Subkulturen und Segmenten, je nach Bedürfnis. Die Art und Weise mit dieser Pluralisierung umzugehen kann unterschiedlicher Art und Weise sein: Zum einen fühlen Menschen sich befreit, indem sie ihr eigenes Leben individuell und flexibel gestalten können und die Freiheit zur Wahl haben; zum anderen fühlen sich Menschen verunsichert angesichts der Qual der Wahl und angesichts schwindender identitätssichernder Orientierungen und allgemein gültiger Segmente. Die großen sinnstiftenden Institutionen wie die Kirche und die monotheistischen Religionen verlieren an Glaubwürdigkeit. Andere Anbieter tauchen auf dem Markt auf. Alles ist möglich, aber nichts ist sicher.

Der Gegentrend zur Pluralisierung ist die Individualisierung. Das Leben wird zum Kleinstunternehmen in privater Hand (Zulehner). Der einzelne trägt ganz allein die Eigenverantwortung für die Gestaltung seines Lebens. Immer weniger wird er durch traditionelle Lebensentwürfe getragen. Alles ist möglich. So ergeben sich heute gewaltige Herausforderungen: „Sich in einer leistungsorientierten Welt durchzusetzen, wo gerade in der Arbeitswelt über Auf- und Abstieg die Einzigartigkeit der individuellen Qualifikation entscheidet, ist eine nicht zu unterschätzende Hürde für viele Menschen. Die radikale Unbestimmtheit einer Zukunft, in der alles möglich erscheint und sich traditionelle Normbiographien ebenso auflösen wie fest Fahrpläne durchs Leben, kann bedrohlich wirken."[17]

Die Pole der Pluralisierung und Individualisierung können religionsproduktiv wirken. Viele Menschen sind heute auf Orientierungs- und Sinnsuche. Angebote zur Unterbrechung, zum Innehalten sind sehr begehrt (vgl. all die Angebote wie Klöster auf Zeit, Managerseminare, Zen ... etc.), die Zahl der Klöster, die zum Kloster auf Zeit einladen, steigt.[18] Die Sehnsucht nach Sinn und Orientierung wirkt sich besonders angesichts dieser

---

[17] Megatrend, a . a. O., 76.

[18] Als ein Beispiel für viele kann das Kloster Stühlingen an der Schweizer Grenze dienen, das bereits seit dem Jahre 1983 zu einem solchen Angebot einlädt. Auf der homepage der Gemeinschaft heißt es: „Wir laden Sie ein, mit uns, das sind zur Zeit vier Kapuzinerbrüder und drei Schwestern der Reuter Franziskanerinnen, für Tage oder Wochen die Klostergemeinschaft zu bilden. Nicht als Zuschauer, sondern mit der Möglichkeit, den Alltag mitzugestalten. Sie nehmen an unserem Ordensleben teil und leben mit uns im Geist des heiligen Franziskus. Wir sind also weder Tagungshaus noch Meditationszentrum, weder Jugendherberge noch Ferienkloster, weder Beleghaus noch Schullandheim, weder Exerzitienhaus noch Bildungsstätte. Wir führen auch keine Therapien oder Rehabilitationen durch, sondern verstehen uns als Kloster zum Mitleben."

Tendenzen aus, die Sehnsucht nach Ganzheit und Harmonie, nach Orientierung und Sicherheit. So ist es kaum verwunderlich, dass sich viele Gruppierungen auf dem funda-
mentalistischen Sektor, besonders auch in den verschiedensten Religionen, großer Belieb-
theit erfreuen. Sie bieten eine Sicherheit, eine klare Orientierung und eindeutige Werte-
maßstäbe, die der einzelne sich nicht erst zu erarbeiten hat. Sie bieten Sicherheit in einer
Gesellschaft, die diese verweigert.

Die Individualisierung wiederum bedeutet für die Religionen, dass sie zur Selbstbedie-
nung freigegeben sind. Die christliche Religion und die christlichen Kirchen sind ein
Angebot unter vielen, von dem sich jeder Mensch das heraussuchen kann, was bei allem
Negativen einen positiven Wert haben könnte.

1.1.2. Säkularisierung und (Re)Sakralisierung

Der Begriff der Säkularisierung ein sehr schillernder Begriff mit den unterschiedlichsten
Bedeutungsinhalten. Karl Gabriel macht für die Säkularisierung drei Bedeutungsdimen-
sionen fest: funktionale und strukturelle Differenzierung der Gesellschaft, der eklatante
Rückgang des religiösen Glaubens und vor allem der religiösen Praxis sowie der Rückzug
der Religion in die Privatsphäre.[19] Bischof Huber konstatiert vor allem drei Aspekte des
Begriffes der Säkularisierung: „die Aufgabe, eine Verfassungsordnung zu entwickeln, in
der weltliche Herrschaft nicht mehr geistlich begründet wird, die aber gleichwohl nicht
nur die Freiheit von der Religion, sondern auch die Freiheit zur Religion gewährleistet;
sodann die Emanzipation der sich differenzierenden und pluralisierenden Gesellschaft
von der weltlichen Herrschaft der Religion oder religiöser Institutionen; schließlich die
Verwandlung von Glaubensinhalten in Themen weltlicher Verständigung."[20] Vor allem
setzt sich Huber mit der zweiten Dimension der Säkularisierung, in welcher letztlich die
Säkularisierung mit einer Entkirchlichung gleichgesetzt wird, eine Entkirchlichung, mit
welcher eine Privatisierung der Religion Hand in Hand geht, also die dritte Bedeutungs-
dimension, die Gabriel für den Begriff der Säkularisierung konstatiert. Diese setzt Pollack
wiederum in ihrer Untersuchung voraus bzw. belegt sie schwerpunktmäßig mit dem Begriff der Säkularisierung.

Auch wenn vor wenigen Jahren das Jubiläum der Säkularisierung gefeiert wurde, so Pollack, so ist diese bei weitem noch nicht abgeschlossen. Die Entmachtung von Transzendenz und die Verbannung des Religiösen in die Privatsphäre halten nach wie vor an. Sie
sind konsequente Folgen aus der Pluralisierung und Individualisierung. Man denke nur an
die Diskussionen um den Schleier und andere Ausdrucksformen des Islam in der westeu-

---

[19] Vgl. Gabriel, K., Zwischen Säkularisierung, Individualisierung und Entprivatisierung. Zur Widersprüchlichkeit der religiösen Lage heute, in: Erosion. Zur Veränderung des religiösen Bewusstseins,
hrsg. v. K. Walf, Luzern 2000, 9-28; Gabriel, K., Säkularisierung und öffentliche Religion. Religionssoziologische Anmerkungen mit Blick auf den europäischen Kontext, in: Jahrbuch für christliche Sozialwissenschaften. Religion im öffentlichen Raum: Perspektiven in Europa, Münster 2003, 13-36.
[20] Huber, W., „Glauben in der Welt" – Die Säkularisierung und die Zukunft der Kirchen" – Vortrag
anlässlich der 215. Tagung der Johanniter-Arbeitsgemeinschaft für Gegenwartsfragen der Baden-
Württembergischen   Kommende   des   Johanniterordens,   Maulbronn,   in:
http://www.ekd.de/vortraege/051022_huber_maulbronn.html

ropäischen Kultur oder an die Auseinandersetzungen um die Kreuze im Klassenraum in Deutschland.

Verbunden mit der Säkularisierung geht eine Deinstitutionalisierung der Kirchen und der institutionalisierten Religionen einher. Die Bindungen werden gelöst bzw. nicht mehr im Sinne von Mitgliedschaft und Verbindlichkeit gesehen. Der einzelne geht, wenn es ihm gut tut. Er nimmt sich das, was ihm gut gefällt. Gleichzeitig ist neben aller Säkularisierung wiederum eine starke Tendenz der Sakralisierung festzustellen; ein Gegentrend, zugleich aber auch eine logische Konsequenz aus den zunehmenden Legitimationsschwierigkeiten der institutionalisierten Religionen, in denen es doch nur, so die Meinung vieler, um Macht und Geld geht. Die Sehnsucht nach dem ‚Mehr' hinter den Dingen ist noch immer eine starke Kraft im Menschen, doch wird sie von vielen nicht mehr in den institutionalisierten Religionen gesehen.

Die Suche nach dem, was trägt, die Suche nach dem Mehr hinter den Dingen ist virulent in unseren Tagen. Menschen widmen sich der Esoterik und vielfach Gruppierungen, die keine Mitgliedschaft fordern, wie das Keltentum und das Neuheidentum. Hexen nehmen an Bedeutung zu, so gibt es seit 1994 die erste Hexenschule auf deutschem Boden in Hannover. Dinge, die auf einmal heilig werden oder Räume und Orte mit besonderer Bedeutung, gewinnen an Bedeutung. All das lebt und scheint vielen Menschen etwas zu vermitteln, was den institutionalisierten Religionen fehlt und nicht mehr gelingt. Und zeigen nicht auch der Boom in der Literatur und die Filme wie Harry Potter und der Herrn der Ringe das Bedürfnis nach einer Re-Sakralisierung der Welt: eine Welt voller Wunder, Zauberer, voller Geheimnisse? Die Wiederverzauberung einer nüchternen und von vielen als ‚kühl' erlebten Welt? Vielleicht auch die Sehnsucht nach einer Welt, in der man abtauchen kann.

Spirituelle Supermärkte sind gefragt, und dabei kommt es auf die Emotionen, weniger auf Verstand und Vernunft an. „Nur der Nüchterne ahnt das Heilige, alles andere ist Geflunker, glaub mir, nicht wert, dass wir uns aufhalten darin,"[21] diese Worte des Don Juan bei Max Frisch gelten für viele nicht mehr.

Ein anderes Phänomen macht die Sehnsucht nach Resakralisierung in aller Säkularisierung deutlich: die Wiederkehr und Renaissance der Engel. Kaum ein anderes Wesen steht so sehr für das Fremde, das Geheimnisvolle und die Welt hinter der Welt wie der Engel. Auf dem Buchmarkt kommt kaum ein Buch heute aus der Sparte Religion und Lebensdeutung ohne den Engel aus. Engel, so steht es im Sonderheft 2003 der Zeitschrift ‚Psychologie heute', sind Mittler zwischen zwei Welten. Sie sind uralte Produkte oder Ausdruck des Menschen Sehnsucht nach dem Mehr von Leben. Gott ist tot, doch die Engel leben – überall, so hat es den Anschein. Sie sind greifbar, für viele erlebbar, ganz anders als Gott. „Die Engel relativieren die Einsamkeit des Menschen ebenso wie die Einsamkeit Gottes. Sie sind ihrer Bestimmung nach Gefährten, Wesen, die in unserer Nähe sind."[22]

---

[21] Frisch, M., Don Juan oder Die Liebe zur Geometrie, in: Ders., Gesammelte Werke Bd. 3, hrsg. v. H. Mayer, Frankfurt a. M. 1986,95-167, 132.

[22] Plesu, A., Engel: Elemente für eine Theorie der Nähe, in: Engel, Engel. Legenden der Gegenwart, hrsg. v. C. Pichler, New York/Wien 1997, 15-31, 18f. (Ausstellungskatalog zur Ausstellung: Engel Engel, vom 11. Juni bis 7. September 1997 in der Kunsthalle Wien.)

Sie erleben geradezu eine Renaissance, und das durchaus jenseits der institutionalisierten Religion. Sie scheinen für viele Menschen Zeichen der Transzendenz oder einer nicht fassbaren Welt zu sein, Symbole und Wesen, die dafür sprechen, dass es noch mehr im Leben geben muss.

Der inflationäre Gebrauch der Worte Spiritualität und Mystik spricht noch einmal eine ganz eigene Sprache, ist aber auch unter dieser Tendenz der Säkularisierung und Re-Sakralisierung zu sehen. Hier steht Spiritualität für das Geheimnisvolle, das Mehr an Leben, der anderen Wirklichkeit, für das Nichtrationale.

1.1.3. ‚Produktive Trennungen' und produktive Vernetzung

In enger Verbindung mit Säkularisierung steht der dritte Punkt bzgl. der Megatrends Religion. Die heutigen westlichen Gesellschaften zeichnen sich durch ein hohes Ausmaß an Expertentum und Spezialisierungen auf den unterschiedlichsten Gebieten aus. Folgen davon sind Bürokratisierung, Fachterminologien und ‚Fachidiotentum'. Selbst vor der Theologie hat diese Entwicklung nicht Halt gemacht. Wie sieht es aus mit General- und Allgemeinwissen heute? Daraus erfolgt eine Gegenbewegung: „Man sehnt sich nach einer Vernetzung der entfremdeten Lebenswelten, verlangt nach Praxisrelevanz, nach Synergieeffekten und einem existentiellen Nutzen der Institutionen. Man will nicht mehr nur ein einsames Rädchen im Getriebe sein, sondern die Ressourcen der verschiedenen Lebensbereiche kombinieren und möglichst effizient verbinden. Dadurch verschwimmen heute wieder die Grenzen zwischen den einzelnen Bereichen, man spricht von ‚Dispersion'. Priester besuchen Managementseminare und in der Wirtschaft werden Mitarbeiter zu ‚spirituellen Seminaren' motiviert, um ihre Persönlichkeit zu entwickeln und letztlich für den Betrieb nützlicher zu sein."[23]

So produktiv die Trennungen und Spezialisierungen sein mögen, so sehr ist gleichzeitig aber auch eine Vernetzung vonnöten, damit die psychische Obdachlosigkeit nicht überhand nimmt. Vernetzung ist ein wichtiges und ernst zu nehmendes Stichwort innerhalb einer Gesellschaft, die in viele Einzelteile und Einzelwelten zerfällt. Auch das Leben vieler Menschen zerfällt in verschiedene Bereiche, die neben einander stehen und oftmals keinen roten Faden aufweisen. Sie entbehren der Vernetzung. Das betrifft auch die Religion und das spirituelle Leben. So wird Religion oder religiöses Gefühl heute sogar in Verbindung mit Wellness-Urlauben angeboten oder erfahren, aus dem Bedürfnis nach Vernetzung der Segmente.

1.1.4. Rationalisierung und Erlebnisorientierung

Rationalisierung ist ein weiteres Stichwort heutiger Gesellschaft. Rationalisierung bedeutet die Ausrichtung des individuellen wie gesellschaftlichen Handelns an logischen Prinzipien wie Sachlichkeit, Effizienz, Produktivität, Fortschrittlichkeit, Zweckmäßigkeit, Funktionalität, Zielorientierung, Ordnung und Sicherheit, Optimierung, Kalkulierbarkeit und Kontrolle.

---

[23] Megatrend. a. a. O., 79.

Arbeit, Freizeit und Privatleben werden an rationalen Prinzipien ausgerichtet. Die Frage lautet dann: ‚Was bringt mir was wie schnell?' Die Rationalisierung zieht einen Trend nach sich, den man Erlebnisorientierung nennen kann. Die Sehnsucht nach Unmittelbarem und ‚Schönem', Werte wie Spontaneität, Natürlichkeit, Emotionalität sind Ausdruck dieses Trends. Es geht nicht mehr um den Alltag, sondern um das Besondere inmitten des Alltags. Inszenarien werden geschaffen, events und happenings stehen im Vordergrund. Man geht nicht einfach mehr nur in ein Restaurant zum Essen oder in ein Kaufhaus zum Einkaufen: Erlebnisgastronomie und shopping malls sind angesagt.

Die Erlebnisorientierung folgt rationalen Kriterien: Man will möglichst effizient möglichst intensiv und möglichst schnell etwas erleben. Das zunehmende Interesse an Religion hat da gut seinen Platz. Erlebnisse, nicht Einbindung in einen Traditionszusammenhang einer Offenbarungsgeschichte, sind gefragt. Gefühlsintensive Formen von Spiritualität werden gesucht. Es soll mir etwas bringen. „Religiosität soll, wenn sie für das Individuum der Freizeit- und Erlebnisgesellschaft interessant sein will, Abenteuer und Spontaneität versprechen, Lebendigkeit aufweisen und eine Abkehr von der die Welt beherrschenden Zweckrationalität ermöglichen."[24]

So steht Religion neben den Freizeitangeboten wie Sport und Urlaub, Spaß, Abschalten und Erholung. Die Angebote auf Psychomarkt und Esoterik erfüllen diese Bedürfnisse heute weitestgehend. Die Kirchen müssen mitziehen, so wurde z. B. in Österreich vor zwei Jahren ein Führer für Meditations- und Entspannungsurlaube für Urlaubsausteiger mit dem Titel ‚Klösterreich' erstellt. 15 Stifte und Klöster stellen sich hier mit entsprechenden spirituellen Angeboten dar.

1.1.5. Neue Religiosität heute

Niemand bezweifelt sie, die neue Sehnsucht nach der Religion, die eine ganz alte ist. Verschiedene Worte werden dafür heute gefunden: die maßlose Himmelssehnsucht (Erich Purk), unsere Gesellschaft dampft vor Religiosität (Clemens Richter), Respiritualisierung (Paul Michael Zulehner).

Religionssoziologen behaupten, dass je säkularisierter eine Gesellschaft ist, umso religionsproduktiver sie sei.

Der Terminus ‚Neue Religiosität' hat sich mittlerweile als Fachterminus eingebürgert. Er bezeichnet dabei eine neue Art', Religiosität zu denken und zu erleben und entsprechend zu praktizieren – eben unter den Umständen, wie sie zuvor geschildert und in aller gebotenen Kürze dargestellt wurden. Neu, wie bereits zu sehen war, ist nicht das plötzliche Interesse an Religion, die Wiederverzauberungen oder die religiösen Umbrüche, das hat es immer gegeben. Auch die Religion, die der einzelne sich zusammenbastelt, ist nicht neu, allerdings die Individualisierung sowie die Beschleunigung dieses Synkretismus. Jeder kann sich seinen eigenen religiösen Kosmos neu erschaffen.

Neu ist ebenfalls die spezifische Gefühls- und Gedankenwelt religiöser Menschen heute. Die Neue Religiosität in all ihrer Sehnsuchtsbewegung zeichnet sich aus durch skeptische, religions- und vernunftkritische, institutionen- und autoritätskritische Haltungen.

---

[24] Ebd., 298.

Als Charakteristika mögen gelten: Sie ist nicht dogmatisch oder weltanschaulich orientiert; politisches Handeln wird von Religion getrennt; Moral hat nichts mit Religion zu tun; Ästhetisierung und Funktionalisierung; Nivellierung: im Grunde beten alle zu dem einen Gott.

2. Begriffsgeschichte

Bevor eine Definition der Spiritualität auf dem Hintergrund der gesellschaftlichen Entwicklungen dargelegt werden wird, soll in diesem Kapitel zunächst der Begriff der Spiritualität erläutert werden. Er hat eine längere Geschichte, die wichtig ist. Zunächst soll dabei der Begriff der Frömmigkeit kurz entfaltet werden, der in der Geschichte und manchmal auch in der Gegenwart für Spiritualität als Platzhalter fungiert, der aber in der Theologiegeschichte sowie im alltäglichen zugleich auch durch den Begriff der Spiritualität abgelöst und in einem gewissen Sinne erweitert worden ist. In einem dritten Schritt wird eingehender auf den Begriff der Spiritualität rekurriert, um ihn dann vor allem im christlichen Sinn, so wie er auch an der PTH Münster verstanden wird, zu profilieren.

2.1. Frömmigkeit[25]

Der Begriff der Frömmigkeit ist in den letzten Jahrzehnten zunehmend in Misskredit und oftmals gar ins Abseits geraten. Allzu schnell wird er mit Frömmelei, mit unreflektiertem Glauben und Volksfrömmigkeit verbunden. In der Literatur geht Frömmigkeit oft mit Heuchelei Hand in Hand. Glaubensvollzug und alltäglicher Lebenswandel fallen auseinander. Eine Frömmigkeit, die sich nicht mit der Verantwortung in der Welt und für die Welt verbindet, ist keine erstrebenswerte Haltung, oft aber die faktische Wahrheit, sie wird anachronistisch. Gerade von Seiten der Leitung einer religiösen Institution wird in der Betrachtung der Frömmigkeit eine Diskrepanz zwischen moralischer Bewertung und eigener Erfahrung festgestellt. Frömmigkeit ist ein gottesdienstliches Relikt ohne Auswirkung. So formuliert Heinrich Böll: „Wenn ich mir vorstelle, ich habe sehr gute Freunde, sie sind so alt wie ich, die wissen ganz genau, dass sie nicht in die Hölle kommen oder eine Todsünde begehen, wenn sie sonntags mal nicht in die Kirche gehen, sondern lieber friedlich mit ihrer Frau oder ihren Kindern frühstücken und sich unterhalten, was viel sakramentaler ist, als dieser offizielle und partiell langweilige Vorgang in der Kirche, wo man mit niemandem Kontakt hat. Jeder sitzt da, betet vor sich hin, empfängt die Kommunion wie eine Pille, und dann geht er wieder nach Hause."[26] Frömmigkeit ist oft wie der Glaube selbst nicht mehr als Inventar einer biographischen Vergangenheit.

In Verbindung mit dem Pietismus erscheint Frömmigkeit als ein religiöses Gefühl, manchmal gar als ein sektiererisches Gefühlsmoment. Vielfach wird Frömmigkeit auch in die Ecke der Scheinheiligkeit und des Fanatischen gestellt. So tauchen im Zusammenhang mit den Anschlägen vom 11. September 2001 in New York vielfach Beschreibungen der Attentäter auf, die die Terroristen als fromm und fanatisch, als glaubensgehorsam und asketisch bezeichnen. Frömmigkeit gerät in den Verdacht der Fügsamkeit und der kritiklosen Hinnahme von institutionellen und religiösen Verordnungen. Eine neuere Publikation zum Thema ist bezeichnenderweise überschrieben mit dem Titel: „Frömmigkeit. Eine verlorene Kunst."[27] Die Herausgeber stellen fest, dass sich das Stichwort

---

[25] Vgl. Dienberg, T., Frömmigkeit, in: Wort und Antwort 47. Jahrgang Heft 4 (Oktober/Dezember 2006), 145-148.
[26] Böll, H., Eine deutsche Erinnerung, Köln 1991, 64.
[27] Frömmigkeit. Eine verlorene Kunst, hrsg. v. A. Hölscher, A. Middelbeck-Varwick, Münster 2005.

Frömmigkeit nahezu ausschließlich in historischen Arbeiten wieder findet, während in der Gegenwart im theologischen Diskurs und der öffentlichen Auseinandersetzung mit Kirche und Glauben eher von Spiritualität und Religiosität die Rede ist.[28] Der Begriff scheint zu belastet zu sein, um ihn noch ernsthaft in einem Diskurs verwenden zu können.

Der Begriff Frömmigkeit geht auf das griechische Wort eusebia (Ehrfurcht, Verehrung) sowie auf das lateinische Wort pietas (Reinheit, Integrität) zurück.[29] Diese Verehrung kann sich auf das Verhalten einem Gott gegenüber, aber auch auf das Verhalten den Eltern, Mitmenschen, den Toten und dem Vaterland gegenüber beziehen. Frömmigkeit ist also eine Beziehungskategorie, die sich in einer Haltung zum Ausdruck bringt. Das althochdeutsche Wort ‚fruma' sowie das mittelhochdeutsche vrum oder vrom, die dem deutschen Wort Frömmigkeit zugrunde liegen, bedeuten allerdings eher Nutzen und Vorteil. Das was dem Menschen frommt, das nutzt ihm. Das Adjektiv fromm bedeutet: tüchtig und rechtschaffen. Der Fromme ist der Tüchtige und Tapfere. Für Martin Luther ist Frömmigkeit das rechtschaffene und tugendhafte Leben aus dem Glauben im Alltag. Im Zuge der Gegenreformation und in der Zeit des Konfessionalismus haben sich vor allem kontroverse Frömmigkeitsformen entwickelt, die in der Volksfrömmigkeit (Bezeichnung von religiösen Praktiken und Vorstellungen, die in einem Volk – oft regional – im Rahmen einer offiziellen Religion gepflegt werden) großen Nachhall erlebten (Wallfahrten, Marienfrömmigkeit, Fronleichnamsprozessionen). Sie gestalteten sich quasi als Unterscheidungsmerkmale zu den Reformatoren aus. Durch das Aufkommen des Pietismus erhält die Frömmigkeit insbesondere im evangelischen Bereich eine stark individuelle Note. Gibt es innerhalb der verschiedenen Konfessionen gemeinsame und verbindende Frömmigkeitsformen?

Im Neuen Testament in den Pastoralbriefen gilt die Frömmigkeit als ein Grunderfordernis des christlichen Lebens (1 Tim 6,11; 2 Petr 1,6f.). Wahre Frömmigkeit dient als Ausdruck für das Gesamt des christlichen Lebens. Der Christ ist also nach dem Neuen Testament fromm oder er ist nicht Christ. Und er ist fromm innerhalb einer Gemeinschaft von Frommen.

Im Mittelalter kommt ein wichtiger Aspekt hinzu, der sich dann in neuerer Zeit vor allem mit dem Begriff der Spiritualität verbindet: die Gnade. Frömmigkeit ist nicht nur eine Tugend, sie ist auch Gnade und Geschenk Gottes, nach Bonaventura ist sie Gabe des Heiligen Geistes. Mittelalterliche Theologen sprechen von einer kindlichen Anhänglichkeit an Gott, den Vater, die vom Geist in die Herzen der Menschen gelegt worden ist. Zärtliche Ausdrücke und affektive Konnotationen bewegen den Begriff in die Richtung

---

[28] Vgl. ebd. 4.

[29] Vgl. zum Begriff: Lies. L. Frömmigkeit, in: Praktisches Lexikon der Spiritualität, hrsg. v. Ch. Schütz, Freiburg 1988, 421-423; Rahner, K., Alte und neue Frömmigkeit, in: Theologische Akademie, Bd. IV, hrsg. v. K. Rahner, O. Semelroth, Frankfurt a. M. 1967, 9-28; Waaijman, K., Handbuch der Spiritualität. Bd 2: Grundlagen, Mainz 2005; Weismayer , J., Das Leben in Fülle, Zur Geschichte und Theologie christlicher Spiritualität, Innsbruck/Wien 1983.

des Gefühls und der Individualität.[30] „Das Grundwort ‚Frömmigkeit' legt das Wirklichkeitsgebiet der Spiritualität aus als eine gefühlvolle und starke Anhänglichkeit an Gott und seine Geschöpfe. Diese Haltung ist innerlich darauf ausgerichtet, alle Sektoren des Leben zu durchziehen: die Gottesbeziehung, das gesellschaftliche Leben und die persönliche Lebensgestaltung. Sie umfasst außerdem alle Ebenen des menschlichen Verhaltens: die innere Zuneigung, die anhängliche Ehrfurcht, die Gestaltung des persönlichen Lebens, die authentische Lebenspraxis und die glaubwürdige Religiosität."[31] Somit trifft der Begriff der Frömmigkeit jene Wirklichkeiten, die auch der Begriff der Spiritualität anspricht: Beziehungsgeschehen, umfassend und existentiell, Haltungen und Ausdruck, Mystik und Askese.

Sobald jedoch Frömmigkeit zur Schau getragen wird, ist schnell die Rede vom Frömmeln. Frömmigkeit bedeutet allerdings auch Zeugnis, nämlich gelebtes Zeugnis abzulegen. Die Grenze hier ist wohl sehr subjektiv.

Frömmigkeit löst bei den meisten Menschen konkrete Vorstellungen aus, während hingegen Spiritualität erst einmal viele Fragezeichen auslöst. Spiritualität ist ein Begriff, der sich entzieht, Frömmigkeit ist ein Begriff, der sich konkret zeigt: eine enge Beziehung zu Gott, tugendhaft, eine Haltung, die eingeübt werden will. Doch was bedeutet Spiritualität in Abgrenzung zu Frömmigkeit? Ist der verwässerte Begriff der Spiritualität eine Engführung oder Erweiterung der Frömmigkeit? Ist er eine Konkretisierung oder wirklich der bessere Begriff für eine Haltung im gegenwärtigen theologischen Diskurs über den Glauben und das Glaubensleben?

2.2. Spiritualität

Spiritualität ist heute in aller Munde. Im Gegensatz zum Begriff der Frömmigkeit ist Spiritualität ein Modewort, ein Trendsetter, ein Platzhalter für vieles. Es kommt kaum eine Publikation noch ohne den Begriff der Spiritualität aus, wobei oftmals nicht klar zu sein scheint, was der Begriff eigentlich bezeichnet: eine Geisteshaltung, eine religiöse Ausrichtung, eine Stimmung voller Gefühl und Erlebnis, eine Beziehung zu etwas Transzendentem, etwas Esoterisches, eben Geheimnisvolles, eine besondere Atmosphäre und Aura, ein Wort, das Ganzheit und Leben verspricht etc. Der Inhalte gibt es unzählige, so dass Spiritualität inzwischen, obgleich der Begriff noch gar nicht so lange in öffentlichen Diskussionen verwendet wird, nahezu verwässert ist.

Kann man Spiritualität schlicht und ergreifend mit geistlichem Tun übersetzen oder steht der Begriff für eine Tat aus einer bestimmten Geisteshaltung heraus? Oder bezeichnet Spiritualität nur die Frage, wes Geistes Kind jemand ist und aus welchen Quellen heraus ein Mensch sein Leben zu meistern versucht? Ist eine Kategorisierung, wie sie in der Geschichte der Kirche stattgefunden hat, in Laienstand und den Stand der Geistlichen, der Spirituellen, überhaupt sinnvoll, gestattet und zulässig? Was ist geistliches Tun? Nur eine ausdrücklich religiöse Handlung wie die des Gebetes oder der Meditation, so dass das

---

[30] Vgl. dazu vor allem Waaijman, K., Handbuch der Spiritualität, Bd. 2: Formen, Grundlagen, Methoden, Mainz 2005, 53f.
[31] Ebd., 55.

Leben in geistliche und ‚nicht-geistliche' Bereiche segmentiert wird und dabei in neben einander stehende Bereiche zerfällt?

Ein Blick auf die Herkunft des Begriffs klärt diesen, vermag aber sicherlich kaum die gestellten Fragen in ausreichendem Maße zu beantworten. Dazu wird auch ein kurzer Blick in die Geschichte des Begriffs der Spiritualität notwendig sein.[32]

2.2.1. Ursprung

Der Ursprung des Wortes Spiritualität liegt im lateinischen Adjektiv spiritualis (spiritalis) und dem entsprechenden Substantiv spiritualitas (bzw. spiritalitas). Im antiken Latein gab es diesen Begriff so nicht, er ist vielmehr eine Neuschöpfung des frühchristlichen Lateins nach dem Modell caro-carnalis, wie es sich auch bei Paulus in den Briefen des Neuen Testaments finden lässt.

Schon sehr früh wird der Begriff spiritualis als lateinisches Äquivalent für das griechische Wort pneumatikos (geistlich) der Paulinischen Briefe (vgl. insbesondere 1 Kor 2,14-3,3, wo auch die Abstufung carnales-animales-spirituales erscheint) benutzt. Für Paulus bedeutet pneumatikos: geistlich, dem Geist gemäß. Er benutzt dieses Wort dabei nicht, indem er es auf bestimmte Gruppierungen innerhalb des neuen christlichen Glaubens bezieht, vielmehr ist pneumatikos für Paulus sein Terminus technicus für die christliche Existenz im Unterschied zur irdischen/natürlichen Existenz. Jeder, der sich Christ nennt und sich zu Christus bekennt, ist ein geistlicher Mensch. Jeder der den Geist Gottes empfangen hat und in seinem Leben mit dem Christsein Ernst macht, ist für Paulus ein geistlicher Mensch, ein pneumatikos oder eben lateinisch gesprochen spiritualis. Geistlich oder als Christ leben bedeutet dann auch nicht einen Teil des Lebens als geistlich zu bezeichnen, einen anderen als weltlich oder wie auch immer, vielmehr ist das ganze Leben ein geistliches, da der Christ in seiner Personmitte durch den Geist Gottes getroffen und entsprechend umgeformt worden ist. Der Geistliche ist zu einem neuen Menschen geworden, der durch ein neues Denken, Fühlen und Handeln erkennbar ist (vgl. 1 Kor 2,12-16; 9,11; 14,1). Von nun an bestimmt der Wunsch, Christus nachzufolgen das Leben des Christen, eine Sehnsucht treibt ihn an, die Sehnsucht nach der Erfahrung des Geistes Gottes und nach der Liebe Gottes im Leben und in der Gegenwart. Diese Erfahrung will der pneumatikos teilen und weitergeben.

In der Geschichte erlebt der Begriff spiritualis in der Folgezeit so manche Bedeutungsverschiebungen, Verengungen und Erweiterungen, dennoch steht er immer für das Unterscheidend-Christliche und für die christliche Existenzmitte. In der antiken christlichen Literatur wird er häufig verwendet. Der Theologe Tertullian (ca. 160-220) gilt als einer der ersten, der das Wort spiritualis regelmäßig verwendet. Das Adverb spiritualiter begegnet als Übersetzung des griechischen pneumatikos auch schon in der lateinischen Version des 1. Clemensbriefes (Mitte des 2. Jh.). Das Substantiv spiritualitas hingegen tritt

---

[32] Vgl.: Spiritualität, Lexikon für Theologie und Kirche, begr. V. M. Buchberger, hrsg. v. W. Kasper, Bd. 9: San - Thomas, Freiburg u. a. ³2000, 852-862; Spiritualité – 1. Le mot et l'histoire. – II. La notion de spiritualité, in: Dictionnaire de spiritualité, Tome XIV: Sabbatini – System, Paris 1990, 1142-1173; The new SCM dictionary of Christian Spirituality, ed. by Ph. Sheldrake, London 2005.

erst seit dem 5. Jh. auf und wird nicht oft verwendet. In einem Brief aus dem frühen 5. Jh., der Pelagius bzw. einem seiner Schüler zugeschrieben wird, taucht das Substantiv zum ersten Male auf: „Fürwahr, verehrungswürdiger und liebenswerter Vater, da dir durch die neue Begnadung jeder Grund der Tränen abgewischt ist, bemühe dich, hüte dich, laufe, eile. Bemühe dich, dass du in der Spiritualität (spiritualitas) voranschreitest. Hüte dich, damit du nicht als unvorsichtiger und nachlässiger Wächter das Gut, das du empfangen hast, verlierst."[33] Dieses Zitat ist eine Ermahnung an einen Neugetauften, im Glauben, in der christlichen Spiritualität voranzuschreiten.

2.2.2. Weitere Geschichte

Im weiteren Verlauf seiner Begriffsgeschichte wird das Wort spiritualitas eher vereinzelt gebraucht.[34] Schon sehr bald wird der Begriff spiritualitas im Gegensatz zum Körperlichen und Materiellen benutzt. Das Geistliche ist nun das Eigentliche des Lebens, der Körper und das Fleischliche Feind oder störender Faktor für das Geistliche. Der Neoplatonismus verkürzt die Sicht des ursprünglichen Begriffes, engt ihn ein und verleiht ihm in Verbindung u. a. mit sexualpessimistischen Gedanken einen unheilvollen Charakterzug, der mehr und mehr allein mit Spiritualität verbunden wird. Der Begriff wird im 12. Jahrhundert zunehmend ‚vergeistlicht' und vor allem einer Gruppierung innerhalb des Christentums zugeschrieben: den Geistlichen; hier der Klerus und die Ordensleute, die geistlich lebten, der Sexualität abschworen, dort das einfache Volk. Vielfach wird sich in der Auseinandersetzung um die Bewertung der Stände auf das siebte Kapitel des ersten Korintherbriefes berufen. Paulus mahnt angesichts der baldigen Wiederkunft Jesu zur ungeteilten Aufmerksamkeit, insbesondere auch in Dingen der Ehe und der Jungfräulichkeit. Der Mensch solle sich Jesus und dem kommenden Reich zuwenden, nicht so sehr mit den weltlichen Dingen, den Dingen des Fleisches beschäftigt sein: „Ich wünschte, alle Menschen wären (unverheiratet) wie ich. Doch jeder hat seine Gnadengabe von Gott, der eine so, der andere so." (1 Kor 7,7.) Der eschatologische Charakter wird vielfach übersehen, es werden Ehelosigkeit und Jungfräulichkeit überbetont, insbesondere auch die Ordensleute und Kleriker, die diese leben, und in Berufung auf Paulus entsteht eine ‚Zweiständeethik'.

Somit erhielt der Begriff der spiritualitas neben der für Paulus geprägten Existenzmitte des Christen eine weitere Bedeutung: der Gegensatz zum Körperlichen und damit der Überbetonung einer bestimmten Lebensweise innerhalb der Kirche. Auch ist eine zunehmende Verrechtlichung, und damit eine dritte Verständnisweise, zu erkennen: Spiritualität umschreibt den Besitz der Kirche, die geistliche Jurisdiktion oder auch den Gesamtkomplex der geistlichen Angelegenheiten (seit dem Ende des 12. Jh.).

---

[33] Verum, quia tibi, honorabilis et dilectissime parens, per novam gratiam omnis lacrimarum causa detersa est, age, cave, curre, festina. Age, ut in spiritualitate proficias. Cave, ne quod accepisti bonum, inautus et negligens custos amittas." (PL 30, 114D-115A)

[34] Vgl. u. a. Geschichte der christlichen Spiritualität, hrsg. v. B. McGinn, 3 Bde, Würzburg 1993-1997; Weismayer, J., Leben in Fülle. Zur Geschichte und Theologie der christlichen Spiritualität, Innsbruck u. a. 1983.

In der weiteren Kirchen- und Spiritualitätsgeschichte kommt spiritualitas deswegen so gut wie nicht mehr vor. Will man in den folgenden Jahrhunderten beschreiben, was es mit der Erfahrung Gottes und der Fundierung des Glaubens, mit der Zeugnishaftigkeit und der Radikalität der Nachfolge Christi auf sich hat, so werden unterschiedliche Begriffe gewählt, die hier nur genannt sein sollen: Vollkommenheit, Mystik, Askese, Innerlichkeit, Streben nach Heiligkeit – und schließlich auch Frömmigkeit. Erst seit dem Ende des 19. Jh. erfährt der Begriff, zumindest im französischen Katholizismus, eine Renaissance.[35] Im deutschen Sprachraum verbreitet sich das Wort erst später. So kennt das LThK in seiner ersten Auflage (1930-38) den Begriff der Spiritualität nicht, die zweite Auflage (1957-65) verweist unter dem Stichwort Spiritualität auf den Begriff Frömmigkeit, und erst die dritte Auflage (1993-2001) enthält einen längeren Artikel unter dem Stichwort Spiritualität. Die Geschichte dieses bedeutenden Lexikons der christlich-katholischen Theologie ist bezeichnend für den Umgang und für das Verständnis des Wortes Spiritualität im deutschsprachigen Bereich, ganz im Gegensatz zum französischen Bereich.[36] Allerdings erlebte Spiritualität danach in den deutschsprachigen Ländern einen sehr schnellen und unglaublich großen Boom, so dass man von einem wahren Siegeszug sprechen kann, der mehr und mehr zur Abnutzung und Verwässerung des Begriffes führte.

Kaum ein Artikel oder Buch kommt mehr ohne den Begriff aus. Die Folge davon ist augenscheinlich: vage und vielfältige Benutzung, Wörter infolge Abnutzung unbrauchbar geworden[37], ein Reizwort für so manche, weil es entleert und unbrauchbar geworden ist, ein strahlender Begriff für andere, weil er so vieles umfasst und zulässt. Christian Schütz umschreibt diese Tatsache sehr positiv, obgleich ihm inhaltlich völlig Recht zu geben ist, wenn er es auch auf die Tatsache bezieht, dass Spiritualität eben eine so vielgestaltige Größe ist wie das Leben selbst.: „Nun ist es in der Tat nicht leicht zu definieren, was Spiritualität ist. Denn sie bezeichnet vor aller begrifflichen Klärung die gelebte Grundhaltung der Hingabe des Menschen an Gott und seine Sache. Deshalb ist Spiritualität eine so vielgestaltige Größe wie das Leben selbst und wie die Vielgestaltigkeit möglicher Beziehungen zu Gott. [...] In dieser Phase des Tastens und Fragens fehlt es nicht an Definitionsversuchen von Spiritualität, von denen einige genannt seien: 'Sich der Tiefe öffnen' (G. Stachel), 'Leben aus dem Geist' (K. Rahner), 'die bewusste und in etwa methodische Entwicklung des Glaubens, der Hoffnung und der Liebe' (K. Rahner), 'Integration des gesamten Lebens in eine vom Glauben getragene und reflektierte Lebensform' (Institut der Orden), 'persönliche Übernahme geschenkter Geistesgaben' bzw. 'Verwirklichung des Glaubens unter den konkreten Lebensbedingungen' (P. M. Zulehner), 'Existenz des Christen, sofern sie sich vom Geist Gottes empfängt und daher in die Vielfalt des Lebens entfaltet' (A. Rotzetter), 'Glaubenspraxis, die ihren Maßstab aus der Geschichte bezieht, die durch Jesus von Nazareth eröffnet worden ist' (A. Rotzetter). [...] Mehr oder weniger

---

[35] Vgl. bes. seit 1932 erscheinender 17bändiges Dictionnaire de Spiritualité.

[36] Ganz ähnlich ist der Sachverhalt im RGG (Religion in Geschichte und Gesellschaft). Erst die vierte Auflage von 2004 weist (im Gegensatz zur dritten Auflage von 1993) einen Artikel zum Thema Spiritualität im siebten Band auf.

[37] Vgl. den Beginn des Gedichts: Et in terra pax von Franz Fassbind: „Überlieferte Wörter infolge Abnutzung unbrauchbar geworden ...", in: Wem gehört die Erde. Neue religiöse Gedichte, hrsg. v. P. Kurz, Mainz 1984, 21.

gemeinsam ist ihnen der Rekurs auf den Geist und Jesus Christus und die daraus erwachsene Offenheit für die Existenz des Menschen und die Aufgaben von Menschheit und Welt."[38]

Von daher ist eine theologische Disziplin, ob man sie nun spirituelle Theologie (Wien) oder Theologie der Spiritualität (Münster) oder einfach nur Spiritualität (Nimwegen) nennt, sehr sinnvoll und angebracht. Seit den 60er Jahren gibt es eine intensive theologische Diskussion um den Begriff Spiritualität, die bis heute andauert (insbesondere Balthasar, Fraling, Sudbrack, Weismayer, Rotzetter, Theologie der Befreiung, feministische Theologie, AGTS). Dieser Diskussion schließt sich mittlerweile auch die evangelische Theologie an (vgl. Josuttis, Wiggermann, Steffensky).[39]

Eine Diskussion und die Ausprägung einer entsprechenden theologischen Disziplin macht auch deshalb Sinn, da eine zunehmende Säkularisierung des Begriffs der Spiritualität nicht unerheblich zu seinem Charakter als Reizwort und zur diffusen, vagen Benutzung des Begriffes führte. Der Brockhaus in seiner 19ten Auflage von 1993 schreibt: „Eine vom Glauben getragene und grundsätzlich die gesamte menschliche Existenz unter den konkreten Lebensbedingungen prägende ‚geistige' Orientierung und Lebensform."[40] Die christliche Auffassung und Definition, die noch in der 19ten Auflage dargestellt worden ist, kommt nicht mehr zur Sprache. Eine vom Glauben getragene menschliche Existenz, das kann religiös gebunden und orientiert sein, allerdings auch säkular und rein innerweltlich definiert werden, sie muss also nicht zwangsläufig mit dem Glauben an eine Transzendenz verbunden sein. Man kann sicherlich, ohne allzu sehr zu vereinfachen, sagen, dass das allgemeine profane Verständnis von Spiritualität mit einem inneren und leitenden Geist umschrieben werden kann, so dass jeder eine Spiritualität hat, ob religiös oder nicht. So gibt es die Rede von der Spiritualität eines Künstlers oder der Spiritualität einer ganzen Gruppierung wie der gay-spirituality. Bezogen auf die Ausgangsüberlegung zum Thema Sehnsucht spielt von daher die Spiritualität in der Entwicklung eines modernen, postmodernen oder sogar nach-postmodernen Menschen eine wichtige Rolle, um sich in einer Welt, in welcher der Zwang zur Häresie besteht[41], zurechtfinden und seinen eigenen Standort definieren zu können.

Mit Sudbrack kann man das profane Verständnis von Spiritualität so zusammenfassen: „Allgemein besagt heute Spiritualität eine Mentalität, die sinngebend die Tatsachenwelt übergreift (z.B. unter Bezug auf Gott, Sein, Buddha-Natur, Leere, Evolution, Network, Energie u.a.). Der Begriff wird sowohl abstrakt-systematisch wie konkret-lebenspraktisch gebraucht und auch auf kleinere Sinnbereiche angewandt."[42] „Die Leitfragen innenorien-

---

[38] Praktisches Lexikon der Spiritualität, hrsg. v. Chr. Schütz, Freiburg u. a. 1988, 1170ff.

[39] Vgl. Josuttis, M., Die Einführung in das Leben. Pastoraltheologie zwischen Phänomenologie und Spiritualität, Gütersloh 2004; Josuttis, M., Religion als Handwerk. Zur Handlungslogik spiritueller Methoden, Gütersloh 2002; Josuttis, M., Spiritualität in wissenschaftlicher Hinsicht, in: Verkündigung und Forschung 47 (2002) 70-89; sowie: Wiggermann, K.-H., Spiritualität, in: TRE Bd. 31, 708-717.

[40] Spiritualität, in: Brockhaus Enzyklopädie in vierundzwanzig Bänden, Mannheim 1993, 675f., 675.

[41] Vgl. Berger, P. L., Zwang zur Häresie. Religion in der pluralistischen Gesellschaft, Frankfurt a. M. 1980.

[42] Sudbrack, Spiritualität, Lexikon für Theologie und Kirche, begr. V. M. Buchberger, hrsg. V. W. Kasper, Freiburg u. a., Bd. 9, 2000, 853.

tierten Lebens lauten: Was will ich? Gefällt mir, was ich will? Was gefällt mir besser? Die in diesem Kontext sich entwickelnde Haltung der Innerlichkeit und Verinnerlichung könnte man formal als Spiritualität bezeichnen, als eine innere Einstellung, die vom Menschen selbst geprägt und bestimmt wird. Eine solche Spiritualität ist für den Menschen in der Erlebnisgesellschaft notwendig, um als Wählender von den vielfältigen Angeboten, die in allen Lebensbereichen auf ihn einströmen, nicht erdrückt zu werden. Der einzelne ist so gezwungen, sich von innen her leiten zu lassen, d.h. spirituell zu leben, um sich so in der differenzierten und pluralen Welt mit ihren unterschiedlichen Werten als eigenständiges Subjekt behaupten zu können. [...] Als heute weit verbreite Form von Spiritualität macht die neue Innerlichkeit aber auch deutlich, dass es so nicht mehr so um das ‚Was‘, um die Inhalte, Lehren, Pflichten, Normen etc., sondern vielmehr um das ‚Wie‘, um die Wirkung geht, die jeweils zum eigenen Selbst in Beziehung gesetzt wird. Jegliche äußere Vorgabe und Verpflichtung, jegliche Tradition und Lehre, jegliche Norm und Gesetzgebung werden durch die Innenorientierung unmittelbar dem Urteil des Selbst unterworfen. Dies hat zur Folge, dass die traditionell stärker außengerichteten Lebensformen einer ausgeprägten Innenorientierung Platz gemacht haben, die alle Ereignisse auf ihren Erlebniswert hin untersucht."[43]

Ein stark kultursoziologisch geprägter Spiritualitätsbegriff zeigt sehr deutlich seine Abkoppelung von den biblisch-christlichen Wurzeln: Spiritualität ist die vom Menschen selbst (nicht vom hl. Geist oder vom Wort Gottes) geprägte und bestimmte innere Einstellung. Sie ist vom einzelnen zumeist bewusst gewählt und macht deutlich, dass die Sehnsucht nach Halt und Sicherheit den Menschen von heute zur Wahl zwingt. Die christliche Spiritualität ist dabei in seiner vielfältigen Ausprägung und der Unterschiedlichkeit der Kirchen nur ein Angebot unter vielen, um der Sehnsucht des Menschen einen Weg aufzuzeigen. In Zeiten der Rationalisierung, der Effizienz und der Säkularisierung, in einer Zeit der Pluriformität sucht die Sehnsucht als Antriebskraft des Menschen Wege und Formen, die der menschlichen Existenz Antwort auf die Fragen nach dem Woher, Wohin, Wozu und Wer ansatzweise zu geben vermag. Das muss dann vielfach auch mit Erfahrung gekoppelt sein. Menschen suchen nach Halt und Sicherheit, nach Ganzheitlichkeit und dem Besonderen im Alltag, nach Gefühl und Erlebnis, aber auch nach Bindung ohne Institution. Doch werfen diese angeblich religionsproduktiven Tendenzen auch manche Fragen und Problemkreise auf. So sehr die Suche nach den Quellen des Lebens, auch nach religiösen Quellen, vorherrscht, umso mehr stellt sich aber auch Institutionskritik ein. Die christlichen Kirchen haben eine lange Last der Geschichte mit sich zu tragen, die viele nicht zu akzeptieren bereit sind. Alte und bewährte Institutionen scheinen in so manchem im Guten verhärtet zu sein, wenig Spontaneität oder Flexibilität wird für viele zum Fallstrick, sich von diesen Institutionen abzuwenden. Das Religiöse wird zunehmend deinstitutionalisiert, somit auch individualisiert. Das betrifft insbesondere die Spiritualität. Die Freiheit der Wahl führt zu einer unübersehbaren Pluriformität und zu einer Vielfalt der

---

[43] Kochanek, H., Jenseits aller Erfahrung: Erlebnis als Religion? in: Ders. (Hg.), Ich habe meine eigene Religion. Sinnsuche jenseits der Kirchen, Zürich/Düsseldorf 1999, 82-114, 85f.; vgl. auch die hervorragende Auseinandersetzung mit der Erlebnisgesellschaft: Kochanek, H., Spurwechsel. Die Erlebnisgesellschaft als Herausforderung für Christentum und Kirche, Frankfurt a. M. 1998.

Biographien. Diesem muss auch eine Theologie Rechnung tragen. So lässt sich mit Weismayer zum Ende dieser Ausführungen konstatieren:

„Im Angebot der ‚spirituellen Wege' herrscht eine gewisse Wahllosigkeit: Von den Scientologen über Gurus, Esoterisches, Meditations- und Therapieangebote jeder Art bis hin auch zu ausgesprochen christlichen Angeboten (freilich die Ausnahme) firmiert alles denkbar Mögliche unter dem Namen Spiritualität. Mit dem Begriff kann die Suche nach Sinn und Ziel eines Daseins charakterisiert werden, das sich nicht in somatischen und physischen Abläufen erschöpft, eine ‚transformative' Verwirklichung des Ichs über die materiellen und dinglichen Gegebenheiten hinaus. Bei diesem Zugang zu einer neuen Lebensqualität mit seinen verschiedensten Realisierungsmöglichkeiten, wie sie sich in der Auflistung einer Vielzahl von Wegen artikuliert, ist fast nirgends eine Begegnung mit einem personal verstandenen Göttlichen gegeben. Aus dem Heiligen Geist christlicher Spiritualität (= Spiritus Sanctus), der über Christus zum Vater führt, ist eine transformierende Geistenergie geworden. Wir haben es – zumindest dem Erscheinungsbild nach – mit einer Religiosität ohne Gott zu tun."[44]

---

[44] Weismayer, J., Spiritualität, in: Lexikon der Sekten, Sondergruppen und Weltanschauungen, Freiburg u. a. 1990, 985.

3. Christlich-theologische Definitionen des Begriffs Spiritualität

In der Theologie spielte die Spiritualität immer eine Rolle, wenn auch mit anderen Begriffen, wie bereits zu sehen war. Doch stellen sich mit der Frage einer expliziten Auseinandersetzung innerhalb der Theologie und einer speziellen Disziplin einer Theologie der Spiritualität ganz eigene Probleme und Fragestellungen, die so bislang nicht zur Debatte standen. Ist die Theologie der Spiritualität überhaupt eine sinnvolle Disziplin im Fächerkanon der theologischen Disziplinen, oder sollte nicht jede theologische Disziplin Spiritualität beinhalten? Gibt es eine Spiritualität verschiedener Formen sowie Ausprägungen, oder gibt es verschiedene Spiritualitäten innerhalb der einen christlichen Spiritualität? Wie ist das Verhältnis zur Religion?

Im deutschsprachigen Raum spielt die Theologie der Spiritualität in den Curricula der verschiedenen Fakultäten nur eine kleine und bescheidene Rolle. Während sie an österreichischen Fakultäten zumindest für das Grundstudium noch mit einer Stunde bislang (auch das mag sich im Verlaufe der Modularisierung der Studiengänge ändern) verpflichtend war, gibt es die Theologie der Spiritualität an den deutschen Fakultäten so gut wie gar nicht. In manchen Fällen lässt sich eine Fächerkombination feststellen (wie es in Eichstätt zur Zeit der Fall ist, wo es einen Lehrstuhl für Homiletik und Spiritualität gibt), in anderen Fällen liegt es am Interesse des jeweiligen Professors, wie er seine Disziplin mit Fragen der Theologie der Spiritualität verbinden kann.

Im folgenden sollen verschiedene bedeutende christliche Theologen zur Sprache kommen, die sich mit Spiritualität auseinandergesetzt haben und je auf ihre Weise zu einem konstruktiven Dialog innerhalb der Theologie beigetragen haben, gleichzeitig aber auch aufzeigen, wie unterschiedlich Spiritualität als Existenzmitte und Ausdruck der Sehnsucht des Menschen nach Gott verstanden und entsprechend auch in den theologischen Disziplinen eingeordnet werden kann. Im Anschluss an diese Theologen wird der Ansatz der PTH Münster entfaltet und mit den Überlegungen der vorangegangenen Kapitel in Verbindung gebracht.

3.1. Hans Urs von Balthasar

Einer der ersten Theologen von immer noch grundlegender Bedeutung, die sich mit der Spiritualität auseinandergesetzt haben, ist Hans Urs v. Balthasar, für den Spiritualität, kurz gefasst, die subjektive Seite der Dogmatik darstellt und umfasst.

Balthasar geht in seinen Ausführungen zur Spiritualität von zwei verschiedenen Ansätzen aus. Zum einen geht er offenbarungstheologisch vor, indem er das an den Menschen ergangene Heilswort, das verkündete Wort Gottes, in das Zentrum seiner Überlegungen stellt. Dieses an jeden ergangene Wort, das jeden einzelnen noch heute in der Hl. Schrift angeht und betrifft, verlangt eine Antwort des Menschen, der Kirche und der Gemeinschaft der Gläubigen. Dieses Wort darf niemanden unberührt lassen und soll angenommen, mit dem Herzen, also in der Mitte der Person, seine existentielle Antwort finden. Dort soll es Frucht tragen. Für Balthasar fungieren sowohl der einzelne als auch die Kirche als Subjekt, die jeweils in eigener Weise antworten müssen. Der Glaubensakt, in dem „so etwas wie ein gläubiges Offenbarungsverständnis, eine Dogmatik (im weitesten Sinne) sich entfalten kann,"[45] ist das Wesen der Spiritualität. Spiritualität ist das aufgenommene und sich entfaltende Wort Gottes, also „die subjektive Seite der Dogmatik."[46] Balthasar geht davon aus, dass Spiritualität zwei Dimensionen umfasst: einerseits die einheitliche theologia spiritualis als die „objektiv-kirchliche Lehre von der Aneignung des Offenbarungswortes im Leben von Glaube, Liebe und Hoffnung"[47]: Diese müsse auch die Weghaftigkeit des Christseins berücksichtigen und umfasse daher auch die Grundartikulationen des christlichen Lebens. Andererseits sieht Balthasar die Mannigfaltigkeit der Spiritualitäten als eine wichtige Dimension.[48] Hier betont er vor allem einen Punkt, der gerade in der Diskussion heute um die verschiedenen Spiritualitäten und Formen des Glaubens von großer Bedeutung ist. In der Spiritualität geht es eben nicht um Uniformität und Einheitlichkeit. Spiritualität hat es elementar mit Freiheit und einer Vielfalt der Formen und Ausdrücke zu tun. Dabei haben die verschiedenen Formen alle eine Mitte, die es einzuhalten gilt; diese bezeichnet Balthasar als die dritte Dimension christlicher Spiritualität: die marianische Dimension.[49] Für Balthasar ist Maria Ur- und Vorbild aller Glaubensantwort[50]. Um diese Antwort geht es im christlichen Glauben und in einer gelebten Spiritualität, so dass Maria in der Tat mit ihrem ‚Fiat' als das große Vorbild gelten mag. Es fällt auf, dass die pneumatologische Dimension in beiden Annährungen Balthasars an die Spiritualität keine Rolle spielt, obgleich doch der Begriff und die Herkunft des Begriffs schon dafür Pate stehen (s.o.).

In einer zweiten Überlegung geht Balthasar einen Schritt weiter; Ausgangspunkt seiner Überlegung ist nicht die Offenbarung, sondern die Anthropologie, d. h. der Mensch und seine vorfindliche Kondition. Hier spielt wiederum die Sehnsucht eine große Rolle. Balthasar ist klar, dass der Begriff der Spiritualität, obgleich christlichen Ursprung und Inhalts, keinesfalls auf das Christentum zu beschränken ist. In dieser Hinsicht ist Balthasar zu seiner Zeit schon sehr modern gewesen. Der Spiritualitäten gibt es viele, sowohl innerhalb des Christentums als auch in den verschiedenen Religionen, oder gar darüber hinaus. Balthasar definiert die Spiritualität von daher auch sehr allgemein und sogar vage „als jene praktische oder existentielle Grundhaltung eines Menschen, die Folge und Ausdruck seines religiösen – oder allgemeiner: ethisch-engagierten Daseinsverständnisses ist: eine akthafte und zuständliche (habituelle) Durchstimmtheit seines Lebens von seinen objektiven Letzteinsichten und Letztentscheidungen her."[51] Balthasar erweitert den Begriff der Spiritualität und versteht ihn letztlich als den spiritus, den Geist, die existentielle Grundhaltung eines Menschen, nach der dieser sich ausrichtet und die seine Handlungen bestimmt und trägt. Hier wiederum rekurriert er auf den Geist, den lateinischen Hintergrund des Begriffs, ohne auf den göttlichen Geist einzugehen. Spiritualität ist also der Geist, der einen Menschen bestimmt und durchdringt, einen Menschen, der offen ist für

---

[45] Balthasar, H. U. v., Verbum caro. Skizzen zur Theologie, Einsiedeln 1960, 226.
[46] Vgl. ebd., 227.
[47] Ebd., 228.
[48] Vgl. ebd., 231.
[49] Vgl. ebd., 240.
[50] Vgl. ebd., 234.
[51] Balthasar, H. U. v., Das Evangelium als Norm und Kritik aller Spiritualität in der Kirche, in: Conc 1 (1965) 715-722, 725.

die Totalität des Seins. Balthasar unterscheidet wiederum auch hier verschiedene Dimensionen. Diese Dimensionen gelten für alle spirituellen Ausdrucksformen. Eine erste Ausdrucksform ist die Spiritualität des Eros. Der Mensch ist ein geistiges Wesen, das die ihm eigene Sehnsucht hat, sich auf das Absolute hin zu transzendieren. Der Mensch verlangt danach, sich zu überschreiten auf die Wirklichkeit hin, die hinter der Wirklichkeit steht. Geschichtlich konkretisiert findet Balthasar diese Spiritualität im Weg Indiens und Platons, Plotins und Augustins, Descartes und Fichtes.[52] Eine zweite Dimension ist die Spiritualität der Tat: Der Mensch hat nicht nur die Sehnsucht danach, sich zu überschreiten, als vielmehr sich auch selbst zu verwirklichen in Formen von Hingabe und Gestaltung von Welt. Geschichtlich konkretisiert findet Balthasar die Spiritualität der Tat in der Politeia des Platon, in der Ethik des Aristoteles oder in der modernen westlichen Philosophie (Feuerbach, Buber, Marx, Fichte). Eine dritte und letzte, womöglich die schwierigste der Spiritualitäten ist für Balthasar die Spiritualität des Geschehenlassens. Spiritualität bedeutet letztlich, sich ganz dem Absoluten und der absoluten Transzendenz zu übergeben. Es ist die Spiritualität der Stoa, die sich in dem Begriff apatheia ausdrückt, aber auch des Zen, der Kirchenväter und der deutschen Mystik bis hin zur ‚indiferencia' des Ignatius und zur ‚amour pur' Fénelons. Diese drei Dimensionen sind jedem Menschen zutiefst zu Eigen. Doch zu einer Einheit zusammengefügt wurden sie erst durch das Geschehen in Jesus Christus. Er hat alle drei Spiritualitäten gelebt und miteinander verbunden, indem er sich ganz dem Vater übergeben hat und nichts anderes wollte als mit ihm vereint zu sein. Er ist für das Heilswerk des Vaters verfügbar und lässt im wahrsten Sinne des Wortes geschehen. Er lebt die totale Hingabe an dem Vater am Kreuz. Hier scheint die Liebe Gottes zum Menschen radikal und endgültig auf.[53] Jesus Christus ist Zentrum und Maßstab jeder christlichen Spiritualität. „In diesem christologischen Zentrum kommunizieren alle möglichen christlichen Spiritualitäten und sind deshalb mühelos durch die Mitte des Glaubens hindurch ineinander aufzulösen und überzuführen. Sie sind Ausformungen der einen Sendung Christi (die sein absoluter Liebesgehorsam ist) in die Vielfalt der von ihm verfügten Sendungsgnaden und Aufträge."[54]

3.2. Josef Sudbrack

Josef Sudbrack ist ein Theologe, der sich wohl kaum wie ein anderer mit Fragen der Theologie der Spiritualität auseinandergesetzt hat. Im Gegensatz zu Balthasar verbindet Sudbrack Spiritualität mit der Pneumatologie. Von daher versteht er Spiritualität zwangsläufig ein dynamisches, prozesshaftes und vor allem lebendiges Unternehmen. Dieses lebendige Unternehmen und Wirklichkeit gilt es theologisch zu reflektieren. Die Theologie der Spiritualität ist also eine Reflexionswissenschaft des gelebten und geformten Glaubens, eines Glaubens, der vom Heiligen Geist genährt wird. Doch eigentlich, so Sudbrack, sind theologische Definitionen nicht mehr als „Notbehelfe [...], die den Blick

---

[52] Ebd., 716.
[53] Ebd.,718.
[54] Ebd., 719.

auf das Gemeinte lenken, es aber niemals in den Griff bekommen."[55] Sie sind ein notwendiges Übel, das er leider auch in der Frage der Spiritualität zulassen muss. Gerade weil es der Geist Gottes ist, der eine Spiritualität nährt und Gottesbegegnung schafft, genau deswegen entzieht sich eigentlich die Spiritualität einer Definition. Es gibt für Sudbrack keine letztgültige Definition von Spiritualität, denn Leben und damit auch Spiritualität verweigern sich letztlich jedweder Form von Definition. Spiritualität gibt es immer nur konkret und gelebt, nicht abstrakt in Regeln und Vorschriften, Definitionen und Lehrsystemen. Spiritualität bedeutet das Leben des Geistes im Christen, wobei „Geist nicht irgendeine Abstraktion bedeutet, sondern das Herkommen von der Offenbarung Jesu Christi, das Stehen in der konkreten Kirche der jeweiligen Zeit und das harrende und wirkende Ausblickhalten auf die endgültige Wiederkunft des Herrn".[56] Sudbracks Anliegen ist es, die Pneumatologie wieder wesentlich mehr in den Fokus der Theologie zu bekommen. Spiritualität „residiert nicht in irgendwelchen Theologien, sondern im lebendigen Dasein des Christen, ja sie ist der Christ selbst, in seiner gnadenhaften Neuschöpfung durch den Geist. Spiritualität ist dasjenige, was jeder wahre Christ als sein eigenstes Ich besitzt, nämlich das Angerufensein von Gott, der Hauch des Gottesgeistes, der ihn, so wie Jahwe Adam den Lebensodem einblies, zu dem neuen und eigentlichen Leben erweckt, in dem erst das wirkliche Selbst gefunden wird."[57] Doch letztlich ist auch für Sudbrack das Christusereignis in der Spiritualität des Christen von zentraler Bedeutung, denn dieses Ereignis ist der Höhepunkt der Offenbarung. In Christus, seiner Inkarnation und seinem Tod am Kreuz, in seiner Auferstehung hat sich Gottes Liebe zum Menschen in einzigartiger Weise offenbart. Hier wird die Fülle der Liebe Gottes offenbar. Der Christ gibt Antwort auf das Geschehen und lebt darin seine Spiritualität. Sudbrack spricht im Gegensatz zu Balthasar von einer ‚Vieleinheit' in der christlichen Spiritualität. Es gibt so viele Spiritualitäten wie es lebendige Christen gibt, aber letztlich gibt es nur die eine christliche Spiritualität. „Der letzte Grund für die Vieleinheit der christlichen Spiritualität ist […] das dreifaltige-eine Leben Gottes, dessen Geist unsere ‚Spiritualität' konstituiert."[58]

Zwei Charakteristika und Grundbestandteile gehören zur christlichen Spiritualität: zum einen „die geschichtlich aufzuweisende, vom Amt bzw. der Theologie bewahrte Botschaft Jesu", die „absolute Norm Jesu Christi", zum anderen „neu aufbrechende, persönliche oder soziale ‚Geist-Impulse' auf dem Boden der jeweiligen Zeit-Mentalität".[59] Für die christliche Spiritualität ist es unerlässlich, sich mit den Zeichen und den Fragen der Zeit auseinander zu setzen. Theologie und Spiritualität haben eine geschichtliche Dimension, sie geschehen nicht in einer zeitlosen und geschichtslosen Sphäre. So fordert Sudbrack, dass innerhalb der Spiritualität die geschichtliche Dimension des Christusereignisses reflektiert wird. Der Glaubensinhalt bleibt, aber die Formen und Ausdrucksweisen, also die Vollzugsgestalt des christlichen Glaubens, ändern sich jeweils entsprechend der

---

[55] Sudbrack, J., Vom Geheimnis christlicher Spiritualität: Einheit und Vielfalt, in: GuL 39 (1966) 24-44, 39.

[56] Ebd., 38.

[57] Ebd., 38.

[58] Ebd., 40.

[59] Vgl. Sudbrack, J., Spiritualität, in: LThK, Freiburg u. a. 2000, Bd. 9, 852f., 856-858.

Zeitumstände und der Bedingungen. Das ist das Risiko und auch die Spannung einer christlichen Spiritualität: im Wandel die Identität zu wahren, im Blick auf die Geschichte Jesu und seiner Botschaft die Zeichen der Zeit zu interpretieren und einer Aktualisierung durch den Geist Gottes Raum zu lassen. Hier wird deutlich, dass eine theologische Disziplin einer Theologie der Spiritualität sich nähren muss aus den Humanwissenschaften, mehr noch, mit ihnen in einem ständigen Dialog stehen muss und gleichzeitig gesellschaftliche und auch wissenschaftliche sowie politische Entwicklungen im Blick haben muss.

Sudbrack greift in diesem Spannungsverhältnis gerne auch auf die von V. Lossky, einem orthodoxen Dogmatiker, geprägten Begriffe einer ‚Logos-Kirche' (das Wort steht im Mittelpunkt, die geoffenbarte Wahrheit) und einer ‚Pneuma-Kirche' (der Geist steht im Mittelpunkt, Offenheit und Lebendigkeit) zurück.[60] Lossky stellt die Entwicklung der orthodoxen und der westlich-lateinischen Kirchen gegenüber, in dem er der westlich-lateinischen Kirche vor allem eine Entwicklung zuspricht, die sehr auf die Institution, die Hierarchie, die ewigen Wahrheiten und das Wort konzentriert sei, dabei den Geist und die Offenheit für den Geist allerdings weitgehendst vernachlässige. Wie kann Gottes Geist wirken und sich Gehör verschaffen, wenn theologische Argumentationen und Kontroversen im Mittelpunkt stehen, dabei aber die Zeichen der Zeit und die Auseinandersetzung mit dem gelebten Glauben in den Hintergrund rücken? Der Geist, „seine Impulse, Gottes Dynamik, laufen nicht notwendig auf worthaften, festgelegten Bahnen, sondern wehen ‚wie der Wind – und du weißt nicht, woher er kommt und wohin er fährt' (Joh 3,9). Gottes Geistes-Gegenwart in der Welt bewegt die Subjektivität, die Spontaneität der Christen, das Aufmerken auf die Zeichen der Zeit."[61] Lossky ist der Überzeugung, dass letztlich die Einfügung des ‚filioque' ins nizäno-konstantinopolitanische Glaubensbekenntnis 1014 dafür verantwortlich zu machen sei. In der Ostkirche hingegen ist diese Dimension des Gottesgeistes und der Aufmerksamkeit gegenüber seinem Wirken ausgeprägter und allein schon in der reichhaltigen Liturgie ersichtlich. Die Offenheit gegenüber dem Wirken des Gottesgeistes ist eine Grundkategorie der christlichen Spiritualität, in welcher es eben genau um das Leben aus dem Geist geht. Sudbrack schließt daraus die Konsequenz, dass beide Kirchen, sowohl die Logos- als auch die Pneuma-Kirche, innerhalb der Theologie und auch des Lebens der Kirche zumindest gleichberechtigte Partner sein müssen. Es kann nicht sein, dass die Zeichen der Zeit und ihre Herausforderung für Theologie und Kirche in Streitigkeiten um die Wahrheit des Wortes untergehen, ebenso wenig kann und darf es sich die Kirche leisten, rein charismatisch auf das Wirken des Geistes zu warten und dabei die Theologie vernachlässigen. Ein lebendiger und konstruktiver Dialog beider Partner ist Ausdruck dieser Gleichberechtigung. Nur vereint sind Logos- und Pneumakirche die Kirche Gottes in der Welt. Doch bevor der Dialog beginnt, so Sudbrack, ist es notwendig, das Suchen und die Sehnsucht der Menschen zu betrachten, da der hl. Geist hauptsächlich in den Wirkungen zu sehen ist. Daraufhin erfolgt der Dialog. Zeichen der

---

[60] Vgl. Sudbrack, J., Gottes Geist ist konkret. Spiritualität im christlichen Kontext, Würzburg 1999, 44f., 77ff.
[61] Sudbrack, J., Spiritualität – Modewort oder Zeichen der Zeit. Ein Kapitel moderner Pneumatologie, in: GuL 71 (1998) 198-211, 204.

Sehnsucht und der Suche, auf die hin dann der Dialog zwischen Logos- und Pneuma-Kirche gesucht werden muss, sieht Sudbrack sehr viele in der Gegenwart: z. B. in den fremden Religionen, der ‚autonomen Moral', der charismatischen Bewegung, der Befreiungstheologie, in der so genannten ‚Neuen Religiosität', in der Sehnsucht der Menschen nach Spiritualität, in der Suche nach Erlebnissen und Erfahrungen.

Sudbrack macht mit dieser Unterscheidung deutlich, dass Spiritualität und spirituelles Leben eben weit mehr darstellen als eine Reflexion von Glaubenslehren und Glaubensinhalten, es geht um den gelebten Glauben in der Auseinandersetzung mit der Zeit in einer Kirche, die sich im Spannungsverhältnis zwischen Tradition und Gegenwart befindet. Spiritualität und die Sehnsucht nach Spiritualität durchbrechen auch die Grenzen kirchlicher Institution und verweisen auf den Dialog und die Aufmerksamkeit der Spuren des Geistes Gottes in der Gegenwart.

Christliche Spiritualität ist, wie ein Blick in die Entstehungsgeschichte des NT und in die Geschichte der Kirche zeigt, immer auch Frucht des Dialogs mit den vorgegebenen Kulturräumen, ist also mitgeprägt von interkulturellen Prozessen. Dieser Dialog blickt zum einen zurück auf das unaufgebbare Erbe der Vergangenheit und zum andern vorwärts in die Zukunft und fragt: Wie ist das Erbe weiterzugeben, damit die Menschen mit ihrer jeweiligen Mentalität es verstehen und leben können? Die Mitte dieses Dialogs ist nach Sudbrack „die Mentalität, das Leben und Erfahren der Menschen, ihr Sorgen und Hoffen, ihr Welt- und Menschenbild, das heißt: ihre Spiritualität."[62] Christliche Spiritualität, so wie sie sich entwickelt hat, lebt aus dem Dialog und schreibt sich im Dialog fort, einem Dialog, der die Herausforderung des anderen und Fremden annimmt und aufgreift, um die eigene Spiritualität weiter zu profilieren. So hilft der Dialog auch, den eigenen Standpunkt und das eigene Profil nicht aus den Augen zu verlieren. Dieser Dialog soll von der Kirche mit allen Spiritualitäten und Spiritualitätsformen gesucht werden, die es rund um den Globus gibt. Somit ist für Sudbrack ein Hauptkriterium und Hauptcharakteristikum christlicher Spiritualität der Dialog. Dort, wo dieser verweigert oder nicht gesucht wird, dort hat auch christliche Spiritualität keinen Ort, dort verkümmert und stirbt sie. Christliche Spiritualität muss für Sudbrack sogar ‚trialogisch' sein: in einem ständigen Austausch zwischen Orthodoxie (der rechten Lehre), Orthopraxie (dem rechten Tun) und Orthoempirie (der rechten Erfahrung, d. h. der lebendige Bezug auf Jesus Christus als Gottes Gegenwart in der Geschichte).[63]

3.3. Bernhard Fraling

Mit dem langjährigen Professor für Moraltheologie in Würzburg Bernhard Fraling soll ein letzter Theologe in der Auseinandersetzung um Spiritualität und einer Theologie der Spiritualität zur Sprache kommen.

---

[62] Sudbrack, Gottes Geist, a. a. O., 64.
[63] Sudbrack, Gottes Geist, a.a.O., 76.

Spiritualität ist für Fraling eine anthropologische Grundkonstante, „die sich überall ant-
reffen lässt, wo Menschen miteinander leben."[64] Spiritualität gehört zum Menschsein des
Menschen. Der Mensch ist ein homo religiosus oder auch ein homo spiritualis, ein
Mensch eben, der von Natur aus eine immanente Religiosität mit sich bringt, eine Sehnsucht nach der Wirklichkeit hinter der Wirklichkeit, auch wenn ihm das gar nicht unbedingt bewusst ist. Spiritualität ist dann nach Fraling eine Lebens- oder Existenzform, in
der menschliches Leben aus letzten Sinnbezügen heraus bewusst gestaltet wird.[65] Spiritualität ist für Fraling sogar ein wesentliches Element jeder Kultur.

Fraling entwickelt fünf Charakteristika, die zugleich eine Kriteriologie christlicher Spiritualität darstellen: Geistgewirktheit (Spiritualität ist von Gott gegeben), Totalität (Spiritualität ist ganzheitlich), Verobjektivierung (Spiritualität ist gelebter Glaube in konkreter
Zeit und Form), Kommunikabilität (Spiritualität ist auf Austausch angelegt), Geschicht-
lichkeit (Spiritualität wird in geschichtlichen Koordinaten gelebt). Diese Kriteriologie
christlicher Spiritualität führt Fraling zu folgender zusammenfassender Definition: „Die
christliche Spiritualität ist die geistgewirkte Weise ganzheitlich gläubiger Existenz, in der
sich das Leben des Geistes Christi in uns in geschichtlich bedingter Konkretion aus-
prägt."[66] Wie schon zuvor Balthasar und Sudbrack geht auch Fraling von einer Vielfalt
der Spiritualitäten aus, die sich in verschiedene Bereiche und Merkmale ausfächern. Zunächst ist das Zentrum der Spiritualität die subjektive Ausprägung des je eigenen Chris-
tusbildes und der gelebten Christusbeziehung. Darüber hinaus geht es in christlicher Spiritualität immer auch um die Konkretisierung dieser Christusbeziehung, also um die Formen und Ausdrucksweisen. Ein letztes Merkmal oder ein letzter Bereich umfasst die Lebensform, in welcher das Subjekt die Ausdrucksweisen und seine Grundhaltungen konkretisiert. Spiritualität hat es eben mit Totalität und mit Konsequenz zu tun, christliche
Spiritualität fordert eine Lebenshaltung und Lebensform.

Grundlegend für Fraling ist für eine christliche Spiritualität die Beziehung zur Kirche, die
für ihn der primäre Träger der Spiritualität ist, da sie als erster Adressat der Geistsendung
das neue Bundesvolk darstellt. Das spirituelle oder geistgewirkte Leben der Kirche ist
selbst wiederum Wurzelgrund jeglicher Spiritualität.[67] Das jedoch widerspricht nicht einer Vielfalt von Spiritualitäten, im Gegenteil. Es gibt verschiedene Berufungen innerhalb
der einen geistgewirkten und biblisch fundierten Kirche. Diese müssen sich allerdings an
den gemeinsamen Quellen orientieren, zum einen an der Offenbarung: „die Botschaft des
Evangeliums mit den vom Herrn gewährten wirksamen Zeichen des Heils."[68] Zum anderen haben sich die vielfältigen Formen der christlichen Spiritualität an der Geschichte zu
orientieren: „es ist die jeweilige geschichtliche Gegenwart des (sic!) Geistwirkens, der
Kairos des immer neuen Heilsangebotes, die Stunde der Gnade."[69] Gottes Geist wirkt in
der konkreten Gegenwart und in der Geschichte. „Es gibt keine Stunde, in der nicht sein

---

[64] Fraling, B., Überlegungen zum Begriff der Spiritualität, in: AGTS: ‚Lasst euch vom Geist erfüllen!'
(Eph 5,18) – Beiträge zur Theologie der Spiritualität, Münster 2001, 6-30, 7.
[65] Ebd., 7.
[66] Fraling, B., Überlegungen zum Begriff der Spiritualität, in: ZkTh 92 (1970) 183-198, 189.
[67] Fraling, Überlegungen, in AGTS, a.a.O., 23.
[68] Ebd., 26.
[69] Ebd., 27.

Anruf an uns ergehen könnte."[70] Die menschliche Erfahrung und die Wahrnehmung der Offenbarung sind die beiden Pole und zugleich Quellen der christlichen Spiritualität.

---

[70] Ebd., 27.

4. Was ist Spiritualität?

Die Sehnsucht nach Religion und etwas, das hält, trägt, vielleicht auch Perspektive verleiht, ist allenthalben in der westlichen Hemisphäre in der Gegenwart zu spüren. Ob diese Zeit und diese Bewegung religionsproduktiv sind, das muss man bzgl. der Ergebnisse noch abwarten. Doch die kurze Darlegung einiger theologischer Versuche, Spiritualität zu definieren, haben gezeigt, dass Spiritualität etwas ist, das jedem Menschen zutiefst zu eigen ist, oder sollte man sagen, zu eigen sein könnte, wenn man aufmerksam und sensibel genug ist? Kann man von einer dem Menschen impliziten und angeborenen Sehnsucht bzw. Fähigkeit zur Spiritualität reden? Fraling hat sich sehr deutlich dafür ausgesprochen, bei Sudbrack und auch Balthasar lassen sich durchaus Anklänge finden. Die Diskussion innerhalb der Religionssoziologie, vor allem hinsichtlich eines stark kultursoziologisch geprägten Begriffs von Spiritualität und der Wahrnehmungen hinsichtlich des Verhaltens vieler Menschen heute, die zu einem religiösen und spirituellen Supermarkt geführt haben, verdeutlichen womöglich eine humanimmanente Komponente der Spiritualität, die jedoch nicht zwangsläufig religiös orientiert sein muss. Vielmehr zeigt sich Spiritualität heute in sehr unterschiedlichem Gewande, wie zu sehen war. Obgleich der Begriff der Spiritualität christlichen Ursprungs ist, muss man mehr und mehr unterscheiden zwischen Spiritualität und christlicher Spiritualität. Spiritualität ist Allgemeingut geworden, eben womöglich auch zu einer prinzipiell humanen Komponente ohne ihren spezifisch christlichen Hintergrund. Ein ehemals christlicher Begriff hat sich gewandelt und gilt nun als ein unabdingbares Element des Menschseins, verschiedener Gruppierungen, der Kulturen – und auch der Religionen. Spiritualität ist somit zu etwas geworden, das die Grundinspiration eines Subjekts, einer Gruppe oder auch eines Kulturbereichs umschreibt, eine existentielle Durchstimmtheit, ein ethisch engagiertes Daseinsverständnis, wie auch immer. Spiritualität gibt die Grundhaltung vor, auf welche Menschen ihre Taten und ihr Leben bauen. Somit ist zunächst einmal deutlich damit gesagt, dass Spiritualität eine lebendige Wirklichkeit beinhaltet und weitaus mehr ist als ein theoretisches Konstrukt oder eine theologische Theorie.

4.1. Spiritualität als Prozess der fortwährenden Umformung

Eine Definition muss all die benannten Aspekte berücksichtigen, womit die Frage auftaucht, ob eine Definition wirklich diese umfassende Umschreibung leisten kann. Gibt es im Sinne Aristoteles' eine Realdefinition (Wesensdefinition) von Spiritualität, die sich auf die Wesensbestimmung des Gegenstandes richtet? Was ist aber Gegenstand der Spiritualität? Was ist dann der Gattungsbegriff, was der artbildende Unterschied? Wenn man die Sehnsucht bzw. das sehnende Verlangen des Menschen nach Beantwortung der wesentlichen Fragen: Woher, Wohin, Wozu, Warum und Wer bin ich, als den ‚Gegenstand' der Spiritualität betrachtet – nach all den vorangegangenen Ausführungen darf man davon ausgehen –, dann ist Spiritualität etwas anderes als der Wille, als die Erinnerung oder die ratio. Sie sind allenfalls Teile der Spiritualität, begleiten sie, durchdringen sie – und umgekehrt. Sie alle sind elementare Eigenschaften des Menschseins, die zum Leben dazugehören. Der artbildende Unterschied ist dann die spezifische Richtung, die die Sehnsucht einschlägt, nämlich in der existentiellen Beantwortung der oben genannten elementaren

Fragen des Menschseins. Sie sind nicht allein mit der Erinnerung oder der Ratio zu beantworten, sie haben es mit dem Innersten, mit der Existenz des Menschen, oder anders
gesagt, mit dem Herzen des Menschen zu tun. In Anlehnung an die Definitionsversuche
des Titus-Brandsma-Instituts in Nimwegen/NL sowie die Definition des Instituts für Spiritualität an der Philosophisch-Theologischen Hochschule Münster soll an dieser Stelle
eine Definition gewagt werden, die sich ausdrücklich als Arbeitsdefinition versteht, die
der Verbesserung würdig ist und im Dialog weiter ausgeformt und ausformuliert werden
muss:[71]

„Spiritualität ist die fortwährende Umformung eines Menschen in leidenschaftlicher und
engagierter Beziehung zur Welt, zum Menschen und zum Unverfügbaren."

Im Zentrum dieser Arbeitshypothese steht der Begriff der Umformung eines Menschen.
Spiritualität ist immer subjektbezogen, auch wenn heutzutage häufig von der Spiritualität
einer Gruppe oder einer Bewegung die Rede ist (gay-spirituality, Frauenspiritualität etc.).
Doch nicht die Gruppe ändert sich oder findet ihre Form, sondern die Subjekte dieser
Gruppe formen sich und die Gestaltfindung der Gemeinschaft. Insofern ist Spiritualität
ein Desiderat und ein Charakteristikum zunächst eines jeden einzelnen. Dieser oder diese
einzelne, das Subjekt, wird umgeformt oder formt sich um. Dabei lässt das Subjekt zunächst sowohl die passive als auch die aktive Form zu. So hölzern dieser Begriff der Umformung im Moment klingen mag, ist er von seiner Bedeutung her doch von höchster
Dynamik. Wenn wir ihn auf die Spiritualität anwenden, dann bedeutet das nämlich, dass
Spiritualität ein dynamisches Geschehen ist, eben eine lebendige Wirklichkeit, die erfahrbar, erspürbar, erlebbar ist. Es ist zugleich ein ganzheitliches Geschehen. Der Mensch als
solcher wird umgeformt, nicht eine Form des Lebensstiles oder ein Aspekt des Lebens
wird verändert, vielmehr geht es um das Ganze. Es geht um die Gesamtausrichtung des
Subjekts. Umformung meint die totale Betroffenheit des Herzens, meint den Pfeil der
Einsicht, der die Wesensmitte, das Herz des Menschen, getroffen hat. Der Mensch gründet sein gesamtes Leben daraufhin neu auf diese oder jene Wirklichkeit oder Grundinspiration. Die bislang gelebten und geprägten Formen werden angeschaut, entsprechend
verifiziert, falsifiziert oder modifiziert. Dieses dynamische Geschehen ist nicht mit dem
Blitz vom Himmel, einer Vision oder tiefen Gottesbegegnung zu verwechseln, die sich
viele Menschen wünschen. Es ist manchmal ein kleines Geschehen, das allerdings Konsequenzen nach sich zieht, die weit reichender sein können, als es der Betroffene erahnt.
Es kann eine Erfahrung wie ein Säuseln des Windes sein, die der Prophet Elija macht (1
Kön 19,12). Es kann eine innere Erkenntnis sein. Spiritualität zeichnet sich nicht durch
gewaltige Erkenntnisse und Erlebnisse aus, sie gestaltet sich vielmehr im Kleinen, im
Alltäglichen, dort aber mit Konsequenz und fortwährend. Hier zeigt sich dann auch, wie
ernst der Mensch es mit der Spiritualität und der Umformung meint. Spiritualität ist

---

[71] Waaijman: „Spirituality is the ongoing transformation which occurs in involved relationality with the
Unconditional." In: Waaijman, K., Toward a phenomenological definition of spirituality, in: studies in
spirituality (1993/94) 5-57, 11.
PTH Münster: "Spiritualität ist die fortwährende Umformung eines Menschen, der antwortet auf den
Ruf Gottes." In: Grundkurs Spiritualität, hrsg. v. Institut für Spiritualität Münster, Stuttgart 2000, 10.

nichts einmaliges, das am Wochenende erlebt, gelebt und erfahren wird, dann aber für die Zeit von Montag bis Freitag wieder ad acta gelegt werden kann. Im Gegenteil will Spiritualität den Menschen ganz, nicht nur am Wochenende, wie uns die ursprüngliche Bedeutung des Wortes gezeigt hat. Die Grundhaltung hat sich nicht nur in der Sehnsucht nach Erlebnissen und Erfahrungen zu zeigen oder in der Intensität einer Erfahrung, sondern darin, inwieweit diese Erfahrung trägt, Früchte trägt und konsequent mit in den Alltag hinein genommen wird. Spiritualität will gelebt, nicht erlebt werden. Das aber bedeutet Anstrengung und Mühe. Die Annäherungen an die Fragen nach dem Woher, dem Wozu, dem Wohin oder auch dem Wer bin ich sind oftmals vorläufig. Sie können sich entziehen, können ihre Logik und Sinnhaftigkeit verlieren. So muss der einzelne immer wieder von neuem nach den Antworten suchen. Nichts auf dem geistlichen Lebensweg ist ein für allemal erreicht. Die Grundhaltung will lebendig erhalten sein. Der Mensch muss sich immer wieder fragen, wie er sie lebt, wie er sie leben will, was er vielleicht in seinem Leben ändern und was er intensivieren muss, welche Formen der Grundhaltung entsprechen. Die Mühe und Anstrengung sind die aktiven Momente der Umformung. Das Prinzip der aktiven Umformung gilt in dem gleichen Maße auch für Gruppen.

Das passive Moment der Umformung ist das, was dem Subjekt widerfährt, was es nicht selbst herbeiführen kann, was vielmehr an ihm geschieht. Eine Gottesbegegnung kann der einzelne nicht machen, auch nicht provozieren oder vorbereiten. Der Mensch aber kann sich bereiten, kann wachsam und aufmerksam sein, um die Stimme des Herrn nicht zu überhören, analog den Mahnungen der Schrift, wachsam zu sein: „Seid also wachsam." (Mk 13,35; 34,37; Mt 25,13; Apg 20,31) Eine Gottesbegegnung, so lehrt uns die Bibel in vielfältigen Erzählungen, so lehrt uns aber auch die Tradition und die Geschichte der Spiritualität und Mystik, geschieht oft dann, wenn der Mensch sie nicht erwartet, zuweilen auch sehr ungelegen. Sie provoziert, sie ruft heraus und trifft den einzelnen in seiner Existenzmitte. Die tiefe Wahrheit überwältigt ihn, dass Jesus der Christus ist. Viele Mystiker und Mystikerinnen umschreiben diese Erfahrung, die ihnen oftmals nach langen Jahren der Routine oder des normalen Lebens widerfahren ist, mit Ausdrücken der Liebe und Sinnlichkeit. Es ist eine Erfahrung, die trifft, die nicht wieder loslässt und den einzelnen im wahrsten Sinne des Wortes umformt. Es ist eine Liebeserfahrung. Auch die Liebeserfahrung im Leben, die Liebe eines Menschen kann umformen, kann dem einzelnen widerfahren, ohne dass er etwas dafür getan hat, ohne sie vorbereitet zu haben. Liebe ist nicht zu machen, sie widerfährt und geschieht. Und hat sie jemanden erst einmal getroffen, dann formt sie um. Das ist das passive Moment der Umformung. Das Herz bricht auf. Vielleicht werden gezogene Schutzwälle mit einem Mal gesprengt. Liebe vermag Grenzen zu sprengen und umzuformen. Man kann das Moment der aktiven Umformung mit Askese, der Einübung in das christliche Leben, umschreiben. Das Moment der passiven Umformung hingegen ist ein mystisches Phänomen, das nicht provozierbar ist dadurch, dass man automatisch diese oder jene Übung macht oder diese oder jene Meditationsweise konsequent umsetzt. Es geht also nicht um Leistung, es geht nicht um das Erreichen gewisser Grade oder Stufen. Spirituelles Leben lässt sich nicht systematisieren, wie es in der Vergangenheit versucht wurde. Ein Mensch, der die Erfahrung der persönlichen Gottesbegegnung gemacht oder Gottes Gegenwart erspürt hat, erlebt in diesem Moment womöglich größte Vollkommenheit und Vollendung, doch kommen auch wieder andere

Erfahrungen. Dieser Moment kann nicht festgehalten werden, wie auch schon Faust hat feststellen müssen. „Werd' ich zum Augenblicke sagen: Verweile doch! Du bist so schön!"[72] Es folgen Momente, in denen sich der einzelne womöglich wieder als der totale Anfänger erlebt. Geistliches Leben oder spirituelles Leben ist ein fortwährender Prozess, nicht linear, nicht zyklisch, sondern mit Irrwegen und Kreuzwegen, mit Geraden und Kurven, mit Steigungen und Hindernissen. Nicht umsonst ist der Weg das in allen Religionen und spirituellen Methoden am häufigsten verwendete Motiv. Spiritualität zeigt den Menschen auf dem Wege, als homo viator. Das Ziel bestimmt nicht er, das Ziel liegt in dem großen Unbekannten, dem Tod. Spiritualität ist ein fortwährender Prozess der Umformung hin zum Tode. Der große Theologe Karl Rahner bezeichnete nicht umsonst das Leben als ein Seinmüssen zum Tode, das der einzelne erlernen muss, immer wieder, bis der Sensenmann vor der eigenen Tür erscheint. Für Rahner ist dieses Moment der Hauptakzent der Askese: „Aszese ist also nichts anderes als das personale freie Von-sich-aus-Ergreifen seines notwendigen Seinmüssens zum Tode."[73]

Spiritualität aber geschieht nicht in einem luftleeren Raum. Sie ist nicht beschränkt auf die individuelle Beziehung Gott - Mensch oder auf eine reine Innerlichkeit des Subjekts, auf eine Erfahrung, die der einzelne mit sich macht und für sich behält, weil sie so intim ist, dass sie nur ihn betrifft. Spiritualität hat immer auch den anderen, das Du im Blick. Es geht um eine Involviertsein in das Leben, in die Wirklichkeit und mit den anderen. Entgegen der Philosophie von Jean Paul Sartre ist der Andere nicht Objekt, das beherrscht werden soll, um nicht selbst zur Beute des Anderen zu werden. Der Andere ist für Spiritualität und gelungenes Leben notwendig. Mehr noch: Spiritualität bedeutet das leidenschaftliche und engagierte Leben mit anderen und in Beziehung. Nicht die eigene Heilssuche steht im Vordergrund, sondern das gelungene Leben. Auch wenn es in der Vergangenheit des Christentums oftmals zu Verobjektivierungen des anderen gekommen ist um des eigenen Heils willen, so ist doch genau das nicht damit gemeint. Der Einsatz für den anderen ist nicht in erster Linie notwendig, um sich selbst den Himmel zu verdienen, sondern weil er ist, und weil er Hilfe benötigt, und weil niemand ohne den Anderen existieren kann. Deswegen ist das leidenschaftliche Engagement notwendiges Charakteristikum der Spiritualität. Wenn der Mensch die Fragen des Lebens nach dem Woher, Wohin, Warum und dem Wer bin ich beantworten will, dann geht es nur, wenn er sich in Beziehung zum Anderen stellt. Erst am Du wird der Mensch zum Ich[74], wie Martin Buber es ausdrückt; und das nicht nur, weil jeder Mensch durch seine Mutter und das Elternhaus geprägt worden ist. Franz von Assisi schrieb kurz vor seinem Tod in mehreren Etappen den berühmten Sonnengesang. Dieses Lied, oftmals verkitscht und mit rein romantischen Augen betrachtet und gesungen, ist exakter Ausdruck dieser involvierten und engagierten, ja leidenschaftlichen Spiritualität in Beziehung. Franz von Assisi nennt in diesem Gesang

---

[72] Goethe, J. W. v., Faust I, in: Goethe Werke Bd. 3, hrsg. v. A. Schöne und W. Wiethölter, Darmstadt 1998, 62.

[73] Rahner, K., Passion und Aszese, Passion und Aszese. Zur philosophisch-theologischen Grundlegung der christlichen Aszese, in: Ders., Schriften zur Theologie III, Einsiedeln u. a. 1956, 73-104, 90.

[74] „Der Mensch wird am Du zum Ich. Gegenüber kommt und entschwindet, Beziehungsereignisse verdichten sich und zerstieben, und im Wechsel klärt sich, von Mal zu Mal wachsend, das Bewusstsein des gleich bleibenden Partners, das Ichbewußtsein." Buber, M., Ich und Du, Heidelberg [10]1979, 37.

alles, was lebt und existiert, Bruder und Schwester, ob die Sonne, Sterne oder den Mond, ob die Tiere, die Blumen, die Menschen oder gar der Tod.

„Gelobt seist du, mein Herr, mit allen deinen Geschöpfen (...),

zumal dem Herrn Bruder Sonne. (...)

Gelobt seist du, mein Herr, durch Schwester Mond und die Sterne (...).

Gelobt seist du, mein Herr, durch Bruder Wind und durch Luft und Wolken (...).

Gelobt seist du, mein Herr, durch unsere Schwester, Mutter Erde (...).

Gelobt seist du, mein Herr, durch unsere Schwester, den leiblichen Tod."[75]

Mit allem fühlt er sich innerlich verbunden. Alle Geschöpfe sind seine Geschwister, so dass der Gesang zwangsläufig mit der Aufforderung endet, genau das ernst zu nehmen, dafür zu danken und dem Herrn in tiefer Demut zu dienen. Verwandt sein, das bedeutet für Franziskus Verantwortung für einander zu übernehmen, sich nicht davon zu stehlen, sondern sich für den anderen hinzustellen und um des Lebens willen Partei zu ergreifen. Alles ist von Gott geschaffen. Alles ist von Gott mit einer einzigartigen Würde versehen. Dieses verbindet in geschwisterlicher Liebe und ruft zum Engagement, zur Leidenschaft und zur Verantwortung auf. Kaum ein anderes Werk der mittelalterlichen Dichtung drückt dieses Anliegen der christlichen Spiritualität so eindrücklich aus wie der Sonnengesang. Das gilt jedoch nicht nur für die christliche Spiritualität, sondern für jedwede Form der Spiritualität. Der Mensch hat eine Verantwortung für das Leben, für den anderen und für die Welt. Spiritualität, die von einer Grundinspiration für das Leben des Subjekts ausgeht, muss dem Rechnung tragen.

Schließlich geht es auch um eine Beziehung zu dem Unverfügbaren. Dieses kann ein personaler Gott sein, wie im Christentum oder im Judentum. Es kann aber auch etwas sein, das sich dem Zugriff entzieht: Erkenntnis, Wahrheit, eine Grundinspiration, die dem einzelnen zugekommen ist, nicht als Frucht eigenen Tuns, sondern als Widerfahrnis. Die vorgelegte und diskutierte Definition versucht dem Faktum Rechnung zu tragen, dass Spiritualität nicht mehr nur religiös gebunden sein muss und kann, obgleich der Ursprung des Wortes aus dem christlichen Raum stammt. Im Hause der Religion jedoch hat der Begriff der Spiritualität sein Zuhause.

4.2. Spiritualität und Religion

Auch der Begriff der Religion ist in aller Eindeutigkeit ein nur schwer zu fassender Begriff. Dieses wird schon in den etymologischen Referenzen deutlich, die für den Begriff herbeigezogen werden: (1) das lateinische Wort ‚relegere', das bezogen auf Religion den Aspekt der Beachtung von Vorschriften insbesondere in kultischer Hinsicht betont; (2) das lateinische Wort ‚religare', das mehr den Aspekt der Beziehung von Gott und Mensch betont, initiiert von Gott, sowie (3) das lateinische Wort ‚reeligere', wiedererwählen, ein Beziehungsgeschehen zwischen Gott und Mensch, das sich auf die Kraft der Umkehr

---

[75] Die Schriften des Heiligen Franziskus von Assisi. Einführung, Übersetzung, Erläuterungen von L. Hardick, E. Grau, Werl, [7]1982, 214f.

bezieht.[76] Ursprünglich ist der Begriff von Cicero geprägt worden, der die erste oben benannte etymologische Wurzel als Grundlage seiner Definition von Religion anführte. Mit dem Aufkommen des Christentums kam eine neue Dimension ins Spiel: „Hinzu kam, dass es den Christen in der öffentlichen Auseinandersetzung selbst allmählich klug erschien, den Begriff der ‚religio' für sich in Anspruch nehmen. Damit ging es aber dann sogleich um die Auseinandersetzung, welche nun die ‚richtige' und welche die ‚falsche' Religion sei, welche ‚religio vera' und welche ‚religio falsa' sei. Mit dem Sieg des Christentums haftete diesem das Etikett der ‚religio vera' an, und alle nichtchristlichen Kulte und Völker galten nicht nur als Anhänger der ‚religio falsa', sondern summarisch als ‚Heiden'. Diese Entwicklung am Beginn macht deutlich, dass der der römischen Sprachwelt entstammende und zunächst auf die antike Götterverehrung bezogene Begriff der ‚religio' auf das Christentum übertragen wurde und in dieser Übertragung den neuen, nämlich den christlich-universalen Inhalt der ‚religio vera' annahm, an dem gemessen alle anderen Kulturen und Zivilisationen als ‚heidnisch' erschienen."[77]

Traditionellerweise wird unter Religion ein institutionalisiertes System basierend auf einer Beziehung zwischen Individuen und einer göttlichen Wirklichkeit verstanden, wobei diese Beziehung zu einer Erlösung in diesem oder in einem anderen/jenseitigen Leben führt.

Allerdings gibt es noch andere Konnotationen, die mit Religion verbunden werden. Religion kann für eine fundamentale Lebenshaltung einer Person stehen, die an eine transzendente Realität glaubt. Dieser Glaube gibt dem Leben die Matrix und auch Quelle für seine Handlungen und Haltungen an. Hier ist Religion sicherlich eine Wurzel für spirituelle Haltungen und Fragen. Religion kann darüber hinaus für eine bestimmte spirituelle Tradition stehen wie etwa das Christentum oder den Buddhismus. Es gibt die verschiedensten weiteren Definitionen und Zugänge, die hier nicht weiter erörtert werden können. Ein Blick allerdings in den populären Brockhaus kann eine Verständnisweise anzeigen, die heute allgemein weit verbreitet ist, die vor allem hinsichtlich des gestellten Themas des Zusammenhangs zwischen Religion und Spiritualität durchaus von Relevanz ist.

Im Brockhaus von 2006[78] heißt es: "Religion ist die zusammenfassende Bezeichnung für eine Fülle historischer Erscheinungen, denen ein spezifischer Bezug zwischen dem »Transzendenten« einerseits und den Menschen andererseits in einer deren Verhalten normativ bestimmenden Weise zugrunde liegt. [...] Allen [Definitionsversuchen] gemeinsam ist, dass Religion als ein existenz- und situationsbezogenes (und entsprechend unein-

---

[76] Vgl. Streitfall ‚Religion'. Diskussionen zur Bestimmung und Abgrenzung des Religionsbegriffs, hrsg. v. E. Feil, Münster u. a. 2000.

[77] Knobloch, S., Mehr Religion als gedacht! Wie die Rede von Säkularisierung in die Irre führt, Freiburg 2006, 23. Zur weiteren Auseinandersetzung mit dem Begriff der Religion und der Geschichte dieses Begriffs sowie die damit verbundenen Problematiken sei auf das zitierte und interessante Werk von Knobloch verwiesen, in welchem sich auch die wesentlichen weiterführenden Literaturverweise finden lassen. Vgl. auch folgende lesenswerte Publikation: Riesebrodt, M., Cultus und Heilsversprechen. Eine Theorie der Religionen, München 2007.

[78] Für einen guten und kurzen Überblick zu dem Thema: Religion, sei auf das RGG verwiesen: Religion in Geschichte und Gegenwart. Handwörterbuch für Theologie und Religionswissenschaft, hrsg. V. H. D. Betz u. a., Bd. 7, Tübingen 1977, 263-304.

heitliches und uneindeutiges) Phänomen erscheint, als eine spezifische Funktion des Menschseins, die es außerhalb der Welt des Menschen nicht gibt. Formal lässt sich Religion beschreiben als ein (Glaubens-)System, das in Lehre, Praxis und Gemeinschaftsformen die »letzten« (Sinn-)Fragen menschlicher Gesellschaft und Individuen aufgreift und zu beantworten versucht." Ohne auf weitere Definitionsversuche oder auf die verschiedenen religionssoziologischen, religionswissenschaftlichen oder theologischen Spezifizierungen einzugehen, sei festgehalten, dass in allen Fällen, so auch in der Definition aus dem Brockhaus zwischen Religion und Spiritualität unterschieden wird. Charakteristika jeder Religion sind: ein Glaubenssystem, eine Lehre, Institutionalisierung sowie eine geprägte Spiritualität. „These are not strictly equivalent terms but religion as institution is basically a cultural system for dealing with that which transcends not only the individual but even the social entity as a whole."[79]

Durch die Institutionalisierung sind oftmals der Anfangsimpuls einer Religion, die provokative Spiritualität und die intensive Erfahrung undeutlich geworden. Gewöhnung, Regelwerk, Traditionen und Formen können sich als Hindernisse erweisen, den oft sehr intensiven Anfangsimpuls lebendig zu bewahren. Institutionalisierung, so notwendig sie ist, ist oftmals auch ein Verhängnis für den gelebten Glauben und damit für die Spiritualität. Die Institution steht für Schutz und gleichzeitig für Hindernis. Sie gibt Raum für die alltägliche Erfahrung der Spiritualität, sie gibt die Gewähr für die authentische Tradition der Spiritualität, gleichzeitig aber steht sie in der Gefahr, dass sie an die Stelle der Werte tritt, die sie schützt und sich damit vielfach verselbständigt. Nicht-institutionalisierte Spiritualität steht in der Gefahr, zum Extremismus zu degenerieren.

Wie nun ist das Verhältnis zwischen Spiritualität und Religion zu definieren?

Spiritualität, und davon geht der Autor dieses Beitrags aus, ist die Essenz der Religion. Eine Religion ohne Spiritualität ist leblos, ist Regeltreue ohne Seele. Religion ohne Spiritualität ist gefährlich, im wahrsten Sinne des Wortes.

Sandra Schneiders plädiert für ein partnerschaftliches Verhältnis zwischen Religion und Spiritualität. Zunächst geht sie davon aus, dass Religion für Spiritualität den optimalen Kontext darstellt. „The great religious traditions of the world are much more adequate matrices for spiritual development and practice than personally constructed amalgams of beliefs and practices."[80] Solche konstruierten Spiritualitäten sind ihrer Meinung nach private Religionen, oftmals sehr naiv und allzu individuell gestrickt. Sicherlich bieten Religionen ein gutes Umfeld und einen guten Nährboden für Spiritualität, allerdings, wie zu sehen war, liegen dort auch Gefahren und die Schwierigkeiten. So ohne weiteres sind weder die spirituellen Versuche in ihrer Ambivalenz (Freiheit der Entscheidung, Synkretismus, Ablehnung institutionalisierter Religion) heute noch die Doppelbödigkeit der institutionalisierten Religionen zu leugnen. Schneiders geht ein wenig zu weit, wenn sie formuliert: „In summary, the argument I am making for religion as the most productive context for spirituality, for both the individual and the community, is that the quest for

---

[79] Schneiders, S., Religion vs. Spirituality: A contemporary Conundrum, in: Spiritus Vol. 3, Nr. 2 2003, 163-185, 170.
[80] Ebd., 174.

God is too complex and too important to be reduced to a private enterprise."[81] Gemeinschaft ist zweifelsohne wichtig und von zentraler Bedeutung für jede Ausprägung der Spiritualität, sowohl der christlichen als auch der außerchristlichen Spiritualitäten. Dennoch ist es nicht zutreffend, dass diese subjektiv konstruierten Glaubensmixturen und Praktiken generell die Frage nach Gott simplifizieren oder privatisieren, und wenn es so ist, dann ist auch das zunächst einmal zu akzeptieren. „Spirituality which lacks roots in a tradition, although it may relate a person sporadically to a variety of like-minded seekers, lacks the ongoing support and appropriate challenge that a stable community of faith provides."[82] Das stimmt, doch nicht von ungefähr entspricht das in allem dem Lebensgefühl so vieler Menschen heute. Warum nicht ausprobieren, schauen wie der Weg ist, experimentieren dürfen in der eigenen Privatsphäre, bevor man eine endgültige Entscheidung trifft?

Schneiders betont, dass Spiritualität und Religion keine Feinde oder einander Fremde sind, sie leben keine Rivalität, sondern das Verhältnis der beiden ist das Verhältnis einer Partnerschaft. Dem kann man aufgrund unserer Ausführungen und auch der vorangestellten Arbeitsdefinition nur zustimmen. Religion und Spiritualität sind Partner auf dem Wege des Menschen zu Antworten auf die wesentlichen Fragen des Woher, Wohin, Warum und Wer bin ich. Die Religion bietet dafür einen sehr guten Rahmen. Religion und Spiritualität dürfen aber nicht verwechselt oder miteinander gleichgestellt werden. Darin liegt die große Herausforderung gerade auch in der Gegenwart. Bei aller berechtigter Institutionskritik ist die Verbindung von Religion und Spiritualität nicht aus den Augen zu verlieren. Die Bedeutung der christlich-religiösen Tradition innerhalb der Spiritualität und den großen Nutzen des institutionellen Rahmens der Religion zu erkennen und einzusetzen, ohne ihn der Spiritualität über zu stülpen, darin liegt die Kunst, und das ist eine Gratwanderung. Aber auch hier gilt: die Institution Kirche ohne eine gelebte Spiritualität ist ein totes Konstrukt. Die Institution Kirche mit einer im Evangelium gegründeten Spiritualität, die sich auch in einer Vielzahl von Formen ausdrücken mag, ist hingegen ein lebendiger Organismus - und deswegen semper reformanda!

4.3. Christliche Spiritualität

Die Ursprünge des Begriffs der Spiritualität liegen zwar in den Anfängen des Christentums, wie zu sehen war, doch angesichts der Entwicklungen des Begriffs in der Geschichte und insbesondere des Gebrauchs des Begriffs in der Gegenwart gehört eine christliche Definition der Spiritualität noch einmal eingehender betrachtet. Dieses soll im Folgenden vor allem in Hinsicht auf die zuvor in Kapitel 4.1. geprägte Arbeitsdefinition geschehen.

---

[81] Ebd., 177.
[82] Ebd., 176.

4.3.1. Charakteristika

Zunächst einmal setzt christliche Spiritualität voraus, dass das Unverfügbare ein persönlicher Gott ist, ein Gott, der sich begreifen und finden lässt, der sich gleichzeitig aber auch entzieht. In dem Sinne ist er unverfügbar, da er nicht bestimmten Konditionen folgt oder aufgrund eines klar definierten Ritus automatisch erfahrbar ist. Viele Geschichten der Bibel machen das sehr deutlich. Gott zeigt sich seinem Volk, er spricht zu ihm und zu Einzelnen, er offenbart sich, er zeigt sich in seinem Sohn Jesus Christus, aber immer so wie es ihm gefällt. Er ist nicht auf Knopfdruck verfügbar. Aber er ist mit seinem Volk, das er kennt und liebt, wie es im Buch Jesaja zu lesen ist: „Jetzt aber — so spricht der Herr, der dich geschaffen hat, Jakob, und der dich geformt hat, Israel: Fürchte dich nicht, denn ich habe dich ausgelöst, ich habe dich beim Namen gerufen, du gehörst mir. Wenn du durchs Wasser schreitest, bin ich bei dir, wenn durch Ströme, dann reißen sie dich nicht fort. Wenn du durchs Feuer gehst, wirst du nicht versengt, keine Flamme wird dich verbrennen. Denn ich, der Herr, bin dein Gott, ich, der Heilige Israels, bin dein Retter. Ich gebe Ägypten als Kaufpreis für dich, Kusch und Seba gebe ich für dich. Weil du in meinen Augen teuer und wertvoll bist und weil ich dich liebe, gebe ich für dich ganze Länder und für dein Leben ganze Völker. Fürchte dich nicht, denn ich bin mit dir. Vom Osten bringe ich deine Kinder herbei, vom Westen her sammle ich euch. Ich sage zum Norden: Gib her! , und zum Süden: Halt nicht zurück! Führe meine Söhne heim aus der Ferne, meine Töchter vom Ende der Erde! Denn jeden, der nach meinem Namen benannt ist, habe ich zu meiner Ehre erschaffen, geformt und gemacht." (Jes 43,1-7) Das Volk darf sich auf ihn und seine Verheißungen verlassen, letztlich bestätigt im Kreuzestod Jesu und den Zeugnissen seiner Auferstehung. Aber auch Jesus entzieht sich. Immer wieder geht er Zeit seines Lebens in die Einsamkeit und Wüste, schließlich entzieht er sich auch im Tod, so gerne ein Judas oder auch andere es wohl gesehen hätten, wenn er als der politische Messias in Erscheinung getreten wäre, wie sie es sich erhofft hatten. Doch diese Erwartungen wurden buchstäblich durchkreuzt. Auch als Auferstandener entzieht er sich den Jüngern, sinnbildlich in der Himmelfahrt dargestellt: „Er sagte zu ihnen: Euch steht es nicht zu, Zeiten und Fristen zu erfahren, die der Vater in seiner Macht festgesetzt hat. Aber ihr werdet die Kraft des Heiligen Geistes empfangen, der auf euch herabkommen wird; und ihr werdet meine Zeugen sein in Jerusalem und in ganz Judäa und Samarien und bis an die Grenzen der Erde. Als er das gesagt hatte, wurde er vor ihren Augen emporgehoben, und eine Wolke nahm ihn auf und entzog ihn ihren Blicken. Während sie unverwandt ihm nach zum Himmel emporschauten, standen plötzlich zwei Männer in weißen Gewändern bei ihnen und sagten: Ihr Männer von Galiläa, was steht ihr da und schaut zum Himmel empor? Dieser Jesus, der von euch ging und in den Himmel aufgenommen wurde, wird ebenso wiederkommen, wie ihr ihn habt zum Himmel hingehen sehen." (Apg 1,7-11) Er entzog sich ihren Blicken, auch ihren Fragen, Wünschen und Hoffnungen. Und doch: Er wird wiederkommen. Das ist die Spannung zwischen der Erfahrung, der Verheißung und den Wünschen, die das Christentum seitdem prägen. Doch das Unverfügbare ist etwas, das immer und überall im Leben der Menschen zu finden ist, oft in den kleinen Dingen des Alltags, in den kleinen Liebeserweisen des Lebens, also keine abstrakte jenseitige Wirklichkeit oder Theorie, sondern im Hier und Jetzt greifbar.

Aus der Definition wird ein weiteres ersichtlich, das sich auf jedwede Form der Spiritualität bezieht, die nicht bei sich selbst bleibt, sondern transzendentale Beziehungen und Wirklichkeiten aufnimmt: Spiritualität hat nichts mit Selbsterlösung zu tun. Sie gibt dem Menschen nicht das Instrumentarium oder die Hilfsmittel an die Hand, derer sich der Mensch nur bedienen muss, um sich selbst aus den dunklen Seiten und den Lasten des Lebens zu befreien. Wenn Scientology und andere ideologisch geprägte Kulte das anbieten und vermitteln, so vertreten sie ein unzutreffendes Menschenbild. Der Mensch ist weder ein gestürzter Engel noch ein im fleischlichen Gewande verborgener Thetan, der die Kraft entwickeln kann, sich selbst zu erlösen.[83] Jede Selbsterlösungsideologie überfordert den Menschen, der nicht Gott, nicht Übermensch oder Supermann ist, sondern ein Sterblicher mit Schwächen. Der Mensch ist nach christlichem Verständnis zwar auch ausgestattet mit großen Stärken und einer einzigartigen Schöpfungsqualität, aber er bleibt erlösungsbedürftiges Geschöpf. Auch ist christliche Spiritualität keine Reise zu sich selbst oder eine Reise ins Innere, selbst wenn das Innere des Menschen damit natürlich zu tun hat. Es kann eine Reise ins Innere sein, um dort dem ganz Anderen, Gott, zu begegnen: „Es ist eine Reise in die innere Welt, zu ihren äußersten Räumen, zu ihrer früheren Zeit, Bewusstsein und Unbewusstes übergreifend. Nur darum kann ja Identität hier gestiftet und erfahren werden, weil Identität mehr ist als unsere bewusste Existenz und mehr als unser zeitliches Leben, weil unser ganzes Leben gegründet ist im Geheimnis des Absoluten. Wer bin ich? Die Antwort lautet: Gott kennt mich besser, als ich mich selber kenne, er kennt mich anders, als meine Umwelt mich kennt."[84]

Spiritualität hat es mit Begegnung auf verschiedenen Ebenen zu tun, vor allem die christliche Spiritualität. Da ist die Begegnung mit dem Unverfügbaren, mit dem persönlichen Gott. Da ist die Begegnung mit dem eigenen Ich und der eigenen Tiefe, dem eigenen Inneren. Das ist nicht immer angenehm. Es kann sehr erschreckend sein, in die eigenen Tiefen schauen zu müssen und sich selbst sozusagen von Angesicht zu Angesicht zu betrachten. Bin ich das wirklich? Kann ich wirklich zu diesen Tiefen, die oft Untiefen sind, zu diesen Charakterzügen und zu meiner Schuld stehen? Diese Fragen können vom christlichen Standpunkt aus ein ermunterndes Ja erfahren, wie uns die bereits zitierte Jesajastelle bezeugt. So wie das Volk und der einzelne sind, so liebt Gott sie. So wie der einzelne und die einzelne geschaffen sind, so liebt Gott sie und gibt sein uneingeschränktes Jawort. Bezogen auf das Geschehen der Menschwerdung Gottes in Jesus Christus kann man auch sagen: Gott will in jedem Menschen Wohnung nehmen, und zwar so, wie dieser ist, nicht wie er sich gerne haben möchte. Tempel Gottes ist der Mensch, wie er ist. Das ist eine ungeheure Ermutigung, selbst wiederum den Sprung in den eigenen Brunnen zu wagen und zu dem, was dem Menschen dort begegnet, Ja zu sagen. Insofern ist die christliche Spiritualität eine Haltung und eine Lebensform, die das Scheitern des einzelnen mit in den Blick nimmt, das Scheitern der eigenen Ideale, Wünsche und Hoffnungen, das Scheitern einer perfekten Vorstellung von sich selbst, aber auch das Scheitern von

---

[83] Neoplatonisches Gedankengut gepaart mit gnostischem Weltbild lässtsich immer wieder im Bereich der christlichen Religion finden, entspricht aber nicht der christlichen Lehre.

[84] Sölle, D., Die Hinreise, in: Dies., Gesammelte Werke, Bd. 2: Und ist noch nicht erschienen, was wir sein werden, Stuttgart 2006, 7-129, 109.

Lebensentwürfen, von Handlungen und Beziehungen. Denn schon in der Feier der Heiligen Tage ist das in den drei Tagen fest- und grundgelegt. Auf Gründonnerstag mit der Feier des Abendmahls folgt der Karfreitag, das absolute Scheitern, die Dunkelheit, Kreuz und Tod. Der Karsamstag steht für die Leere, die Stille, Grabesstille. Es folgt die Osternacht mit der Feier der Auferstehung. Im Tod erblüht das Leben. Dort, wo alle Hoffnung verloren scheint, dort finden sich Leben und Hoffnung. Zum Leben gehören das Scheitern und die Dunkelheit genau so wie die schönen Momente und Höhepunkte, die Hochzeiten. Insofern kommt Werbick zu dem Schluss, dass das Scheitern als die Reifeprüfung des Lebens betrachtet werden kann. Die christliche Spiritualität hilft bei der Einübung in das Scheitern als Grunddimension menschlichen Lebens. „Dass die anderen mich scheitern lassen, dass ich andere scheitern lasse, das ist leider kein Einzelfall. Dass wir einander scheitern helfen, das kommt schon seltener vor. Aber muss nicht doch im Grunde jeder selbst damit zurechtkommen und das Scheitern bewältigen? Ist das 'Scheiternkönnen' nicht geradezu die Reifeprüfung des menschlichen Lebens, weil das Scheiternmüssen die Urbedingung des Menschseins ist?"[85]

Weiterhin vollzieht sich christliche Spiritualität nicht als eine Weltflucht, als eine fuga mundi, vielmehr fordert sie zur Beheimatung in der Welt auf. So betont schon Clemens von Alexandrien im zweiten Jahrhundert, dass der Christ nicht von der Welt, aber in der Welt ist. Dort hat er seine Verantwortung zu leben. Christliche Spiritualität will nicht zur Lebens- und Wirklichkeitsflucht animieren, sondern zu einem verantworteten und aufmerksamen Leben in der Welt von heute, in der Stellungnahme zu den Problemen und Fragen der Gegenwart. Es geht um eine leidenschaftliche Beziehung zu sich selbst, zum andern, zur Welt und zum Unverfügbaren. Provozierend und zugleich auf den Punkten gebracht formuliert es der evangelische Theologe Fulbert Steffensky: „Spiritualität übersetze ich mit Aufmerksamkeit. Die Aufmerksamkeit, die Kunst, die Augen Christi in den Augen des Kindes zu lesen, die Beulen Christi in den Beulen des Aussätzigen. Diese Spiritualität hat darum immer etwas Lumpiges, etwas Dreckiges. Sie ist störungsanfällig, sie erlaubt nicht, in sich selber zu ruhen, sie lehrt Fragen stellen: Wo leiden Menschen? Woran leiden sie? Wer macht sie leidend? Und das ist eine Spiritualität, die die Harmonie eher gefährdet als einrichtet."[86]

Christliche Spiritualität macht ernst mit dem Lebensprogramm Jesu, der sich den Armen und Entrechteten zugewandt hat. Sie lässt sich stören von dem Leid der anderen und verwirklicht Caritas und Liebe. Leidenschaftliche und engagierte Beziehung bedeutet genau das: Konkretisierung der Nachfolge Christi, liebende Aufmerksamkeit dem anderen gegenüber und Einsatz für das Leben, für die Schöpfung und für die Liebe durch das Leiden anderer, durch die Einmischung in das Geschehen der Welt.[87] Herrschaftsfreier Umgang

---

[85] Fuchs, G., Werbick, J., Scheitern und Glauben. Vom christlichen Umgang mit Niederlagen, Freiburg u. a. 1989, 25f.

[86] Steffensky, F., Spiritualität und soziales Handeln. Geschichten zur Vergegenwärtigung der Erinnerung, in: Spiritualität der Diakonie. Anstöße zur Erneuerung christlicher Kernkompetenz, hrsg. v. B. Hofmann, M. Schibilsky, Stuttgart u. a. 2001, 73-88, 77.

[87] Franz von Assisi antwortet in einem mittelalterlichen Mysterienspiel aus dem 13. Jh. auf die Frage der Herrin Armut, wo denn ihr Kloster sei, mit dem Verweis, dass die Welt, die sich von dem Plateau aus unter den beiden ausbreitete, das Kloster der Brüder sei. Nicht die verschlossenen vier Wände, nicht

mit einander ist das Ideal. Christliche Spiritualität ist ein dialogisches Geschehen, nicht monologisch, aber auch nicht nur zwischen dem Subjekt und Gott, sondern ein Geschehen dialogischer Natur zwischen dem Subjekt und allem, was lebt. Dadurch unterscheidet sich christliche Spiritualität von den Antworten so manchen Anbietern auf dem Markt des Religiösen oder der Sinnsuche und Lebensgestaltung. Sie geht Hand in Hand mit Caritas und Diakonie, sie lässt sich vom Schicksal des anderen erschüttern. In vielen Gruppierungen heute geht es oftmals nur um das eigene persönliche Heil. Doch das lässt sich vom Schicksal des anderen und der Welt niemals trennen.

Genährt wird diese Spiritualität aus der Hl. Schrift, der Bibel, aus der reichhaltigen Tradition der christlichen Spiritualitäts- und Mystikgeschichte sowie aus der Auseinandersetzung mit den Zeichen und Fragen der Gegenwart. Die christliche Spiritualität als Nachfolge Christi hat ihre Grundlagen und Quellen. Christliche Spiritualität ist immer eine biblische Spiritualität, eine im buchstäblichen Sinne des Wortes evangelische Spiritualität, die sich aus der Bibel nährt. Das wiederum wirft Fragen hinsichtlich der Praxis in der Kirche, in den Gemeinden und auch im persönlichen Leben jedes einzelnen Christen auf: Inwieweit lebe ich, leben wir aus dem Geist der Schrift?

Die Bibel ist nicht nur die Quelle, sie gibt auch den Rahmen vor, interpretiert und ist über Jahrtausende hin gewachsen im Raum der Kirche. Christlich-biblische Spiritualität will mit anderen gelebt und geteilt werden. Auch wenn so manch einer in der Geschichte und Gegenwart Probleme mit der Zentralisierung und der Institutionalisierung der Kirche hatte und hat, so ist sie dennoch der Raum, in welchem christliche Spiritualität gelebt wird. Kaum ein anderer hat das so betont wie der hl. Franziskus, der in vielem, vor allem in seiner gelebten Radikalität und Armut, die damalige Kirche vor massive Fragen stellte. Er tat es nicht, in dem er mit Worten die Kirche und ihren Feudalismus, ihre Ferne von den Menschen und ihre Verhaftung in der Welt anprangerte. Er tat es, indem er schlicht und einfach anders lebte und mit seinem Leben Zeugnis vom Evangelium Jesu Christi ablegte. Dennoch wandte er sich in Fragen und auch in Sachen der Verbindlichkeit und des Schutzes immer an die Obrigkeiten der Kirche, entgegen vieler Gruppierungen seiner Zeit. Die Kirche war ihm Lebensraum und auch Lebensschutz, in ihr erlebte er die Präsenz des Hl. Geistes, der jedem geschenkt ist. Spiritualität als Gabe des Geistes vereint und verbindet.

Ein letzter Aspekt hinsichtlich der getroffenen Arbeitsdefinition innerhalb der christlichen Definition ist die Verleiblichung der Spiritualität, und damit die Sendung. Alle Mystiker der Tradition wollten ihre Erfahrungen nie für sich behalten, sondern sie mit anderen teilen, anderen weitergeben, so dass sie ähnliche Erfahrungen machen könnten. Sie fühlten sich gesandt, anderen von ihren Erfahrungen zu erzählen. Christlich spirituell zu leben bedeutet, gesandt zu sein, das Evangelium mit den je eigenen Möglichkeiten in dem je eigenen Lebensrahmen zu leben und zu verkünden, in Wort und in Tat. Christliche Spiritualität hat implizit einen missionarischen Auftrag. Die Aussendungsrede Jesu zeigt das deutlich, überhaupt sein ganzes Verhalten und seine Aufforderungen, es ihm gleichzutun,

---

das Gebäude hinter den dicken Mauern, sondern die Welt ist das Kloster der Brüder. Dort gilt es für sie, die Nachfolge Christi konkret werden zu lassen. Ein eindrückliches Bild für die christliche Spiritualität als solche.

ihm nachzufolgen, was nichts anderes bedeutet, als auf den anderen zuzugehen, ihm von der Frohbotschaft des Evangeliums in Wort und in Tat zu erzählen.

4.3.2. Erleben von Religion vermitteln – gelebte Spiritualität

Der Erfurter Bischof Wanke spricht davon, dass es heute wichtig ist, vor allem den Menschen, die unsere Innenstädte bevölkern, ‚Gottesberührung' zu ermöglichen. Das ist sicherlich eine der wichtigsten Forderungen an den Zeugnischarakter und auch an das Missionsverständnis eines jeden, der sich Christ nennt.

Eine Voraussetzung ist dafür allerdings notwendig, welche die Kirche oftmals zu übersehen scheint: Man muss um Orte wissen, wo das möglich ist. Man muss um die Kraft Gottes wissen, die menschlicher Hilfe letztlich nicht bedarf. Man muss ihn und seinen Geist machen lassen können – und sich selbst überraschen und berühren lassen wollen – wie die Frau, die nur das Gewand Jesu berühren wollte, um wieder gesund zu werden? (Vgl. Mk 5,28.) Mit anderen Worten gesprochen: Es gilt der spirituellen Krise in den eigenen Reihen entgegenzutreten. Religionssoziologen sprechen von einem kirchlichen oder auch klerikalen Atheismus.

Warum wenden sich viele von den Kirchen ab? Dorothee Sölle spricht davon, dass viele Menschen heute nicht mehr bereit sind, die Zeche anderer zu zahlen, die das Gasthaus längst verlassen haben aufgrund von zweideutigen Erfahrungen mit der Institution Religion, so dass sie sich nicht mehr so rein mit dieser Institution identifizieren können.[88] Was zieht Menschen hin zu außerkirchlichen Bewegungen oder anderen Religionsgemeinschaften? Was fehlt ihnen in der Kirche? Oft, so die Aussagen, fehlt ihnen einfach das Leben, das Lebendige, die Heimat – und weh dem, der keine Heimat hat (Nietzsche). Es geht also nicht darum, marktschreierisch sich auf dem Markt der religiösen Möglichkeiten heute Gehör zu verschaffen, sondern schlicht und ergreifend das Evangelium zu leben, wirklich zu leben – und sich ins Leben einzumischen, wie Jesus es getan hat: Eine Option für die Armen und Entrechteten zu wagen, sich mit Sündern an einen Tisch zu setzen, und nicht heuchlerisch oder überlegen diese abweisen oder mit dem Finger auf sie zu zeigen, wie es leider allzu oft heute auch in Kirche geschieht. Viele Menschen spüren wohl, dass es eine große Diskrepanz gibt zwischen dem, was an Jesus und dem, was an seinen Nachfolgern heute abzulesen ist. Diese Diskrepanz gilt es zu überwinden – durch eine gelebte Spiritualität, die sich immer wieder biblisch orientiert – ein Impuls auch des Jahres der Bibel 2003. Christliche Spiritualität ist biblische Spiritualität und hat sich an den Maßstäben der Bibel zu orientieren und sich von ihnen auch korrigieren zu lassen. Sobald eine Gruppierung sich zur Institution entwickelt und ordnet, erscheinen die Gefahren und Schwierigkeiten, die Kirche seit Jahrhunderten zu bestehen hat: Hierarchisierung, Zentralisierung, Bürokratisierung, um nur einige zu nennen.

Es tut Not, sich wieder neu, und zwar gilt dies für Kleriker und Laien, auf die Suche nach einer lebendigen Spiritualität zu machen.[89] Wo lebt in unserer Kirche, wo lebt in meiner

---

[88] Vgl. Sölle, a. a. O., 23.
[89] Vgl. u. a. Schlageter, H., Verlorene Spiritualität. Rückbesinnung auf das Wesentliche der Kirche, Mainz 2004.

Gemeinde, wo lebt in meinem Alltag der Glaube? Wie lebe ich aus dem Gebet und aus dem Evangelium? Was ist die Quelle meines Lebens? Wie muss ich sie nähren? Eine lebendige Spiritualität, von der etwas ausgeht, der Menschen abspüren, dass da andere sind, die es ernst mit dem Glauben meinen, erscheint heute wichtiger denn je zuvor, gerade auch angesichts der Skepsis gegenüber Institutionen, gegenüber Rom, gegenüber der Tradition, die nicht mehr zu fassen scheint.

Dies bedeutet auch, und das ist für eine so große Institution eine enorme Herausforderung: weg vom Dogmatismus, weg von Regularien und Aufregungen über Verlautbarungen hin zu einer suchenden, spirituellen, sprich - ganz fromm ausgedrückt - betenden Kirche, die dann so beschrieben und erlebt werden kann, wie es in der Apostelgeschichte von der Kirche heißt: die Gläubigen waren ein Herz und eine Seele (vgl. Apg 2, 43ff.)

Gottesmystagogen sein und den Menschen im Tun von Gott zu erzählen, das scheint heute mehr erforderlich zu sein denn je. Die Aufgabe der Kirchen und jedes einzelnen Christen ist es, die Menschen wieder mit dem Gott Jesu bekannt zu machen, Gottesberührungen zu ermöglichen oder, um mit Zulehner zu sprechen, das Gottesgerücht auszustreuen durch lebendiges Leben.[90]

Es ist ebenso wichtig (hier lassen sich Parallelen zu der Frage nach der Zukunft der Pfarreien ziehen), dass heute profilierte und interessante Lebensentwürfe ansprechen und anziehen. Nicht Programme, nicht Events sind wichtig, sondern Personen. Das hat Konsequenzen für das eigene Glaubensleben: Wie profiliert bin ich? Welchen Lebensentwurf verkörpere ich? Habe ich ein klares Profil?

Es kann nicht darum gehen, ein Gurusystem aufzubauen, aber Personen rücken schlicht und ergreifend in den Vordergrund. An diesen können andere dann ablesen, was es heißt oder heißen kann, christlich zu leben, überzeugend zu leben, aus einer Quelle zu leben, die für den einzelnen unverzichtbar ist.

Personen sind interessanter als Programme, und in den Medien ist das schon lange erkannt, doch in der Kirche?

Das hat auch Konsequenzen für die Priester- und Seelsorgeausbildung heute: Was steht im Vordergrund? Wissenskompetenz? Persönliche Kompetenz oder aber die geringe Zahl der Bewerber und damit das Bedürfnis, jeden zu nehmen, der sich bewirbt? Wie sieht es aus mit seelsorglicher Beratungskompetenz? Dieses Bedürfnis ist sehr stark in den Anfragen an das Institut für Spiritualität in Münster zu erkennen: Die starke Nachfrage im Bereich der Spiritualität und der Geistlichen Begleitung aus dem Bereich der Mitarbeiter in caritativen Einrichtungen beweist, dass viele Professionelle und in der Kirche Beschäftigte sich die Frage stellen: Wie kann ich meinen Glauben leben und mit meinem Berufsalltag verbinden, oder anders gesagt: Wie werde ich profilierter Christ?

Bischof Wanke formuliert es, auf den kirchlichen Dienst bezogen, folgendermaßen:

„Wofür stehe ich mit meiner pastoralen Arbeit ein? Wir können nicht alles leisten – das sollen wir auch nicht. Wir können aber helfen, die eine oder andere Grundfunktion von

---

[90] Vgl. Zulehner, P. M., Das Gottesgerücht. Bausteine für eine Kirche der Zukunft, Düsseldorf 1987.

Kirche für Menschen erfahrbar zu machen, z. B. Erinnerungszeichen für Transzendenz zu sein, Ort der memoria Christi, offener Raum für Unterbrechung und ‚Zur-Ruhe-Kommen' im geschäftigen Fluss des Lebens; aber auch Erbarmen zu finden in Situationen, wo die Welt erbarmungslos mit einem umgeht, Menschen sich zuzuneigen, die der Fortschritt wie eine Geröllhalde hinter sich zurücklässt – scheinbar zu nichts brauchbar und aller verwertbarer Inhalte entkleidet."[91]

Als Kirche gehen wir den inkarnatorischen Weg, d. h. als Menschen auf den Menschen zu. Die Institution rückt damit in den Hintergrund. Noch einmal Bischof Wanke:

„Es ist der Weg des geduldigen Dialogs, der die Mitmenschen in ihrer je eigenen Erfahrung zu Wort kommen lässt, ihnen zuhört und sie behutsam dabei begleitet, dieses ihr eigenes Leben auf die Wahrheit des Evangeliums hin zu weiten. Und es ist ein Weg des ‚Anbietens' einer Wahrheit, die ihre Evidenz nicht in formaler Autorität hat, nicht einmal einer ‚religiösen', sondern in der Erfahrung, dass der christliche Glaube in der Zerrissenheit der heutigen Welt Einheit mit sich selbst und ‚Stimmigkeit' im Blick auf die ganze Wirklichkeit schenkt. Die Wahrheit, um die es im Glauben geht, wohnt nur im Zeugnis. Außerhalb der ersten Person Singular (‚Ich glaube…') gibt es keine Wahrheit des Evangeliums. Solche Subjektivierung des Glaubens privatisiert diesen nicht, aber es macht den Glauben dort, wo er anderen Subjekten begegnet, glaubwürdig. Manchmal meine ich: Die Lage der Kirche ist so, damit wir glauben müssen. Aber das wohl ist eine der Eigenarten unseres Gottes: ER liebt es, in der Krise zu kommen."[92]

Für eine solche Krisensituation wiederum ist es wichtig, dass das Leitungspersonal neben der spirituellen Kompetenz auch eine leitende, gemeint ist, Management-Kompetenz erlernt und entwickelt.

Die gesellschaftliche Situation heute birgt enorme Chancen, sich wieder auf das zu besinnen, was den Glauben ausmacht: eine lebendige Spiritualität. Die Krise, in der sich institutionalisierte Religion befindet, wird somit oder kann somit zu einem Brunnen einer wieder gefundenen Identität führen. P. M. Zulehner fordert in diesem Zusammenhang eine Respiritualisierung der Kirchen, eine Erinnerung an ihre spirituellen Kräfte und Grundkompetenzen: „Zur verantworteten Respiritualisierung des Lebens der Kirche braucht es spirituell starke Gemeinschaften, mit spirituell kompetenten Personen – Gottesfrauen und Gottesmänner – sowie Vorgänge, die spirituelle Wege eröffnen. Respiritualisierung verlangt ja nicht nach einer Wegweiserkirche, die anderen jenen Weg zeigt, den man selbst nicht geht. Es braucht vielmehr spirituelle Weggemeinschaften."[93]

4.3.3. Spiritualität, erlebte Religion und das Prinzip der Pfarrgemeinde

Es galt und gilt in der Theologie u. a. die Maxime: ecclesia semper reformanda. Die Kirche ist immer wieder veränderbar und muss sich ändern. Wenn man so will, hat die Kirche damit eigentlich, um mit Michael Hochschild zu sprechen, einen Modernitätsvor-

---

[91] Wanke, J., Apropos ‚Citypastoral' – Missionarisch Kirche sein, in: Ortswechsel. Auf neue Art Kirche sein, hrsg. v. E. Purk, Stuttgart 2003, 17-26, 23f.
[92] Ebd., 26.
[93] Zulehner, Megatrend, a. a. O., 34.

sprung gegenüber der Gesellschaft heute, die noch lernen muss, mit den geänderten Vorzeichen umzugehen. Kirche sollte in Veränderungen geübt sein. Doch leider hat es heute oft den Anschein, dass viele an Gewohntem hängen bleiben, weil es immer so war. Es fällt schwer, sich auf das Neue einzulassen und sich von der Volkskirche als des bestimmenden Elements in unserer Gesellschaft zu verabschieden. Doch nur der, der sich nicht verändert, der betrachtet die Gegenwart durch die Brille der eigenen Vergangenheit und handelt entsprechend. Viele, so ein Eindruck, betrachten die Kirche noch mit den Augen oder im Spiegel des so genannten Milieukatholizismus, und damit büßt Kirche ihren Modernitätsvorsprung ein. Es ist die Unzufriedenheit damit, dass es nicht mehr so ist, wie es einmal war. Kirche ist heute aber nur noch ein Segment unter den vielen religiösen Anbietern auf dem Markt der Möglichkeiten. Das ‚goldene Zeitalter' ist vorbei. Ein deutliches Zeichen dieses Festhaltens ist das Verharren in überkommenen pfarramtlichen Strukturen. Lange Jahre waren die Pfarrgemeinden spirituelle Weggemeinschaften und territoriale Kernzellen des Glaubens. Hier stößt Kirche heute an ihre Grenzen. Denn die pfarramtlichen Strukturen wirken so nicht mehr. Allein schon der Priestermangel und daraus folgende Fusionierung von Gemeinden/Pfarreien zeigen doch die Schwierigkeiten in drastischer Deutlichkeit. Kirchliche Zugehörigkeit bedeutet heute, einer Gemeinde zugeordnet zu werden aufgrund territorialer Kriterien, was die Frage aufwirft, ob das den Gemeindeaufgaben überhaupt dienlich ist.

Im Zeitalter der Dezentralisierung muss sich auch hier etwas ändern. Wir leben in einer Gesellschaft, die sehr stark die individuelle Entscheidungskultur betont. Wenn nicht mehr Geburt oder Stand entscheidende Kriterien der Zugehörigkeit zu einer Religion, Gemeinde oder Pfarrei sind, warum dann ausgerechnet der Wohnort? Hochschild fordert eine Modifikation des Gemeindeprinzips: „Je klarer heute das Phänomen der Individualisierung und damit das Phänomen der Abgrenzung von der Masse zu Tage tritt, desto wichtiger wird das individuelle Bedürfnis, sich in die richtigen Kreise einreihen zu können. Man entscheidet gewissermaßen selbst, welchem Netzwerk man angehören und von welchem Netzwerk man sich abgrenzen möchte."[94] Das Christentum versteht sich gemeindlich, definiert sich über die sozialen Bindungen. Der Christ lebt nicht allein für sich, sondern mit anderen in einer communio. Doch haben sich die Vorzeichen dieser communio womöglich verändert. Menschen, Christen suchen auch heute noch Gemeinschaft. Die Suche nach gemeinschaftlichen Erfahrungen gehört mit zur religiösen Sehnsucht. Doch ob diese Sehnsucht ausgerechnet durch örtliche Bindung Erfüllung finden kann, scheint fraglich. Die religiöse Vergesellschaftung ist nicht mehr so vorhanden wie früher, als es noch ein sehr enges Netzwerk von Gemeinden gab, in welchem sich die Christen der Volkskirche zu ihren Gemeinden zugehörig fühlten konnten. „Die differenzierten Zugehörigkeitsformen, die sich im Zuge der Individualisierung des Katholizismus einstellen, erhalten in der Kirche als sozialem Netzwerk nicht nur einen Lebensort, sondern auch einen Namen. Je nach Kirchenbindung werden Sympathisanten, Unterstützungswillige, Basisaktivisten und Hauptverantwortliche unterschieden. Entsprechend Angebot und Nachfrage kann man eine individuelle Stellung zur Kirche einnehmen, ohne dass man –

---

[94] Hochschild, M., Kirche als soziales Netzwerk. Eine Vision am Horizont der Zukunft, in: Ortswechsel. Auf neue Art Kirche sein, hrsg. v. E. Purk, Stuttgart 2003, 48-55, 50.

wie im Falle der Mitgliedschaft – befürchten muss, entweder nur ganz drinnen oder drau-
ßen zu sein. Netzwerke erlauben verschiedene Freiheitsgrade auch durch die unterschiedlichen Interaktionsdichten, die sie realisieren. Gemeint ist damit, dass Netzwerke nach
außen bewusst an Trennschärfe verlieren, um im Falle der Kirche z. B. niedrigschwellige
Angebote auf dem religiösen Markt formulieren zu können."[95] Andere Netzwerke müssen
entstehen, andere Formen eingeübt und neue Wege beschritten werden.

„Territorialisierung als historisch gewachsene Erststruktur von Kirche muss heute mit
einer kirchlichen Zweitstruktur der neuen Vergemeinschaftungen verknüpft werden."[96]
Die Sehnsucht nach Erlebnis und Erfahrung macht auch vor dem Christentum nicht Halt.
Viele Christen wenden sich von ihren Kirchen ab, weil sie dort zu wenig erleben, weil sie
dort vor allem auch zu wenig Gemeinschaft erfahren. Man schaut gemeinsam nach vorne,
hört eine mehr oder weniger interessante Predigt, doch es stellt sich keinerlei Bezug zu
den anderen Gläubigen ein. Erlebt wird Langeweile. Das muss zumindest nachdenklich
stimmen. Die Konsequenzen sind klar, aber die Kirchen sollten sich hüten, marktschreierisch die modernen Erlebniswelten zu kopieren, denn diese Erfahrungen sind oft wenig
nachhaltig (das haben die vielen Diskussionen rund um den Papstbesuch während des
Weltjugendtages in Köln gezeigt. Doch auch hier gilt immer noch die Maxime: Spiritualität hat es mit dem Geist Gottes zu tun, und dieser weht, wo er will.). Eine wie oben verstandene Spiritualität kann da helfen. Zeugnis und Erfahrung, grundiertes Glaubensleben,
Rechnen mit dem Heiligen Geist und Umformung sind die Stichworte, die auch hier womöglich die Richtung weisen können. Eine Umstrukturierung hilft da nur sehr bedingt,
vor allem dann, wenn Spiritualität nicht als Initialzündung den Veränderungsprozess in
Bewegung setzen darf, sondern als Antrieb des Feuerlöschzuges dienen muss, um unlieb-
same, unvorhergesehene Folgen zu bekämpfen. Dann hilft nur noch die Bitte: Veni Crea-
tor Spiritus.

---

[95] Ebd., 52.
[96] Ebd., 51.

4. Literatur

Balthasar, H. U. v., Verbum caro. Skizzen zur Theologie, Einsiedeln 1960.

Balthasar, H. U. v., Das Evangelium als Norm und Kritik aller Spiritualität in der Kirche, in: Conc 1 (1965) 715-722.

Berger, P. L., Zwang zur Häresie. Religion in der pluralistischen Gesellschaft, Frankfurt a. M.1980.

Dienberg, Th., Frömmigkeit, in: Wort und Antwort 47. Jahrgang Heft 4 (Oktober/Dezember 2006), 145-148.

Dienberg, T., Von Berührungen zwischen Dichtung und Gebet, in: Studies in Spirituality 9/1999, 267-286.

Fraling, B., Überlegungen zum Begriff der Spiritualität, in: AGTS: ‚Lasst euch vom Geist erfüllen!' (Eph 5,18) – Beiträge zur Theologie der Spiritualität, Münster 2001, 6-30.

Fraling, B., Überlegungen zum Begriff der Spiritualität, in: ZkTh 92 (1970) 183-198.

Frömmigkeit. Eine verlorene Kunst, hrsg. v. A. Hölscher, A. Middelbeck-Varwick, Münster 2005.

Gabriel, K., Säkularisierung und öffentliche Religion. Religionssoziologische Anmerkungen mit Blick auf den europäischen Kontext, in: Jahrbuch für christliche Sozialwissenschaften. Religion im öffentlichen Raum: Perspektiven in Europa, Münster 2003, 13-36.

Gabriel, K., Zwischen Säkularisierung, Individualisierung und Entprivatisierung. Zur Widersprüchlichkeit der religiösen Lage heute, in: Erosion. Zur Veränderung des religiösen Bewusstseins, hrsg. v. K. Walf, Luzern 2000, 9-28.

Grundkurs Spiritualität, hrsg. v. Institut für Spiritualität Münster, Stuttgart 2000.

Kehl, M. , 'Sehnsucht' – eine Spur zu Gott?, in: GuL 70 (1997) 404-414.

Knobloch, S., Mehr Religion als gedacht! Wie die Rede von Säkularisierung in die Irre führt, Freiburg 2006.

Lies. L. Frömmigkeit, in: Praktisches Lexikon der Spiritualität, hrsg. v. Ch. Schütz, Freiburg 1988, 421-423.

Megatrend Religion? Neue Religiositäten in Europa, hrsg. v. R. Pollak, Ostfildern 2002.

The new SCM dictionary of Christian Spirituality, ed. by Ph. Sheldrake, London 2005.

Ortswechsel. Auf neue Art Kirche sein, hrsg. v. E. Purk, Stuttgart 2003.

Plattig, M., Mystik, mystisch – Ein Modewort oder die Charakterisierung des 'Frommen von morgen' (Karl Rahner)? Theologie der Spiritualität als eine praktische Theologie der Sehnsucht, in: Wissenschaft und Weisheit 60/1 (1997) 105-116.

Rahner, K., Alte und neue Frömmigkeit, in: Theologische Akademie, Bd. IV, hrsg. v . K. Rahner, O. Semelroth, Frankfurt a. M. 1967, 9-28.

Schneiders, S., Religion vs. Spirituality: A contemporary Conundrum, in: Spiritus Vol. 3, Nr. 2. 2003, 163-185.

Die Schriften des Heiligen Franziskus von Assisi. Einführung, Übersetzung, Erläuterungen von L. Hardick, E. Grau, Werl 1982.

Spiritualität, Lexikon für Theologie und Kirche, begr. V. M. Buchberger, hrsg. v. W. Kasper, Bd. 9: San - Thomas, Freiburg u. a. ³2000, 852-862.

Spiritualité – 1. Le mot et l'histoire. – II. La notion de spiritualité, in: Dictionnaire de spiritualité, Tome XIV: Sabbatini – System, Paris 1990, 1142-1173.

Steffensky, F., Spiritualität und soziales Handeln. Geschichten zur Vergegenwärtigung der Erinnerung, in: Spiritualität der Diakonie. Anstöße zur Erneuerung christlicher Kernkompetenz, hrsg. v. B. Hofmann, M. Schibilsky, Stuttgart u. a. 2001, 73-88.

Sudbrack, J., Gottes Geist ist konkret. Spiritualität im christlichen Kontext, Würzburg 1999.

Sudbrack, J., Spiritualität – Modewort oder Zeichen der Zeit. Ein Kapitel moderner Pneumatologie, in: GuL 71 (1998) 198-211.

Sudbrack, J., Vom Geheimnis christlicher Spiritualität: Einheit und Vielfalt, in: GuL 39 (1966) 24-44.

Waaijman, K., Handbuch der Spiritualität. Bd 2: Grundlagen, Mainz 2005.

Waaijman, K., Toward a phenomenological definition of spirituality, in: studies in spirituality (1993/94) 5-57.

Wanke, J., Apropos ‚Citypastoral' – Missionarisch Kirche sein, in: Ortswechsel. Auf neue Art Kirche sein, hrsg. v. E. Purk, Stuttgart 2003, 17-26.

Weismayer , J., Das Leben in Fülle, Zur Geschichte und Theologie christlicher Spiritualität, Innsbruck u. a. 1983.

Weismayer, J., Spiritualität, in: Lexikon der Sekten, Sondergruppen und Weltanschauungen, Freiburg u. a. 1990, 985.

Zulehner, P. M., Das Gottesgerücht. Bausteine für eine Kirche der Zukunft, Düsseldorf 1987.

Zulehner, P. M., Megatrend Religion. Welche Religion kehrt zurück?, in: Ortswechsel. Auf neue Art Kirche sein, hrsg. v. E. Purk, Stuttgart 2003, 27-37.

Theologie und Ökonomie in Unternehmen der Caritas und Diakonie

Michael Fischer

Inhalt

Einleitung

Die karitativen Werke der beiden christlichen Kirchen Caritas und Diakonie sind heute auf dem Weg zu marktfähigen Sozialunternehmen. War es bis vor einigen Jahren noch eine Zumutung für viele, bei diesen Einrichtungen von Unternehmen zu sprechen, hat sich mittlerweile die Erkenntnis durchgesetzt, dass auch diese Werke aufgrund der veränderten Rahmenbedingungen den Gesetzten des Gesundheitsmarktes unterworfen sind, und infolge dessen vermehrt ökonomische Notwendigkeiten deren unternehmerische Ausrichtung und Ausgestaltung diktieren. Dabei ist auch deutlich geworden, dass diese Entwicklung nicht grundsätzlich zu Lasten der diesen Einrichtungen anvertrauten Menschen geschieht. Wenngleich Einrichtungen der Caritas und Diakonie also zu Recht als ökonomische Unternehmen bezeichnet wer den, muss allerdings zugleich immer hinzugefügt werden: Es sind aber auch kirchliche Unternehmen.

Weil die Unternehmen der Caritas und Diakonie sowohl den Marktbedingungen gerecht werden müssen als auch ihren kirchlichen Auftrag zu erfüllen haben, lautet die entscheidende Frage, wie denn beide Anliegen, die Theologie und die Ökonomie, das theologische Wollen und das ökonomische Sollen, zusammengebracht werden können. Es geht um die Frage der Zuordnung beider Disziplinen auf der Ebene der Unternehmensgestaltung.

Um dieses Zuordnungsverhältnis zu klären, ist es in einem ersten Schritt hilfreich, zunächst das Spannungsverhältnis beider Disziplinen zu beschreiben. Eine Differenzierung in drei relevante Diskursebenen ist notwendig, um die Problemstellung in Bezug auf diakonische Unternehmen genau zu formulieren. Ein Rückblick in die Geschichte des Zuordnungsverhältnisses macht deutlich, vor welchen gewachsenen geschichtlichen Herausforderungen solche Unternehmen heute stehen. Ein Blick in die gegenwärtige gesellschaftliche Situation aus einer systemtheoretischen Perspektive macht endgültig klar, dass es kein Zurück zu ehemals bewährten Lösungen gibt, und verdeutlicht zugleich die Herausforderungen der gegenwärtigen Situation. Erst auf diesem Hintergrund macht es Sinn, eine Funktionsbestimmung der Theologie und der Ökonomie auf der Ebene diakonischer Unternehmen vorzunehmen. Eine solche Funktionsbestimmung allein hätte für das Management diakonischer Unternehmen keine Relevanz, wenn nicht daran anschließend ein Management-Modell entfaltet würde, in dem diese Funktionsbestimmung für das Management diakonischer Unternehmen praktikabel wird. In der Entfaltung dieses Management-Modells für Unternehmen der Diakonie und der Caritas wird deutlich, vor welchen unternehmerischen Herausforderungen diese Einrichtungen gegenwärtig stehen, und welche Aufgaben heute und in naher Zukunft zu lösen sind.

In den folgenden Ausführungen wird der Begriff diakonisches Unternehmen bevorzugt. Obgleich diese Begriffswahl zunächst an die Einrichtungen der Diakonie denken lässt, sind damit alle wohltätigen Unternehmen der Caritas und Diakonie gemeint. Dazu zählen Krankenhäuser, Alteneinrichtungen und Behindertenheime, sowie die stationären und ambulanten Pflegeeinrichtungen. Nicht zu vergessen sind auch die Träger dieser Einrichtungen, die zunehmend wachsen, mehrere Dienstleistungen unter einem Dach verbinden und die strategische und operative Rahmenkompetenz wahrnehmen und einfordern.

1. Zwischen theologischem Wollen und ökonomischen Sollen

Die Verhältnisbestimmung von Theologie und Ökonomie ist eine zukunftsentscheidende Aufgabe diakonischer Unternehmen. Trotz Vorarbeiten ist diese Aufgabe keineswegs erledigt.[1] Diese Verhältnisbestimmung ist auch nicht eine rein akademische Frage, sondern von großer praktischer Relevanz. Um ein diakonisches Unternehmen menschen- und sachgerecht zu führen, sind zwei Dinge unerlässlich: Es bedarf erstens einer theologischen Orientierung, und es braucht zweitens einen soliden ökonomischen Sachverstand. Beide Dinge sind konstitutiv. Daher spiegeln klassische Unterordnungsmodelle in der Verhältnisbestimmung beider Sachlogiken, etwa nach dem Muster die Ökonomie sei die ‚ancilla theologiae‘[2] weder die Realität diakonischer Einrichtungen, noch verhelfen sie zu einem notwendigen integralen Verständnis beider Fachbereiche. Umgekehrt ist es so, dass die Identität diakonischer Einrichtungen nicht ohne theologische Diskursarbeit geklärt und erarbeitet werden kann. Denn angesichts der ökonomischen Sachzwänge kann eine Vorherrschaft der ökonomischen Sachlogik nicht im Interesse diakonischer Unternehmensführung und der dort verantwortlichen Ökonomen sein.[3]

Allerdings hängt die Verhältnisbestimmung zwischen Theologie und Ökonomie nicht nur von diesen beiden Fachdisziplinen selbst ab, sondern deren Zuordnung wird wesentlich durch die äußeren Rahmenbedingungen beeinflusst. Für diakonische Unternehmen haben sich in den letzten Jahrzehnten die gesellschaftlichen, politischen und wirtschaftlichen Rahmenbedingungen grundlegend verändert. Vor allen Dingen haben sich die wirtschaftlichen Rahmendaten enorm verschärft. Dennoch bleiben Fürsorge und Barmherzigkeit tragende Prioritäten karitativen Handelns. Kardinal Karl Lehmann hat die Konsequenzen, die sich aus den veränderten ökonomischen Rahmenbedingungen für das spezifische Profil der Caritas ergeben, folgendermaßen skizziert: „Es ist die größte Herausforderung für den Deutschen Caritasverband in den nächsten Jahren im Spannungsfeld zwischen seinem kirchlichen Charakter, der mit dem biblischen Begriff der Barmherzigkeit gekennzeichnet ist, und den veränderten Rahmenbedingungen sozialer Dienste, die ich vereinfacht mit dem Stichwort der Ökonomisierung bezeichne, sein Profil als katholischer Wohlfahrtsverband zu erhalten bzw. zu erneuern. Die entscheidende Frage lautet, wie der Deutsche Caritasverband im Spannungsfeld zwischen Barmherzigkeit und Ökonomie handelt, nach welchen Grundoptionen er sich dabei ausrichtet und ob es gelingt, Barmherzigkeit und Ökonomie miteinander zu verbinden bzw. beide Elemente in einem Gesamtkonzept der Caritas zu integrieren.“[4]

---

[1] Vgl. hierzu vor allem Jäger, A., Diakonie als christliches Unternehmen: Theologische Wirtschaftsethik im Kontext diakonischer Unternehmenspolitik; Lohmann, D., Das Bielefelder Diakonie-Management-Modell und Haas, H. S., Theologie und Ökonomie.

[2] Vgl. Steinkamp, H., Zum Verhältnis von Praktischer Theologie und Sozialwissenschaften, 164-176. Dort werden die unterschiedlichen Zuordnungsmodelle dargelegt.

[3] Vgl. Haas, H. S., Theologie und Ökonomie, 17.

[4] Caritas zwischen Barmherzigkeit und Ökonomie. Ansprache von Kardinal Lehmann zum Wechsel des Präsidenten des Deutschen Caritasverbandes, 4.

Es geht um eine Zusammenführung von Barmherzigkeit und Ökonomie, von Geld und
Moral, von Theologie und Betriebswirtschaft. Dieses Anliegen steht in keinem Widerspruch zu den Grundprinzipien der Katholischen Soziallehre. Spätestens mit der Päpstli-
chen Sozialenzyklika „Centesimus annus", die im Jahre 1991 zum hundertsten Geburtstag
der ersten Sozialenzyklika „Rerum novarum" von Papst Leo XIII. erschien, hat zwischen
der Katholischen Soziallehre, der Sozialen Marktwirtschaft und dem vorherrschenden
ökonomischen System eine Annäherung stattgefunden. Es wird ein Wirtschaftssystem
bejaht, das die grundlegende und positive Rolle des Marktes, des Privateigentums und der
freien Kreativität der Menschen anerkennt. Nach Lehmann ergibt sich daraus, dass der
„Wettbewerbsgedanke christlich geprägter Strukturprinzipien im Bereich des Gemeinwe-
sens" nicht grundsätzlich fremd ist.[5] Eine vorschnelle Polarisierung von Ökonomik und
Theologie greift also zu kurz.

Diakonische Unternehmen müssen diese Spannung in ihrem unternehmerischen Handeln
ausbalancieren. Sie stehen täglich in vielen Entscheidungssituationen, in denen sie die
Spannung zwischen ökonomischem Sollen und theologischem Wollen im unternehmerischen Gestalten, Lenken und Entwickeln in einem schwierigen Drahtseilakt meistern
müssen. Sie haben beispielsweise die Fragen zu beantworten, wie viel Personal sie für die
Versorgung der anvertrauten Menschen noch einsetzen können, welche Leistungen sie
nicht mehr erbringen können oder wie sie die Unternehmensprozesse möglichst effizient
gestalten, ohne dass sich daraus Qualitätseinbußen ergeben.[6]

Bei der Klärung solcher Fragen konkretisiert sich das Machtverhältnis zwischen einer
theologischen Unternehmensorientierung und der ökonomischen Notwendigkeit. Denn
angesichts der gewaltigen Wirkmächtigkeit ökonomischer Sachzwänge stellt sich die
Frage, ob dieses Verhältnis nicht schon zugunsten der Ökonomie entschieden ist. Hat der
faktische Relevanzverlust der Theologie in unternehmerischen Entscheidungen nicht
schon lange Einzug gehalten? Wie auch immer man das derzeitige Kräfteverhältnis beurteilen mag, brauchen kirchliche Sozialunternehmen eine theologische Sinnmitte, an die
sie ihre Unternehmensentscheidungen rückbinden können.[7]

---

[5] Ebd., 4.
[6] Vgl. Fischer. M., Barmherzig und marktorientiert, 303-309.
[7] Wie unentbehrlich die Existenz einer wertegebundenen Sinnmitte in Unternehmen ist, verdeutlicht in
jüngster Zeit die Diskussion um die Konzeption und die Bedeutung einer Unternehmensethik. Die alte
Fiktion, eine gute Unternehmensführung sei eine wertfreie Sache der reinen betriebswirtschaftlichen
Logik, verliert angesichts der erfahrbaren Tatsache, dass unternehmerische Entscheidungen immer
öfters in Werte- und Interessenskonflikte geraten, an Überzeugungskraft. Unternehmensleitungen sind
heute gefordert, mit gesellschaftlichen Wertefragen ebenso rational umzugehen, wie mit den gewohnten
geschäftsbezogenen Strategien. Vgl. Ulrich, P., Wieland, J., (Hrsg.), Unternehmensethik in der Praxis:
Impulse aus den USA, Deutschland und der Schweiz; Ulrich, P., Worauf kommt es in der ethikbewussten Unternehmensführung grundlegend an?, 15.

2. Drei Diskursebenen zwischen Theologie und Ökonomie

Der Diskurs von Theologie und Ökonomie muss auf drei Ebenen geführt werden: Auf der Systemebene, auf der Ebene der Organisation und in Bezug auf Personen.

Person	Organisation	System
Individuen	Unternehmen, Verbände	Staaten, Wirtschaftszonen
individuelle Spiritualität	*Management-theologie*	*Sozialethik*
persönliches Werteempfinden persönliche Spiritualität	normative, legitimierende, kritisierende Funktion im Unternehmen	Verfassung, Gesetze, Wirtschafts- und Wettbewerbsordnung

Abbildung: Drei relevante Diskursebenen

Die Personenebene bezieht sich auf das Individuum. Hier geht es um die Frage, welche Werte und welche persönliche Spiritualität einen Menschen in seinem Denken und Handeln leiten. Dies gilt für die Rolle als Arbeitnehmer oder Arbeitgeber, als Kollege oder Führungskraft, als Konsument, Investor oder Anbieter – kurzum für alle Rollen, die einzelne in wirtschaftlichen Bezügen einnehmen. Die nächst höhere Ebene ist die der Organisation. Dazu gehören vor allen Dingen Unternehmen, aber auch Gewerkschaften, Berufs- und weitere Interessenverbände. Im Zusammenhang unserer Überlegungen handelt es sich um diakonische Unternehmen. Hier geht es also um den Diskurs und die Integration von Theologie und Ökonomie im unternehmerischen Gestalten, Leiten und Handeln. Die dritte Ebene ist die Systemebene. Sie beschreibt den ordnungspolitischen Rahmen, innerhalb dessen wirtschaftliches Handeln stattfindet. Instrumente auf dieser Ebene sind Verfassungen, Gesetze, Wirtschafts- und Wettbewerbsordnungen. Hier geht es um das Wirtschaftssystem als solches, um die Gestaltung der gesamtwirtschaftlichen Rahmenbedingungen.

Die Unterscheidung in diese drei Ebenen ist nicht besonders originell, weil sie sich im Zusammenhang mit der wirtschaftsethischen Diskussion seit langem in zahleichen nordamerikanischen Lehrbüchern findet.[8] Gleichwohl ist sie von grundlegender Bedeutung, weil sie ein umfassendes und zugleich differenziertes Verständnis für die relevanten Zuordnungsebenen von Theologie und Ökonomie gibt. Entscheidend ist, dass der Diskurs auf jener Ebene geführt wird, wo er hingehört. Was Enderle in Bezug auf die Verhältnisbestimmung von Ökonomie und Ethik sagt, trifft auch für den Diskurs zwischen Theologie und Ökonomie zu: „So wenig der einzelne Akteur seine Verantwortung auf andere Akteure abschieben kann, so wenig kann die Verantwortung von der einen auf eine andere Ebene delegiert werden."[9] Selbst wenn auf einer Ebene die Zuordnung vollständig gelöst wäre, bedeutet dies nicht, dass damit auf den anderen auch alle Fragen beseitigt wären. Weder macht ein unter sozialethischen Gesichtspunkten gestaltetes Wirtschaftssystem die Spiritualität Einzelner überflüssig, noch ersetzt die individuelle Spiritualität den Diskurs zwischen Unternehmensgestaltung und Theologie auf der Ebene einer diakonischen Einrichtung. So wichtig allerdings die klare Trennung der drei Diskursebenen ist, um die Akteure und deren spezifischen Aufgaben zu identifizieren, lassen sich die drei Ebenen nicht ohne Wechselwirkungen verstehen.

Bei den weiteren Überlegungen steht die Integration von Theologie und Ökonomie auf der Ebene der Unternehmen von Caritas und Diakonie im Mittelpunkt. Der Fokus der Fragestellung lautet: Wie gelingt diakonischen Unternehmen das Zusammenspiel von theologischem Sollen und unternehmerischem Wollen, zwischen theologischen Anliegen und ökonomischen Notwendigkeiten? Es geht also um das Management diakonischer Unternehmen. Damit ist in keiner Weise eine Geringschätzung ordnungspolitischer Rahmenvorgaben und einer individuellen Spiritualität verbunden.

---

[8] Vgl. Enderle, G., Handlungsorientierte Wirtschaft, 17f.
[9] Ebd., 199.

3. Vom patriarchalen Gründungsvater zum integralen Manager

Um die Frage zu beleuchten, wie die Integration von Theologie und Ökonomie im Management diakonischer Unternehmen gestaltet werden kann, ist ein kurzer geschichtlicher Rückblick auf eben diese Verhältnisbestimmung aufschlussreich. Jäger hat an Hand der Entwicklung diakonischer Einrichtungen gezeigt, wie sich die Rolle der Theologie von den ersten Einrichtungsgründungen bis heute verändert hat.[10]

Modell-generation	Ort der Theologie Rollenträger	Ort (Funktion)	Wirkung	Verhältnis zu anderen Leitungsebenen
Das patriomniale Gründermodell	Gründervater	Initiator des Unternehmens	dynamisch motivierend	Theologie: bestimmend und bewegend
Das symbiotische Hausvatermodell	Hausvater	Hausgeist des Unternehmens	statisch bewahrend	Theologie: bestimmend und kontrollierend
Das Funktionär-Modell	Theologische Leitungs-funktionäre	Sinngebung des Unternehmens	funktional differenzierend	Theologie: Spezialfunktionen neben anderen Funktionen
Das diakonische Management-Modell	Ganzes Leitungs-gremium	Theologisch orientierte, diakonische Unternehmens-politik	dynamisch integrierend	Theologie: bestimmender Orientierungs-horizont der Unternehmens-politik

Abbildung: Stellenwert der Theologie in diakonischen Einrichtungen

In der ersten Modellgeneration diakonischer Einrichtungen spielte die Theologie eine zentrale Rolle. Ihre Gründungspersönlichkeiten waren Theologen und die Theologie war die bestimmende und bewegende Kraft und Motivation für die Gründung diakonischer Einrichtungen. In der Regel konnten die Nachfolger die Rolle der charismatischen Gründer nicht durchhalten. Das ist nicht negativ zu bewerten, denn auf den Nachfolgern lastete die gewaltige Aufgabe, das neu Geschaffene auf Dauer einzurichten. Der Phase des Aufbruchs folgt also die Phase der Konsolidierung und der dauerhaften Institutionalisierung. Die theologischen Hausväter konnten in der Regel diese Aufgaben nicht ohne einen professionellen, tüchtigen Beirat oder Hausverwalter meistern. Daher begannen schon in der

---

[10] Diese Tabelle ist entnommen aus Jäger, A., Diakonie als christliches Unternehmen, 126.

zweiten Generation sich langsam die theologischen und ökonomischen Fliehkräfte durchzusetzen. Dieser Prozess der Differenzierung setzte sich besonders in der Nachkriegszeit fort, in der an zahlreichen Orten im Zuge des neu entstehenden Sozialstaates Diakonie zur neuzeitlichen Diakonie wurde. Die Bedeutung des Verwalters nahm im Laufe der Zeit an Gewicht zu, wie die Rolle des theologischen Hausvaters zunehmend problematischer wurde. Die Ökonomie wurde aus der Vormundschaft der Theologie weitgehend entlassen, indem ihr eine begrenzte Eigengesetzlichkeit und Eigendynamik zugestanden wurde. Heute ist der Betriebswirt der bestimmende Spezialist und Funktionär, der in der Leitung aus seiner speziellen Verantwortung heraus mitzureden hat.[11] Die eigentlichen Karrieristen in der Entwicklung der Caritas und Diakonie sind die Ökonomen.

Die Theologie hat im Laufe dieser Entwicklung ihren einstmals zentralen Stellenwert in diakonischen Einrichtungen verloren. Eine Konsequenz davon ist, dass theologisches Reden in diakonischen Handlungsfeldern der permanenten Gefahr unterliegt, sowohl ortals auch relevanzlos zu sein. Bei den wirklich bedeutenden Entscheidungen und unternehmensrelevanten Vorgängen haben personalpolitische Erwägungen, finanzpolitische Vorkehrungen, bauliche Notwendigkeiten, sozialpolitische Erkenntnisse und organisationsentwicklerische Expertise das Wort, nicht der theologische Sachverstand. Das eigentliche unternehmerische Gestalten, Lenken und Entwickeln wird nicht von theologischen Erwägungen bestimmt, sondern ist geprägt von den Erkenntnissen und Notwendigkeiten des jeweiligen funktionalen Sachverstands. Daran ändert zunächst auch die Anwesenheit von Theologen nichts.

In der Tabelle ist bereits angedeutet, worin die Lösung für diakonische Unternehmen zu suchen ist: Die Integration von Theologie und Ökonomie auf der Ebene der Unternehmen ist nur mit einem Management-Modell zu leisten, das den theologischen Anliegen in der Unternehmensgestaltung einen entsprechenden Raum einräumt. Bevor allerdings dieses Modell entfaltet wird, ist eine Vergewisserung der gegenwärtigen Situation wichtig.

---

[11] Vgl. ebd., 62.

4. Ausdifferenzierung der Gesellschaft in funktionale Teilbereiche

Der Rückblick auf das Zuordnungsverhältnis von Theologie und Ökonomie in diakonischen Einrichtungen hat verdeutlicht, wie die gegenwärtige Situation gewachsen ist. Die Lösung des anstehenden Problems besteht nicht darin, auf alte Muster zurückzugreifen. Die bevorstehenden Aufgaben können nur noch mit Hilfe eines integralen diakonischen Managementansatzes gelöst werden. Der Grund für die hohe Bedeutung der Integration liegt in der funktionalen Ausdifferenzierung moderner Gesellschaften. Der gegenwärtige Funktionslosigkeit der Theologie in diakonischen Unternehmen kann nur überwunden werden, ohne die notwendige funktionale Ausdifferenzierung aufheben zu wollen. Daher soll am Beispiel eines kirchlichen Krankenhauses erläutert werden, zu welcher gegenwärtigen Situation der gesellschaftliche Prozess der Ausdifferenzierung in funktionale Teilbereiche geführt hat.

Was Luhmann in Bezug auf die Ausdifferenzierung der Gesellschaft in funktionale Teilsysteme festgestellt hat, ist auch für die Unternehmen der Caritas und Diakonie von Bedeutung. Nach Luhmann zeichnet sich die Welt durch eine unendliche Anzahl von Ereignissen und Möglichkeiten aus. Diese Komplexität ist vom menschlichen Bewusstsein nicht zu erfassen. Soziale Systeme sollen diesen Mangel ausgleichen, indem sie einen Sinnzusammenhang sozialer Handlungen darstellen. Darüber hinaus haben sie die Funktion, die vom menschlichen Bewusstsein nicht zu verarbeitende Weltkomplexität durch die Reduzierung eben dieser Komplexität zu vereinfachen. Komplexitätsreduktion bedeutet nach Luhmann: ungeregelte und unvorhersehbare Ereignisse in geregelte kalkulierbare umzuwandeln. Die gesellschaftliche Entwicklung ist gekennzeichnet von einer anschwellenden funktionalen Differenzierung, die zunehmend innergesellschaftliche Teilsysteme hervorbringt. Wichtige gesellschaftliche Systeme sind: Recht, Wissenschaft, Ökonomie, Gesundheit und Religion.[12]

Die Ausdifferenzierung der Gesellschaft in funktionale Teilsysteme hat zunächst dazu geführt, dass die konfessionellen Krankenhäuser als Organisationen zu zwei Systemwelten gehören: in das System Gesundheitswesen und in das System Religion.[13] Organisationen können grundsätzlich mehreren Systemen angehören. Sie unterliegen dabei aber einem Funktionsprimat, der sich mit der Funktion desjenigen Systems deckt, dem es vorrangig zugehört. Dadurch können Organisationen eine Brücke zwischen zwei Systemen herstellen, indem sie zwischen den ansonsten heterogenen gesellschaftlichen Teilbereichen vermitteln. So nehmen Organisationen auch sekundäre Funktionen eines Gesellschaftssystems für andere Teilsysteme wahr, die Luhmann von der primären Funktion

---

[12] Vgl. Luhmann, N., Die Gesellschaft der Gesellschaft.

[13] Je nachdem, wo die Grenze eines Systems zur Umwelt markiert wird, können für das Krankenhaus weitere relevante Systemumwelten benannt werden. Dazu zählen beispielsweise die Systeme Politik und Wirtschaft. Um der Klarheit willen sollen hier die beiden Systeme Gesundheitswesen und Religion genügen.

und Leistung unterscheidet.[14] Die Besonderheit konfessioneller Krankenhäuser liegt nun darin, die Funktionskontexte von Gesundheits- und Sozialpolitik mit dem Bereich der christlichen Religion zu verbinden und umgekehrt. Aufgrund dieser Zwischenstellung müssen sich die kirchlichen Krankenhäuser in zweierlei Hinsicht legitimieren: nach der Seite des Sozial- und Gesundheitssystems und deren Vorgaben sowie nach der Seite der Kirchenorganisation mit ihrem theologischen Programm.[15] Das ist in der Tat keine leichte Aufgabe.[16]

Aber nicht nur die Ausdifferenzierung der relevanten Umwelten eines Krankenhauses bestimmen seine Funktionsweise, sondern ebenso seine Binnendifferenzierung. Sie betrifft zunächst die drei großen Berufsgruppen Ökonomen, Ärzte und Pflegende sowie die zusätzliche Untergliederung in weitere Spezialdisziplinen und Abteilungen. Diese Differenzierung ermöglichte sowohl die effektive Weiterentwicklung der einzelnen Fachgebiete als auch den Aufbau einer effizienten und effektiven Organisation. Freilich hat die Ausdifferenzierung nicht nur Vorteile. Ein wesentlicher Nachteil ist der Verlust einer Gesamtsicht, denn jede Spezialisierung trägt die Gefahr in sich, dass die Teilperspektive die Gesamtperspektive aus den Augen verliert. In den alltäglichen Behandlungsabläufen, in denen hochspezialisiertes Wissen für die Behandlung eines Patienten koordiniert werden muss, wird diese Problematik deutlich fassbar. Gerade in einem Krankenhaus, das wie kaum eine andere Organisation darauf angewiesen ist, dass unterschiedlichste Fachgebiete eng verzahnt miteinander arbeiten, stellt sich täglich das Problem, wie die ausdifferenzierten Teilsysteme zusammenspielen.

Welche Rolle kann daher Religion und Theologie in einem diakonischen Unternehmen unter den Gegebenheiten einer funktional ausdifferenzierten Gesellschaft einerseits und eines binnendifferenzierten hochspezialisierten Organisationsgefüges andererseits spielen? Diese Problematik kann mit etwas anderen Worten auch so formuliert werden: „Die optimale medizinische Versorgung kranker Menschen, sagt der Internist. Eine Pflege, die den Menschen körperlich und seelisch umsorgt, sagt die Schwester Engelhardis. Und dass es in beiden, in der Medizin und in der Pflege, vor allem um die Heiligkeit des Lebens geht, darum, ihm gut zu tun und gerecht zu werden, weiß der Träger. Es sei die Frage, ob

---

[14] Vgl. Krech, V., Religiöse Programmatik und diakonisches Handeln. Erwägungen zur Spezifik kirchlicher Wohlfahrtsverbände, 94.

[15] Vgl. ebd., 91- 105.

[16]Wichmann unterscheidet in diesem Zusammenhang in weltanschauliche Systeme (Religion) und kategoriale Systeme (Organisation). Weltanschauliche Systeme erheben von sich aus einen totalisierenden Anspruch, weil ihnen die Beschränkung auf einen ganz bestimmten sachlich umgrenzten Bereich der Welt, wie z.B. Krankenpflege, fehlt. Gerade aber dies zeichnet ein kategoriales System wie eine Organisationen aus. Daher unterscheiden sich beide Systemtypen primär in formaler Hinsicht: Das eine ist allzuständig, das andere sachzuständig. „Die Überlappung zweier unterschiedlicher Systeme ist zwangsläufige Folge (zum einen) der Institutionalisierung einer „Idee", einer „Bewegung" oder „Weltanschauung", die nicht bloß regional und hierarchisch untergliedert, sondern (zweitens) auch in funktionale Organisationen ausdifferenziert ist, die nicht für „das Ganze" einzustehen haben, sondern eben einen spezifischen Aspekt – stellvertretend fürs Ganze – konzentriert erledigen." Wichmann, M., Die Gretchenfrage. Zur Kirchlichkeit kirchlicher Einrichtungen, 357-362.

sich das rechnet, zweifelt das Management. Aber wenn wir damit nicht rechnen können, brauchen wir es nicht, das kirchliche Krankenhaus, sagt die Patientin."[17]

---

[17] Jünemann, E., Schuster, N., Was ist ein kirchliches Krankenhaus? Theologische, ethische und systemtheoretische Anmerkungen, 21.

5. Funktionsbestimmung von Theologie und Ökonomie in Unternehmen der Caritas und Diakonie

Inzwischen ist in der diakonischen und karitativen Arbeit die Notwendigkeit ökonomischen Denkens und Handelns unumstritten. Daher müssen die Unternehmen der Caritas und Diakonie neu und offen als ökonomische und kirchliche Unternehmen durchdacht und gestaltet werden.[18] Wie immer man das gegenwärtige Verhältnis zwischen Theologie und Ökonomie auf der Ebene der Unternehmen beurteilen mag, müssen beide zu einem praktikablen Lebensverhältnis kommen, das dem Zweck des Ganzen dient. Dieses Verhältnis muss nicht in Liebe gründen, aber, und darauf kommt es an, einem gemeinsamen Ziel dienen. Ein Rückblick auf die Geschichte diakonischer Einrichtungen hat gezeigt, dass sich beide Bereiche im Laufe der Zeit auseinander entwickelt und entfremdet haben und nunmehr wieder zusammengeführt werden müssen. Diese Integrationsarbeit ist vornehmlich die Aufgabe der Leitung.[19] Freilich ist in Zeiten wirtschaftlicher Schwierigkeiten, wie sie sich heute für viele diakonische Unternehmen darstellt, die Gefahr groß, dass das nackte Prinzip der ökonomischen Selbsterhaltung einsam das Feld beherrscht. In Zeiten äußerster Not ist dies sogar verständlich, es kann aber nicht die Grundlage einer langfristig ausgerichteten Unternehmensgestaltung sein.

Management Modell:

Gesamtgestaltung der Caritas und Diakonie als ein Ineinander von theologischen und ökonomischen Gesichtspunkten

Theologie	Ökonomie
Begründung als diakonisches Unternehmen	Ökonomische Bewertung des Unternehmens
- normative Funktion - legitimierende Funktion - kritisierende Funktion	- finanzielle Sicherung - effiziente Ausgestaltung - effektives Handeln

Abbildung: Funktionsbestimmung von Ökonomie und Theologie in diakonischen Unternehmen

---

[18] Vgl. Jäger, A., Diakonie als christliches Unternehmen, 25. Die neu zu findende Verhältnisbestimmung bezieht sich nicht nur auf die Theologie zur Ökonomie, sondern ebenso auf das Verhältnis zwischen Theologie, Medizin und Pflege.
[19] Vgl. ebd., 35.

In einer diakonischen Einrichtung besteht die Funktion der Theologie darin, es als solches überhaupt zu begründen. Dabei geht es um die grundlegenden Fragen: Wer sind wir? Was wollen/sollen wir? Wohin geht die Unternehmensentwicklung? Das sind die wesentlichen Grundfragen, die den Unternehmenszweck begründen. Dabei hat die Theologie eine normative, eine legitimierende und eine kritisierende Funktion. Die Theologie wird normativ Einfluss nehmen, wenn es um grundlegende Fragen der christlichen Anthropologie geht. Diese Fragen sind beispielsweise: Was bedeuten Gesundheit und Krankheit? Was ist der Tod? Wer sind unsere Mitarbeiter? Was verstehen wir unter Führung? Die Theologie hat ihre legitimierende Funktion gegenüber der Kirche und der Gesellschaft. Diakonische Tätigkeit in Einrichtungen der Diakonie und der Caritas sind Wesenselemente der beiden christlichen Kirchen, ohne die sie nicht denkbar wären. Ebenso werden die Einrichtungen der Diakonie und Caritas gegenüber gesellschaftlichen Interessenspartnern wie Krankenkassen, Gesetzgeber, Patienten und Kunden ihren spezifischen Auftrag und Dienst im Kontext anderer Sozialeinrichtungen begründen müssen. Eng damit zusammen hängt die kritisierende Funktion von Theologie in diakonischen Unternehmen: Die Theologie wird sich dort zu Wort melden, wo sie grundsätzliche oder ethische Bedenken hat. Dabei spielt die Theologie nicht die alles entscheidende Moralinstanz, gleichsam eine Moraltante, die alles besser weiß, sondern die Theologie bringt sich konstruktiv in einen notwendigen Dialog ein. Ohne diese theologische Begründung fehlt einem diakonischen Unternehmen die innere Achse, um die sich alles drehen sollte.

Die Ökonomie dagegen ist für die ökonomische Bewertung des diakonischen Unternehmens zuständig. Es geht hierbei um die finanzielle Sicherung, um die effiziente Ausgestaltung der Unternehmensabläufe wie um die Sicherung einer effektiven Handlungsweise. Ohne diesen ökonomischen Sachverstand ist ein diakonisches Unternehmen nicht überlebensfähig.

Auf der Grundlage dieser Funktionsbestimmung ist die nächste entscheidende Frage, wie denn diese beiden Funktionslogiken in einem diakonischen Unternehmen im Sinne des Gesamtwohls auf die Unternehmensgestaltung Einfluss nehmen. Wie sollen Theologie und Ökonomie mit ihren teilweise divergierenden Interessen in einem funktional ausdifferenzierten Organisationsgefüge in die Unternehmensgestaltung einfließen? Die Verantwortung für diese Aufgabe liegt bei der Unternehmensleitung und kann nur auf der Ebene eines integralen Managementmodells gelingen, das sowohl für theologische Anliegen offen ist und das ebenso die finanzielle Sicherung an oberer Stelle platziert.

6. Ein Management-Modell für Unternehmen der Caritas und Diakonie

Ein Management Modell für diakonische Einrichtungen, in dem sowohl die Funktion der Theologie wie der Ökonomie zum Tragen kommen kann, muss Folgendes leisten. Es muss ein Modell sein, das sowohl die unternehmensbegründende Funktion der Theologie als auch die ökonomische Bewertung betriebswirtschaftlicher Erfordernisse nicht nur akzeptiert und zur Grundlage hat, sondern beide in einen dynamischen Aushandlungsprozess bringt. Daher kommen nur Management-Modelle in Betracht, die nicht ausschließlich ökonomische Interessen verfolgen. Die zu leistende Integration kann sich auch nicht nur auf einzelne Elemente der Unternehmensgestaltung beziehen, sondern muss alle Tätigkeiten des Unternehmens umfassen. Es muss ein Modell sein, das eine systemische Gesamtperspektive einnimmt und die Aushandlung unterschiedlicher Funktionslogiken als einen dynamischen Prozess versteht.

Auf der Suche nach solch einem Modell bietet sich das St. Galler Management-Modell an. Es versteht sich selbst als ein integratives Konzept, das diesen Ansprüchen gerecht wird. Es ist kein theologisches Management-Modell, sondern es bietet die Möglichkeit, die Anliegen diakonischer Unternehmen und der Theologie in ein umfassendes Modell des Managements einzubinden. Das St. Galler Modell ist auch nicht für kirchliche oder gemeinnützige Unternehmen entwickelt worden. Vielmehr ist es ein Modell, das ganz allgemein die Gestaltung von Unternehmen, die nicht nur ökonomische Ziele verfolgen, in einen komplexen Zusammenhang stellt und das daraus erwachsende dynamische Zusammenspiel erfasst. Es misst der Frage nach dem Sinn und den Werten einer Unternehmung ausdrücklich eine fundamentale Bedeutung zu. Es versteht sich als „Leerstellengerüst für Sinnvolles und Ganzheitliches"[20], weil dieses Modell gleichsam ein Raster vorgibt, in das sinnvolles und ganzheitliches Gedankengut eingebaut werden kann. Diese Leestellen kann die Theologie mit ihren Anliegen füllen.

Das Konzept versteht sich als ein Forschungs- und Entwicklungsprozess, zu dem verschiedene Autoren wie Fredmund Malik, Gilbert J.B. Probst, Knut Bleicher, Peter Ulrich u.a. laufend neue Ergebnisse beisteuern. Das gemeinsame Fundament dieser Arbeiten liegt in der Übertragung systemtheoretischer Erkenntnisse auf die Managementforschung. Der Wegbereiter H. Ulrich hat Unternehmen nicht nur als einen aus Einzelfaktoren bestehenden Produktions- und Leistungserstellungsprozess verstanden, sondern als ein produktives soziales System, das sich in einzelne Subsysteme strukturiert und als ganzes in eine Systemumwelt eingebettet ist. Das System Unternehmen steht aufgrund der spontanen Ordnungen der Subsysteme und den Veränderungen der Systemumwelt in einem ständigen Prozess auftretender Instabilitäten; dazu gehören Ungleichgewichte, Korrekturen, Anpassungen. Ein Unternehmen wird nicht ausschließlich durch wirtschaftliche und wirtschaftspolitische Faktoren beeinflusst, sondern durch eine Vielzahl miteinander vernetzter Faktoren. Management ist demnach nicht nur eine betriebswirtschaftliche Leistung zur

---

[20] Bleicher, K., Das Konzept Integriertes Management, 72.

Optimierung des Unternehmenszieles, sondern die Balancierung eines vieldimensionalen Systems, das abhängig ist von den Unternehmensstrukturen und deren Wechselwirkungen.

Der Begriff Management wird oft missverstanden. Viele stellen sich darunter eine Person, einen Manager oder eine Führungskraft vor, die allein ein Unternehmen leitet. Zweifellos sind die Führungspersönlichkeit und ihre Gestaltungskraft für die Leitung eines Unternehmens von zentraler Bedeutung; allerdings reicht solch ein personaler Ansatz nicht aus, um das Phänomen des Managements in komplexen Organisationen hinreichend zu erfassen. Hier ist mit dem Begriff Management nicht eine Gruppe von Führungskräften gemeint, sondern eine Funktion und damit ein System, das sich das Gestalten, Lenken und Weiterentwickeln von Unternehmen zum Ziel gesetzt hat.

Management-Modelle sind ein systematisches Instrumentarium, um die Aufgaben des Managements zielgerichtet wahrnehmen zu können. Sie helfen bei der Gestaltung des Unternehmens, möglichst viele Teilaspekte zu berücksichtigen und sie in einem Gesamtrahmen zu betrachten. Management-Modelle beschreiben daher nicht nur die Steuerung einzelner Prozesse innerhalb eines Unternehmens, sondern stellen die Gesamtunternehmensleistung in einen Zusammenhang und berücksichtigen mögliche Wechselbeziehungen. Fragen der Zielfindung, der strukturellen Organisation, der Planung, der Mitarbeitermotivation, des Absatzes und der Finanzierung werden gleichermaßen erfasst. Durch die systematische Gliederung werden die institutionellen und personellen Aspekte des Managements zusammengefasst. Sie sind eine Antwort der Betriebswirtschaft auf die zunehmend komplexer werdenden Einflüsse, denen ein Unternehmen im Innen- wie Außenverhältnis gegenübersteht.[21] Solche Konzepte geben keine allgemeingültigen Prinzipien, nach denen unabhängig von der Situation gehandelt werden könnte, sondern gegenwärtige Managementkonzepte verstehen sich als situative Konzepte, die den unternehmensspezifischen Bedingungen angepasst werden müssen. Entsprechend diesem situativen Denkansatz sind Management-Modelle konditionale Denkmodelle, die dem Ma-

---

[21] Komplexitätsreduzierende Maßnahmen sind richtig, wenn es um die sichere Erreichung bekannter Ziele auf bekannten Wegen geht. Sie sind aber falsch, wenn es darum geht, nach neuen Wegen und Zielen zu suchen. Sich verändernde Umweltbedingungen in Zeiten einer steigenden Dynamik verlangen daher nicht nur nach einer generellen Komplexitätsreduktion, sondern nach einer partiellen Erhöhung der Komplexität, der Produktion einer gesteigerten Verhaltensvarietät, um den sich neu bildenden Herausforderungen gerecht werden zu können.
Das Management muss die Kunst beherrschen, situativ die Komplexität eines Systems zu verkleinern oder zu vergrößern. Es muss rechtzeitig erkennen, wann das eine und wann das andere geboten ist. „In der zeitlich verankerten Unternehmensentwicklung gilt es, das Wechselspiel von komplexitätsverkleinernder Stabilisierung und komplexitätserhöhender Veränderung zu meistern. Ersteres verlangt den fremdgestaltenden Eingriff des Managements, letzteres eher eine Rahmengestaltung, die selbstorganisierende Prozesse möglich macht. Dabei spielt die wahrgenommene Dynamik die Rolle des Auslösers komplexitätsvermindernder oder -erhöhender Systemstrategien." Bleicher, K., Das Konzept Integriertes Management, 23.

nagement eines Unternehmens die Anpassung des Leistungserstellungsprozesses an die
sich ständig veränderten Rahmenbedingungen erleichtern sollen.[22]

Dieses Modell hat nicht zum Ziel, dem Manager in seinem konkreten Umfeld spezifische
Lösungen für seine Probleme anzubieten. Die muss er in erfahrener Abschätzung aller
Bedingtheiten, welche die Struktur und Situation seiner Entscheidung beeinflussen, selbst
finden. Das Konzept will vielmehr eine Systematik für eine Gedankenführung an die
Hand geben, die es erleichtert, sich schnell verändernden Gegebenheiten in ihrer Komplexität anzupassen und von isolierten Teillösungen Abschied zu nehmen. Gesamtzusam-
menhänge sollen erkannt und Interdependenzen von Entscheidungen in die Unterneh-
mensentwickelung einbezogen werden.

In einer systemorientierten Betrachtung des Managements ist entscheidend, dass sich das
Management-Modell für diakonische Unternehmen nicht auf eine technokratische Umsetzung von aktuellen Managementtechniken reduzieren lässt, sondern aus zwei maßgeblichen Gründen auf einem systemorientierten Grundverständnis basieren sollte: Erstens ist
ein systemorientiertes Managementverständnis notwendig, um die interne Organisations-
komplexität eines diakonischen Unternehmens adäquat zu erfassen, und um darauf auf-
bauend Regelungsmechanismen zu entwickeln, die zur Lenkung und Weiterentwicklung
eines Unternehmens erforderlich sind. Zweitens ist diakonisches Unternehmen nur in der
wechselseitigen Abhängigkeit von seiner dynamischen Umwelt zu verstehen, in die es
eingebunden ist und die sein Handeln maßgeblich bestimmt. Ein systemorientiertes Management-Modell ist daher am ehesten geeignet, das aus den beiden genannten Gründen
erwachsende dynamische Zusammenspiel in seinen Wechselwirkungen zu erfassen.[23]

Das hier vorgestellte Management-Modell für Unternehmen der Caritas und Diakonie ist
in seinen Grundkategorien angelehnt an die dritte Modellgeneration von St. Gallen, das
sogenannte neue St. Galler Management-Modell[24], jedoch auf den spezifischen Kontext
diakonischer Unternehmen und der sich daraus ergebenden Herausforderungen bezogen.
Es handelt sich also um eine Adaption des neuen St. Galler Management-Modells in den
Kontext der Unternehmen von Caritas und Diakonie. Allerdings sind auch die Autoren
und Erkenntnisse der ersten und zweiten Modellgeneration in das vorliegende Konzept
eingeflossen.[25]

---

[22] Vgl. Lohmann, D., Das Bielefelder Diakonie-Management-Modell, 130f.
[23] Vgl. ebd., 246.
[24] Vgl. Ruegg-Stürm, Das neue St. Galler Management-Modell.
[25] In einer Denkschule werden meistens die Modelle mit jeder Generation weiterentwickelt. Diese Fort-
schreibung führt nicht selten zu internen Abgrenzungsbemühungen, die auch in der St. Galler Schule
erkennbar sind. Unabhängig von diesen verständlichen Differenzierungsbemühungen werden hier aus
den unterschiedlichen Generationen jene Erkenntnisse verwendet, die für ein Management-Modell
diakonischer Unternehmen hilfreich sind. Zur ersten Generation zählen vor allen Dingen die Werke von
Hans Ulrich und Walter Krieg, die zweite Modellgeneration markiert das Werk ‚Das Konzept Integriertes Management' von Knut Bleicher. Den derzeitigen Stand der Entwicklung, die dritte Modellgenerati-

Das nächste Schaubild gibt einen Überblick über das Management-Modell für Unternehmen der Caritas und Diakonie.[26]

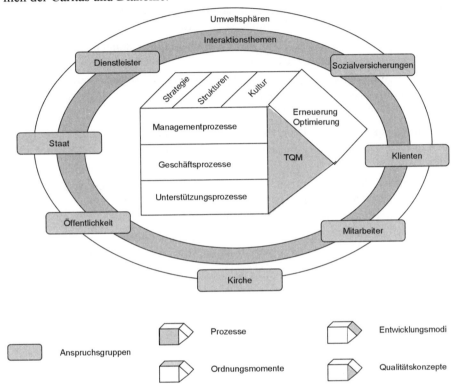

Abbildung: Management-Modell für Unternehmen der Caritas und Diakonie

In dem Management-Modell für Unternehmen der Caritas und Diakonie werden sieben zentrale Begriffskategorien unterschieden: Umweltsphären, Anspruchsgruppen, Interaktionsthemen, Ordnungsmomente, Prozesse, Entwicklungsmodi und Qualitätskonzepte. Diese so genannten Grundkategorien beziehen sich auf die zentralen Dimensionen des Managements.[27]

---

on, findet sich in Ruegg-Stürm, Das neue St. Galler Management-Modell, und einer auf dieser Grundlage entwickelten fünfbändigen Einführung in dieses Managementkonzept.

[26] Dieses Schaubild ist angelehnt an Rüegg-Stürm, Das neue St. Galler Management-Modell, 22. Die Gesamtsystematik und die zentralen Begriffskategorien wurden im Wesentlichen übernommen, allerdings in den Kontext diakonischer Einrichtungen übertragen. Das St. Galler Management-Modell muss nicht für jede Branche neu erfunden werden, sondern die Herausforderung besteht darin, dieses Konzept in den jeweiligen Kontext zu integrieren.

[27] Vgl. Ruegg-Stürm, Das neue St. Galler Management-Modell, 23f.

Die *Umweltsphären* sind die zentralen Kontexte der unternehmerischen Tätigkeit. Je nach Branche und Tätigkeit sind sie im Hinblick auf die sich ergebenden Veränderungen zu analysieren.

Die *Anspruchsgruppen* sind Menschen, Organisationen oder Institutionen, die von der Wertschöpfungskette oder den Dienstleistungen betroffen sind.

Mit *Interaktionsthemen* werden die Themen der Austauschbeziehungen zwischen Anspruchsgruppen und Unternehmung bezeichnet.

Die Aktivitäten in einem Unternehmen laufen nicht beliebig, sondern in geordneten Bahnen ab. Die *Ordnungsmomente* geben dem organisationalen Alltagsgeschehen eine kohärente Form.

Die Wertschöpfungsprozesse und Dienstleistungen und die dazu notwendige Führungsarbeit werden in *Prozessen* erbracht, die sich durch eine sachliche und zeitliche Logik charakterisieren lassen.

Die hohe Umweltdynamik bringt für jedes Unternehmen die Notwendigkeit einer kontinuierlichen Weiterentwicklung mit sich. Die *Entwicklungsmodi* beschreiben grundlegende Muster der unternehmerischen Weiterentwicklung.

Umfassende *Qualitätskonzepte* (TQM) haben Einfluss auf die Ordnungsmomente, auf die Prozesse und die Unternehmensentwicklung. In ihrer Anwendung überlagern und formen sie den gesamten Entwicklungsprozess.

Die einzelnen Begriffskategorien werden im Folgenden näher erläutert. Zugleich wird dargelegt, wie auf der Grundlage des Management-Modells für Unternehmen der Caritas und Diakonie die Theologie das Ihre in das unternehmerische Gestalten, Entwickeln und Leiten einbringen kann.

6.1 Die Umweltsphären

Alle Unternehmen der Caritas und Diakonie agieren in einem Umfeld, in das sie eingebettet sind. Auf dieses Umfeld haben sie nur einen geringen Einfluss. Diese Umweltsphären können in vier Kategorien aufgegliedert werden: die Wirtschaft, die Gesellschaft, technologische Neuerungen und die Natur.

Wirtschaft

Die Umweltsphäre Wirtschaft mit seinen Beschaffungs-, Absatz-, Arbeits- und Finanzmärkten ist der ureigenste Nährboden einer Unternehmung. Diese Märkte sind eingebettet in das gesamte System einer Volkswirtschaft.[28] Eben diese volkswirtschaftlichen Rahmenbedingungen haben sich für diakonische Unternehmen durch die Finanznot der öf-

---

[28] Vgl. Jaeger, F., Dubs, R., Die Unternehmung in der wirtschaftlichen Umwelt.

fentlichen Kassen maßgeblich verändert. Die Finanzknappheit ist der entscheidende Motor der gegenwärtigen sozialpolitischen Reformen.

Gesellschaft

Der Staat trägt die Gesamtverantwortung für das Sozialsystem. Durch seine gesetzlichen Rahmenvorgaben bestimmt er die Geschäftstätigkeiten diakonischer Unternehmen erheblich.[29] Angesichts schwindender Finanzkraft des Staates wurden in den letzten Jahren weitreichende Reformen auf den Weg gebracht. In den vergangenen Jahren hatte auch die europäische Rahmengesetzgebung vermehrt Einfluss auf die Gestaltung diakonischer Unternehmen.

Technologie

Technologische Neuerungen sind mit der Entwicklung diakonischer Unternehmen, insbesondere der Krankenhäuser, eng verzahnt. Die Fortschritte im Gesundheitswesen sind durch neue Diagnose- und Therapieverfahren, Fortschritte in der Medizintechnik, Erkenntnisse in der Bio- und Gentechnologie sowie Kommunikations- und Informationstechnologien bestimmt. Diese Technologien führen zu neuartigen Heilmethoden und Medikamenten, die die Therapie von bisher als unheilbar geltenden Krankheiten ermöglichen.

Natur

Generell führen Tätigkeiten von Unternehmen nicht nur zu erwünschten Resultaten in Form einer Wertschöpfung oder Dienstleistung, sondern Unternehmenstätigkeiten haben auch unerwünschte Resultate wie Umweltverbräuche, Umweltbelastungen oder andere Umweltgefährdungen zur Folge. Zu den Umweltverbräuchen zählen insbesondere Energie, Boden, Wasser, Grundstoffe, aber auch die belebte Natur. Umweltbelastungen treten in Form von Abfällen, Emissionen in die Luft, Klima- und Bodenbelastungen oder Gewässerverschmutzungen auf.[30]

---

[29] Vgl. Rüegg-Stürm, J., Das neue St. Galler Management-Modell, 24-27.
[30] Vgl. Dyllick, T., Die Unternehmung in der ökologischen Umwelt.

6.2 Anspruchsgruppen und Interaktionsthemen

Neben den Unweltsphären beeinflussen auch die Anspruchsgruppen diakonischer Unternehmen deren Unternehmensentwicklung. Die Anspruchsgruppen sind Menschen, Organisationen oder Institutionen, die von der Wertschöpfungskette oder den Dienstleistungen betroffen sind. In diakonischen Unternehmen sind die maßgeblichen Anspruchsgruppen die Klienten, die Mitarbeiter, die Sozialversicherungsträger, die Öffentlichkeit, der Staat und die Dienstleiter. Für ein diakonisches Unternehmen kommt noch als wesentliche Anspruchsgruppe die Kirche hinzu.

Die Unternehmen der Caritas und Diakonie sind nicht ungebunden, sondern wesentliche Bestandteile der beiden christlichen Kirchen, zu deren elementaren Grundvollzügen diakonisches Handeln gehört. Die christlichen Kirchen existieren nicht um ihrer selbst willen, sondern sie bezeugen die Hoffnung, dass die Welt und die Menschen sich nicht selbst überlassen sind, sondern Gott sich ihnen von Beginn an in Liebe zugewandt hat. Das Matthäus-Evangelium fasst die Sendung Jesu und sein öffentliches Wirken prägnant zusammen: „Er zog in Galiläa umher, lehrte in der Synagoge, verkündete das Evangelium vom Reiche Gottes und heilte im Volk alle Krankheiten und Leiden." (Mt 4,23)

Zwar ist der Unternehmenszweck diakonischer Unternehmen die Versorgung und die Betreuung kranker und bedürftiger Menschen aus christlichen Motiven, aber bei der Umsetzung des Unternehmensziels müssen auch die Anliegen der anderen Anspruchsgruppen, die ihre eigenen Interessen ins Spiel bringen, berücksichtigt werden. Die Ausgestaltung diakonischer Unternehmen lässt sich also nicht auf eine eindimensionale Zielrichtung bündeln, sondern sie ergibt sich aus dem Zusammenspiel unterschiedlicher Interessen, die von den verschiedenen Anspruchsgruppen eingebracht werden. Aus diesen unterschiedlichen Interessen erwachsen die Interaktionsthemen als Austauschbeziehungen zwischen den Anspruchsgruppen und dem Unternehmen. Alle, auch teilweise divergierenden Wünsche müssen in einer Balance gehalten werden.

Die Frage stellt sich, in welcher Form die Interessen der Anspruchsgruppen ausgehandelt werden, und welche Anspruchsgruppe einen wirkungsvollen Status in der Aushandlung ihrer Interessen erhält. Sind es vorwiegend die Kapitalgeber, die ihre Interessen durchsetzen oder werden auch die Anliegen jener beachtet, die weder über eine starke Lobby noch über ausreichend finanzielle Möglichkeiten verfügen? Dieser Aushandlungsprozess zwischen den unterschiedlichen Anspruchsgruppen ist ein komplexes Geschehen. Um solche Aushandlungsprozesse zu beschreiben, werden hier zwei idealtypische Modelle gegenüber gestellt: ein theologisches und ein strategisches Anspruchsgruppenkonzept.[31] Die

---

[31] Im St. Galler Modell werden zwei idealtypische Modelle einander gegenüber gestellt, die den Aushandlungsprozess zwischen den Anspruchsgruppen charakterisieren: ein strategisches und ein normativ-kritisches Anspruchsgruppenkonzept. Während in einem strategischen Anspruchsgruppenkonzept ge-

Zuspitzung beider Modelle darf nicht darüber hinwegtäuschen, dass in der Praxis in den meisten Fällen Mischformen der beiden skizzierten Anspruchsgruppenkonzepte anzutreffen sind.[32] Aber es macht einen Unterschied aus, welches Modell in der Unternehmensführung angestrebt wird.

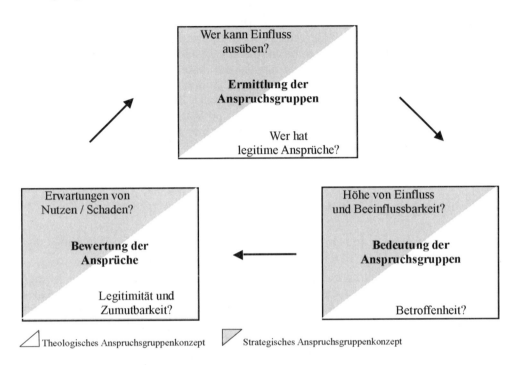

Abbildung: *Theologisches versus ökonomisches Anspruchsgruppengkonzept*[33]

Ein theologisches Anspruchsgruppenkonzept unterschiedet sich von einem strategischen in drei Punkten: Während erstens in einem strategischen Anspruchsgruppenkonzept nur jene Anspruchsgruppen von Bedeutung sind, die ihre Anliegen verhandlungsstark ein-

---

fragt wird, wer wirkmächtige Ansprüche anmelden und wer auf die Unternehmung Einfluss nehmen kann, lautet beim normativ-kritischen Anspruchsgruppenkonzept die Frage, wer von den unternehmerischen Tätigkeiten betroffen ist und welche legitimen Ansprüche dieser aufgrund seiner Betroffenheit an das Unternehmen stellen kann. Das strategische Anspruchsgruppenkonzept steht primär für die ökonomische Rationalität des Marktes, in der die Kapitalgeber und mächtigen Lobbyisten auf die Unternehmensentwicklung Einfluss nehmen. Dagegen orientiert sich das normativ-kritische Modell an Einsichten der ethischen Vernunft mit ihrer normativen Logik der Zwischenmenschlichkeit und der fairen Verteilung von Lebenschancen.
[32] Vgl., Wilbers, K., Anspruchsgruppen und Interaktionsthemen, 356.
[33] Dieses Konzept ist angelehnt an Wilbers, K., Anspruchsgruppenkonzept und Interaktionsthemen, 358.

bringen können, wird in einem theologischen gefragt, wer legitime Ansprüche stellen kann, selbst wenn sie von keiner mächtigen Lobby vertreten werden. Zweitens erfolgt in einem theologischen Anspruchsgruppenkonzept die Beurteilung der Anspruchsgruppen nicht wie im strategischen Konzept auf Grund der Macht und der Höhe des Einflusses, die die entsprechende Anspruchsgruppe besitzt, sondern nach der Betroffenheit der Anspruchsgruppen. Eine Option für Bedürftige hat auf Grund der Betroffenheit ein Recht, ernst genommen zu werden, selbst wenn sie nicht von starken Interessensgruppen vertreten wird. Und schließlich werden in einem theologischen Anspruchsgruppenkonzept die Interessen der Anspruchsgruppen nicht nur danach bewertet, ob es dem Unternehmen schadet oder nutzt, sondern sie werden nach der Legitimität und der Zumutbarkeit für das Unternehmen beurteilt. In den Aushandlungsprozessen zwischen den einzelnen Anspruchsgruppen bringt die Theologie das Ihre ein und bestimmt damit die Ausgestaltung diakonischer Einrichtung. Die Theologie muss dies kompetent und mit Sachverstand tun, nicht besserwisserisch und moralisch, sondern als ein ernst zu nehmender Diskurspartner in theologischen und ethischen Fragestellungen.

6.3 Ordnungsmomente in diakonischen Unternehmen

In Unternehmen werden drei Ordnungsmomente unterschieden, die den Wertschöpfungsprozess beschreiben. Diese sind: die Strategie, die Struktur und die Kultur

Bei der Strategie handelt es sich um Orientierungswissen, das es erlaubt, alle Anstrengungen und Aktivitäten diakonischer Unternehmen auf die erfolgsentscheidenden Aspekte der unternehmerischen Tätigkeit auszurichten. Allerdings hängt der langfristige Erfolg nicht nur davon ab, was in einem diakonischen Unternehmen gemacht wird, sondern ebenso in einem hohen Maß von der Kohärenz und Abstimmung aller unternehmerischen Tätigkeiten. Diese Koordinationsleistungen auf der Grundlage der Strategie müssen die Strukturen einer Unternehmung gewährleisten. Damit schließlich die Mitglieder einer Organisation über die strategischen und strukturellen Festlegungen hinaus agieren können, braucht es einen gemeinsamen Sinn- und Wertehorizont. Dieser gemeinsame, sinnstiftende Horizont wird in einem wesentlichen Ausmaß von der Kultur eines Unternehmens verkörpert.[34] Dieser Dreiklang aus Strategie, Struktur und Kultur soll nun näher beleuchtet werden.

Strategie

Unternehmen, die planen, sind besser auf die Zukunft vorbereitet. So trivial dieser Satz klingt, so wenig ist er Alltag in vielen diakonischen Unternehmen. Unternehmensleitungen müssen die Entwicklungen in den Umweltsphären im Blick haben, Trends erkennen und daraus Folgerungen für das eigene unternehmerische Handeln ableiten. Solches vorausschauende Handeln erfordert vernetztes Denken, bei dem die vielen Abhängigkeiten und Wechselwirkungen zwischen den Umweltfaktoren und den Forderungen der ver-

---

[34] Vgl. Ruegg-Stürm, J., Das neue St. Galler Management-Modell, 37f.

schiedenen Anspruchsgruppen auf der Grundlage bestimmter Normen und Werte analysiert und beurteilt werden.[35] Analog zu einem guten Schachspieler, der rasch eine komplexe Spielsituation erfasst, verschiedene Muster möglicher Züge analysiert, sich einen langfristigen Plan zurechtlegt, achtet gutes strategisches Management auf erfolgreiche Muster im wettbewerblichen Verhalten, definiert Ziele und alloziert Ressourcen, um diese Ziele zu erreichen.[36] Dabei können strategische Entscheidungen nicht unabhängig von anderen Mitspielern getroffen werden. Sie können konkurrierend zu anderen Mitbewerbern sein; sie können aber auch kooperativ sein, um Kräfte zu bündeln und Risiken und Kosten zu teilen.

Die Verantwortung für die strategische Ausrichtung trägt die Leitung. Deren Aufgabe ist es, die langfristigen Ziele und den damit verbundenen finanziellen Erfolg zu erreichen. In seine Kompetenz fallen die Entscheidungen, in welchen Behandlungsverfahren, Technologien, Märkte und Produkte investiert wird, damit ein diakonisches Unternehmen Bestand hat.[37] Eine Strategie sollte in inhaltlicher Hinsicht zu den folgenden fünf Themenkomplexen Auskunft geben[38]:

- die Identifikation der Anliegen und Bedürfnisse der relevanten Anspruchsgruppen und die Festlegung der mit den Stakeholdern gepflegten Kommunikationsformen

- die Definition des Leistungsangebots

- die Klärung der Wertschöpfung durch die Wahl zwischen Eigenherstellung und Fremdbezug von Leistungen

- die Festlegung der Kooperationsfelder, auf denen mit Partnern zusammengearbeitet werden soll, und schließlich

- der Aufbau und die Entwicklung von Kernkompetenzen, die eine erfolgreiche Positionierung und Wettbewerb ermöglichen.

Diese fünf Themenfelder hängen eng miteinander zusammen, so dass ihre Bearbeitung parallel erfolgen muss. Die erarbeiteten Ziele in Bezug auf die fünf Themenfelder verkörpern das strategische Orientierungswissen. In den Strategieprozess diakonischer Unternehmen muss die eigene kirchliche, biblische und geschichtliche Wertorientierung einfließen.[39]

---

[35] Vgl. Dubs, R., Die Unternehmung und ihre Umwelten, 240.

[36] Vgl. Krogh, G., Strategie als Ordnungsmoment, 388.

[37] „Strategisches Denken und Handeln ist daher - ähnlich wie im militärischen Bereich - immer mit der Vorstellung verbunden, durch den konzentrierten Einsatz von Kräften „Stoßkraft" zu erzeugen, die marktliche und technologische Durchbrüche möglich macht." Bleicher, K., Das Konzept Integriertes Management, 282.

[38] Vgl. Theuvsen, L., Das St. Galler Management-Modell, 296.

[39] Vgl. dazu Kap. 6.4.2 in diesem Aufsatz.

Struktur

Der Erfolg diakonischer Unternehmen hängt nicht nur von der geschickten Ausrichtung des Wertschöpfungsprozesses ab, sondern auch von der Kohärenz und der Abstimmung der unternehmerischen Aktivitäten. Die Strukturen eines Unternehmens werden durch die Aufbau- und Ablauforganisation bestimmt. Die Ablauforganisation legt fest, welche Aufgaben in welcher zeitlichen Reihenfolge zu erfüllen sind. Sie dient in erster Linie einer geschickten zeitlichen Koordination und Synchronisation von Teilaufgaben oder Teilaufgabengebieten.[40] Während die Ablauforganisation das Zusammenspiel der einzelnen Prozesse regelt, gliedert die Aufbauorganisation ein Unternehmen in aufgabenspezifische Einheiten.[41] Der Aufbau einer Organisation geschieht in der Regel auf der Grundlage von Abteilungen und spiegelt sich in den Organigrammen wider. In den letzten Jahren hat die Gestaltung der Ablauf- und der Prozessorganisationen einen enormen Bedeutungszuwachs erfahren. Es geht nicht mehr nur darum, die richtigen Dinge und die Dinge richtig zu tun, sondern sie auch zum richtigen Zeitpunkt zu tun. Neben den Kosten und der Qualität ist der Faktor Zeit zu einem wettbewerblichen Kriterium geworden. Nicht immer frisst der Größere den Kleineren, sondern auch der Schnellere den Langsamen.

Aber nicht nur die Strukturen und die Prozessabläufe innerhalb eines diakonischen Unternehmens stehen auf dem Prüfstand, sondern zunehmend schließen sich einzelne Einrichtungen zu Trägerverbünden zusammen. Die Zusammenarbeit reicht von Kooperationen bis hin zu Fusionen. Im Zusammenhang mit dieser zunehmenden Konzentration einzelner Einrichtungen zu großen Trägern entstehen ganz neue Formen der Unternehmensgestaltung.

Kultur

Da die Gründung diakonischer Unternehmen auf religiöse oder weltanschauliche Überzeugungen zurückgeht und sich ihre Mitglieder aufgrund gemeinsamer Anliegen und Werte zusammenfinden, haben solche Unternehmen ausgebildete Unternehmenskulturen. Diese haben eine stark verhaltensprägende Wirkung und beschreiben die geteilten Werte, Normen, Einstellungen und Haltungen innerhalb einer Organisation.[42] Dieser gemeinsame Sinnhorizont motiviert die Organisationsmitglieder und ermöglicht ihnen die Identifikation mit der Organisation, erleichtert die Interpretation unvorhersehbarer Situationen und gibt Orientierungshilfe. Eine Organisationskultur manifestiert sich in der Art und Weise, wie Probleme wahrgenommen und Konflikte gelöst werden, sowie in Sprache,

---

[40] Vgl. ebd., 50.

[41] Basiert die Unterteilung auf unterschiedlichen Funktionen wie beispielsweise Forschung, Entwicklung, Einkauf und Produktion, Marketing, handelt es sich um eine funktionale Organisation. Von einer divisionalen Organisation wird gesprochen, wenn die Aufteilung in markt- oder produktbezogene Tätigkeitsbereiche erfolgt. Geschieht die Aufteilung auf geographischen Gebieten oder Regionen, handelt es sich um eine regionale Organisation. Vgl. ebd., 49.

[42] Vgl. Fischer, M., Unternehmenskultur pflegen: Wertekultur als Erfolgsfaktor und zentrale Managementaufgabe, 161 – 166.

Ritualen, Symbolen und Umgangsformen. Eine Unternehmenskultur zeigt den System-mitgliedern den zulässigen Korridor für das von ihnen erwartete Verhalten. Sie ist gleich-sam der Autopilot für die soziale Verhaltenssteuerung. Unternehmenskulturen entstehen in einem Sozialisationsprozess und prägen über Generationen hinweg in leicht abgewan-delter Weise die Einstellungen und Erfahrungen in einem Unternehmen. Sie bilden damit die entwickelte Tradition als Grundlage für mögliche Innovationen in der Zukunft ab.

6.4 Prozesskategorien

Die Prozesse eines diakonischen Unternehmens lassen sich in drei zentrale Prozesskate-gorien einteilen: Managementprozesse, Geschäftsprozesse und Unterstützungsprozesse. Sie bilden gemeinsam die Prozessarchitektur des Unternehmens.

Managementprozesse umfassen alle grundlegenden Managementaufgaben, die mit der Gestaltung, Lenkung und Entwicklung zu tun haben. Mit anderen Worten vollzieht sich in den Managementprozessen die Führungsarbeit eines Unternehmens. Dazu zählen sämt-liche Planungs-, Koordinations- und Controllingtätigkeiten für die einzelnen Geschäfts- und Unterstützungsprozesse. Dagegen umfassen Geschäftsprozesse marktbezogenen Kernaktivitäten eines Unternehmens, die unmittelbar auf die Stiftung eines „Kundennut-zens" ausgerichtet sind. Schließlich dienen die Unterstützungsprozesse dazu, die Infrast-ruktur bereitzustellen und interne Dienstleistungen zu ermöglichen, die nötig sind, damit die Geschäftsprozesse vollzogen werden können. Dazu gehören beispielsweise die Perso-nal- und Bildungsarbeit, das Facility Management und die Fragen der Informationsverar-beitung.[43]

Im Folgenden sollen nur die Managementprozesse in Bezug auf die Integration von Theo-logie und Ökonomie etwas eingehender beleuchtet werden. Dies schmälert nicht die Be-deutung der anderen beiden Prozesskategorien, die an dieser Stelle nicht behandelt wer-den können, und der dort zu leistenden Diskursarbeit. Vielmehr soll an dieser Stelle am Beispiel der Managementprozesse verdeutlicht werden, wie die Integration von Theologie und Ökonomie in einem diakonischen Unternehmen gestaltet werden kann.

Zu den Managementprozessen zählen drei zentrale Kategorien: Normative Orientierungs-prozesse, Strategische Entscheidungsprozesse und Operative Führungsprozesse. Hierbei handelt es sich um eine gedankliche Gliederung, die für alle Grundfunktionen des Mana-gements zutreffend sind. Keine der drei Kategorien lässt sich auf eine der anderen beiden reduzieren. Es sind drei gleichrangige Managementebenen, die sich systematisch ergän-zen und überlagern.

---

[43] Vgl. Ruegg-Stürm, J., Das neue St. Galler Management-Modell, 69.

Ebene	Ausgangspunkt	Aufgabe	Ziel
Normatives Management	Konfligierende Anliegen und Interessen	Identität und Integrität: Die Unternehmens-aktivität auf ihren Sin hin prüfen und fortlaufend legitimieren.	Aufbau unternehmerischer Leitimations- und Verständigungspotentiale
Strategisches Management	Komplexität und Ungewissheit der Marktbedingungen	Effektivität: Die richtigen Dinge tun	Aufbau nachhaltiger Wettbewer bspotentiale
Operatives Management	Knappheit der Produktionsfaktoren	Effizienz: Die Dinge richtig tun.	Gewährleistung effizinter Abläufe und Problemlösungsroutinen

Abbildung: Funktionsbeschreibung des normativen, strategischen und operativen Managements

Die unterste Ebene, das operative Management, ist die wissenschaftlich am frühesten analysierte und rationalisierte Ebene. Hier geht es um die unmittelbare Steuerung des laufenden Wertschöpfungsprozesses. Ausgangspunkt ist die grundsätzliche Knappheit aller betriebswirtschaftlichen Ressourcen oder Produktionsfaktoren wie Finanzmittel, Anlagen und Maschinen, Rohstoffe, Betriebsstoffe und Energie, Informationen und Know-how, menschliche Arbeitsleistung und der durch die marktwirtschaftliche Konkurrenz ausgeübte Kostendruck. Im Blickpunkt dieser Ebene stehen der Aufbau und die Ausschöpfung betrieblicher Produktivitätspotentiale durch die kosten- und leistungsoptimale Kombination aller erforderlichen Produktionsfaktoren.[44] Das operative Management beschäftigt sich mit der Frage: Machen wir die Dinge richtig?

Seit den 1960er Jahren wurde zunehmend die Notwendigkeit erkannt, das operative Management um Konzepte und Instrumente des strategischen Managements zu erweitern. Angesichts der wachsenden Turbulenzen und Interdependenzen zeigte sich, dass kurzfristiger Unternehmenserfolg kein hinreichendes Kriterium für die Sicherung eines langfristigen Erfolgs darstellt. Je kürzer die Marktdauer und je länger die Entwicklungszeit eines Produktes ist, umso nötiger ist die Steuerung durch einen frühzeitigen und systematischen Aufbau von strategischen Erfolgspotentialen. Wenn sich fehlende strategische Planung bereits im operativen Geschäft bemerkbar macht, ist es oftmals schon zu spät. Im strategischen Management geht es um die erforderlichen Fähigkeiten der Unternehmung, auf den Innovationsdruck und auf Überraschungen seitens der Konkurrenten wie ein guter

---

[44] Vgl. Ulrich, P., Fluri, E., Management, 20.

Schachspieler aus einer Position der Stärke heraus flexibel, wirksam und erfolg bringend zu reagieren.[45] Hier geht es um die Frage: Machen wir die richtigen Dinge?

In jüngster Zeit wurde immer deutlicher, dass es zusätzlich zur strategischen Handlungsebene noch einer normativen bedarf. Auf der Ebene des normativen Managements geht es um Wertefragen unternehmerischen Handelns und um die Bewältigung von unternehmenspolitischen Wert- und Interessenskonflikten.[46] Nicht die strategische Ungewissheit ist das Grundproblem des normativen Managements, sondern Uneinigkeit über normative Grundsätze und Zwecke der Unternehmung, insbesondere über die Verteilung der Nutzen und Kosten auf die verschiedenen Beteiligten und Betroffenen. Eine grundsätzlich faire und dauerhafte Beilegung von Interessenkonflikten gelingt nicht ohne einvernehmliche Lösungen. Normatives Management ist somit methodisch als konsensorientiertes Management zu konzipieren.[47] Im normativen Management geht es um die Identität und die Integrität eines Unternehmens: Die Unternehmensaktivitäten werden auf ihren Sinn hin befragt und fortlaufend legitimiert.

Zusammenfassend lässt sich festhalten: Auf der normativen Ebene werden die übergeordneten Werte und Normen festgelegt, die auf den folgenden Ebenen als Entscheidungs- und Handlungskriterien dienen; auf der strategischen Ebene werden die Entscheidungen gefällt, welche die zukünftigen Verhaltensräume des Krankenhauses bestimmen; schließlich hat die operative Ebene die Aufgabe, die konkreten Ausführungen der Aktivitäten unmittelbar festzulegen.[48]

6.4.1 Normative Orientierung

Management beginnt nicht mit der Frage nach dem Wie, sondern mit der Frage nach dem Was und Warum. Daher sind Unternehmen der Caritas und der Diakonie gefordert, mit theologischen Fragen ebenso rational umzugehen wie mit den gewohnten geschäftsbezogenen Strategien. Ohne normative Orientierungsprozesse sind diakonischen Unternehmen nicht steuerbar. Wie sollen unternehmenspolitische Interessenskonflikte bewältigt werden, wenn es keine gemeinsame theologisch begründete Wertebasis gibt, auf deren Basis situationsbezogene Entscheidungen getroffen werden? Daher beschäftigt sich die normative Ebene mit dem Sinn, den Werten, Prinzipien, Normen und Spielregeln eines diakonischen Unternehmens. Sie sind Richtschnur und Kompass in der Unternehmensentwicklung.

Auch bei Entscheidungen auf strategischer und operativer Ebene stellt sich die Frage, nach welchen Kriterien solche Entscheidungen getroffen werden. Sie können nur auf-

---

[45] Vgl. ebd., 21.
[46] Vgl. Ulrich, P., Normative Orientierungsprozesse.
[47] Vgl. ebd., 21.
[48] Vgl. Ulrich, H., Systemisches Management, 376.

grund von Ziel- und Wertsetzung auf einer übergeordneten Ebene gestaltet werden. Daher geht es auf der normativen Ebene um die Bestimmung verbindlicher Werte, zu deren Verwirklichung das gesamte Unternehmen mit seinen Zielsetzungen und Aktivitäten beitragen soll. Auf dieser Ebene ist gleichsam die Unternehmenstheologie festgeschrieben, die für das Verhalten wegleitend sein soll.

Die Integration der drei Dimensionen des normativen, strategischen und operativen Managements bedarf einer integrativen Leitidee. Dafür wird der Begriff Management-Philosophie verwendet. Ulrich und Fluri verstehen unter einer Managementphilosophie „... die grundlegenden Einstellungen, Überzeugungen, Werthaltungen ..., welche das Denken und Handeln der maßgeblichen Führungskräfte in einem Unternehmen beeinflussen. Bei diesen Grundhaltungen handelt es sich stets um Normen, um Werturteile, die aus den verschiedensten Quellen stammen und ebenso geprägt sein können durch ethische und religiöse Überzeugungen wie auch durch die Erfahrungen in der bisherigen Laufbahn einer Führungskraft.“[49]

Das wohl wirksamste und griffigste Verfahren zur Entwicklung der normativen Dimension ist die Entwicklung von leitbildhaften Vorgaben. „Das Unternehmungsleitbild enthält die grundsätzlichsten und damit allgemeingültigsten, gleichzeitig aber auch abstraktesten Vorstellungen über angestrebte Ziele und Verhaltensweisen der Unternehmung. Es ist ein ‚realistisches Idealbild', ein Leitsystem, an dem sich alle unternehmerischen Tätigkeiten orientieren (...).“[50] Wichtig ist, dass solche Verfahren partizipativ gestaltet sind. Wäre die Entwicklung von politischen, verfassungsmäßigen und kulturellen Normen auf eine kleine Gruppe beschränkt, hätte sie einen kaum verwertbaren Nutzen. Leitbildprozesse sind gleichsam eine Normen-Implementation durch Partizipation.[51]

In diesen normativen Entscheidungsvorgängen spielt die Theologie eine wichtige Rolle. Dabei liegt die Aufgabe der Theologie nicht primär in der Abgrenzung, gleichsam in einer moralisierenden Besserwisserei, sie bringt vielmehr theologische Kriterien in die normativen Grundsatzfragen ein. Sie tut dies nicht fernab jeden Realitätsbezugs, sondern als eine maßgebliche Stimme in der Aushandlung entscheidender Grundsatzfragen. „Ausdrücklich besteht die Aufgabe der Theologie somit in einem dynamischen Vor- und Zurücklaufen innerhalb des Unternehmens. Wie sich Diakonie immer wieder auf ihre Herkunft zu besinnen hat, so greift sie auch immer wieder über den gegenwärtigen Stand hinaus in eine eschatologische Zukunft hinein.“[52]

---

[49] Ulrich, P., Fluri, E., Management, Bern, Stuttgart 1992, 312.
[50] Brauchlin, E., Unternehmensleitbild. Schaffen auch Sie ein Unternehmensleitbild, 313.
[51] Vgl. Bleicher, K., Das Konzept Integriertes Management, 263.
[52] Jäger, A., Diakonie als christliches Unternehmen, 67.

Viele Einrichtungen der Caritas und der Diakonie haben in den vergangenen Jahren ihre Management-Philosophie in Leitbildern formuliert. Darin finden sich grundlegende Normen und Werte, die für das Unternehmen bindend sein sollen. Allerdings ist die Entwicklung von Leitbildern vielerorts auch kritisch beurteilt worden. Der Kern dieser Kritik besteht nicht darin, die Notwendigkeit von normativen Leitbildern anzuzweifeln, sondern sie bezieht sich auf den Umgang mit Leitbildern in den Unternehmen. Was nützen Leitbilder, die keinen Einfluss auf die weitere Unternehmensgestaltung haben?[53]

Leitbilder bewirken keine Unternehmenswunder, die gleichsam über Nacht eine Unternehmenskultur grundständig verändern. Nach der Verabschiedung eines Leitbildes beginnt vielmehr der mühsame Weg einer leitbildorientierten Organisationsentwicklung, mit dessen Hilfe nach und nach auf den unterschiedlichen Unternehmensebenen Maßnahmen und Projekte durchgeführt werden. Aus dem Leitbildprojekt wird ein jahrelanger Leitbildumsetzungsprozess, der Verbindlichkeit, unternehmerischen Sachverstand und Entschiedenheit im Management voraussetzt.[54]

6.4.2 Strategische Ausrichtung

Im Folgenden wird die grundsätzliche Vorgehensweise in der Strategieentwicklung dargestellt.[55] Sie verdeutlicht nicht nur eine idealtypische Vorgehensweise, sondern beschreibt zwei Denkrichtungen, die marktorientierte und die ressourcenorientierte Sicht, die von einer erfolgreichen Strategieentwicklung erwartet werden darf. In Unternehmen der Caritas und der Diakonie muss der strategische Entscheidungsprozess noch um eine dritte Dimension erweitert werden: die eigene Wertorientierung.

Die externe, marktorientierte Sichtweise betont die grundlegende Notwendigkeit, sich intensiv mit dem Geschäftsumfeld auseinander zu setzen. Bei der Frage, wie ein diakonisches Unternehmen im externen Umfeld zu positionieren ist, bilden die gegenwärtigen Trends sowie die Chancen und Risiken des Umfelds einer Branche den Ausgangspunkt der Überlegungen. Dagegen befasst sich die interne, ressourcenorientierte Sicht mit der umgekehrten Blickrichtung. Der Ausgangspunkt der Analyse sind die gewachsenen Fähigkeiten und Ressourcen einer Unternehmung. Mit Hilfe möglichst einzigartiger Fähigkeiten und Ressourcen gilt es dann, sich über die Gestaltung von Spielregeln des Wett-

---

[53] Vgl. Fischer, M., Schlafen Leitbilder wieder selig ein? Wie man Leitbilder in Organisationen verankern kann, in: Krankendienst 3/2003.

[54] Vgl. Fischer, M., Kulturwandel als Unternehmensaufgabe: Die Umsetzung des Leitbildes in der St. Franziskus-Stiftung, 373-398.

[55] Für die Entwicklung von Strategien existieren eine Reihe von Methoden, die an dieser Stelle nur erwähnt werden: Für die internen Analysen gibt es eine Analyse der Grund- und Wertvorstellungen des Managements und die Stärken- und Schwächenanalysen; für die Analyse der externen Faktoren empfiehlt sich die Branchen-, die Konkurrenz-, die Kunden- und die Umfeldanalyse. Als gängige Instrumente der strategischen Planung gelten die Portfolio-Technik und die Szenario-Technik. Die Portfolio-Technik hilft einem Krankenhaus, Ansatzpunkte für eine Strategie zu finden, während die Szenario-Technik die Informationslage für Entscheidungsprozesse verbessert.

bewerbs selbst eine vorteilhafte Umwelt zu schaffen.[56] In diesen Entscheidungsprozess muss die eigene Wertorientierung einfließen. Jede Entscheidung wird – bewusst oder unausgesprochen – auf der Grundlage eines Wertehorizonts gefällt. Die Werteorientierung eines diakonischen Unternehmens ergibt sich aus den biblischen Schriften, der kirchlichen Tradition und der eigenen Unternehmensgeschichte. Alle drei Orientierungslinien greifen integrierend, stimulierend und kritisierend in den Entscheidungsprozess ein. Aus der Zusammenschau dieser drei Perspektiven werden Strategien entwickelt, bewertet und angewandt.

---

[56] Vgl. Ruegg-Stürm, J., Das neue St. Galler Management-Modell, 44f.

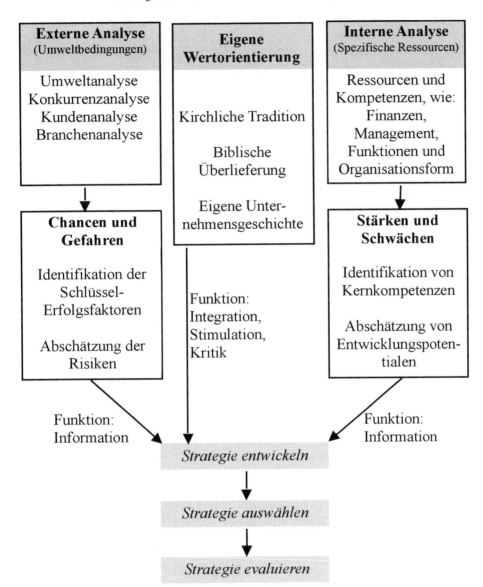

Abbildung: Idealtypische Strategieentwicklung

6.4.3 Operative Führung

Innerhalb der Managementprozesse bilden die operativen Führungsprozesse die dritte Ebene.[57] Führungsprozesse beziehen sich auf unterschiedliche Teilbereiche wie beispielsweise finanzielle Führung, Personalführung und wertebewusstes Controlling. An dieser Stelle soll nur ein grundsätzliches Verständnis von Führung dargelegt werden.

Das Handeln von Führungskräften kann nicht ohne eine klare Vorstellung von Sinn und Zweck einer diakonischen Einrichtung geschehen. Führung ist ein arbeitsteiliges Ganzes, das weit über das jeweilige Handeln einzelner Führungskräfte hinausreicht. Es ist ein Zusammenspiel unterschiedlicher Funktionen. Wer führt, hat nicht Teilinteressen im Blick, sondern immer das Wohl des Ganzen. Daher kann Leitung nicht ohne ein integratives Gesamtverständnis wahrgenommen werden.

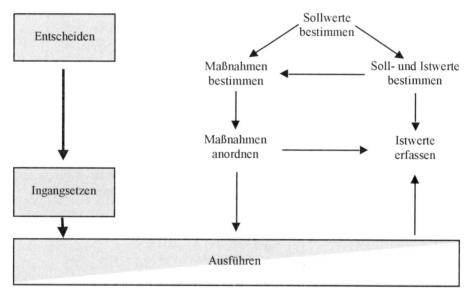

Abbildung: Funktionen von Führung und Leitung[58]

---

[57] Obwohl eine klare gedankliche Trennung zwischen der strategischen und der operativen Ebene sinnvoll ist, darf dies nicht zu einer Arbeitsteilung nach dem Motto führen: Was ich mir ausdenke, wird schon ein anderer erledigen. Beide Bereiche sind miteinander verkoppelt und rückgebunden. Dem operativen Führungsmanagement obliegt die Verantwortung, die konzeptionell gestaltenden und strategischen Vorgaben durch operatives Handeln umzusetzen. „Diese Trennung erweist sich als theoretisch und gefährlich. Letztlich sind gerade die zehntausend alltäglichen Entscheidungen, die jährlich in einem Unternehmen getroffen werden, strategiebestimmend." Wüthrich, H., Neuland des Strategischen Denkens, 110.
[58] Diese Darstellung beruht auf Ulrich, H., Das St. Galler Management-Modell, 127.

Die Unterscheidung in Führungsfunktionen geht von der Vorstellung eines kreislaufförmigen Führungsprozesses aus und gliedert sich in verschiedene Tätigkeiten, die von Führungskräften wahrgenommen werden. Dazu gehören: das Entscheiden über Ziele und Maßnahmen; das Ingangsetzen von Handlungen, die zur Zielerreichung notwendig sind und das Kontrollieren der Arbeitsvollzüge sowie der erzielten Ergebnisse. Dieser formale Prozess bezieht sich auf inhaltlich unterschiedliche Führungsaufgaben. Erst wenn dieser Kreislauf eingehalten wird, gelingt eine verbindliche Umsetzung von Maßnahmen.

6.5 Unternehmensentwicklung

Die Umwelt der Unternehmen von Caritas und Diakonie ist komplexer geworden. Dadurch haben sie mit Instabilitäten und auch mit zunehmenden wirtschaftlichen Krisensituationen zu rechnen. Das führt zu Anforderungen an Unternehmen von Caritas und Diakonie, welche auch für andere Unternehmen gelten: Sie müssen rascher reagieren, sich schneller und besser anpassen, flexibler und innovativer sein. Wenn diakonische Unternehmen flexibler werden müssen, gilt das auch für deren Mitarbeiterinnen und Mitarbeiter.[59]

Um dies zu erreichen, gibt es eine Vielzahl von Maßnahmen, nicht nur organisatorischer Art. Zunächst einmal dürfen die Organisationsstrukturen die Menschen nicht derart einengen, dass sie die Anpassungsfähigkeit und die Kreativität der Mitarbeiter verhindern. Verhaltensvorschriften, die alles ins kleinste Detail regeln, helfen an dieser Stelle nicht weiter. Ebenso muss die Organisation die nötige Flexibilität aufweisen. Hier ist eine Unterscheidung in die Grobstruktur und die Detailorganisation hilfreich. Die Grobstruktur sollte möglichst stabil gehalten werden, während die Detailorganisation einen höheren Grad an laufender Flexibilität, kontinuierlicher Änderung und Anpassung an veränderte Rahmenbedingungen erreichen kann.

Ulrich schlägt vor, dass in diesem Zusammenhang insbesondere folgende Elemente einer Organisationsstruktur bedacht werden sollten: die operationalen Einheiten, das Topmanagement, die sogenannten zentralen Dienste, vorübergehende Strukturen für Sonderaufgaben und das „zentrale Nervenssystem" einer Organisation.

Was die Bildung von operationalen Einheiten betrifft, sollten diese möglichst autonom und selbstständig agieren. Dadurch kann die hohe Komplexität der Umwelt in den kleinen Einheiten verarbeitet werden. Sollen kleine Einheiten eine Selbstständigkeit aufweisen, bedürfen sie - systemtheoretisch gesprochen - der gleichen vollständigen Struktur wie das Gesamtsystem. „Es handelt sich um die Anwendung des sogenannten Rekursivitätsprinzips, das man am Beispiel der polnischen Puppen illustrieren kann: Wenn man die Puppe aufmacht, kommt eine etwas kleinere Puppe heraus, bei dieser wiederum eine noch

---

[59] Vgl. Ulrich, H., Systemisches Management, 458ff.

kleinere usw. Die Einheit ist dasselbe wie das Ganze, nur etwas kleiner und etwas spezialisierter."[60] Viele Mängel in den kleineren Einheiten sind darauf zurückzuführen, dass sie nicht mit ausreichenden Leitungsorganen ausgestattet sind.

Die Funktion des Topmanagements beschreibt Ulrich mit dem Beispiel des zentralen Nervensystems.[61] Dahinter steht die Vorstellung, dass das Topmanagement gleichsam ständig unter Strom ist, die Einheiten in allen Bereichen abtastet, und wie das menschliche Nervensystem Schmerzen verursacht, wenn Wesentliches nicht in Ordnung ist. Ebenso soll es ständig Impulse nach unten an die verschiedenen Einheiten geben, die dort konkretisiert und umgesetzt werden müssen. In diesem Zusammenhang sollte darauf geachtet werden, dass Stabsfunktionen nicht in inflationärer Weise eingerichtet werden. Der Ausbau von Stabsfunktionen kann nicht die Linienverantwortung des Managements ersetzen.

Schließlich ist das Prinzip der Selbstorganisation wesentlich. Hier helfen die Erkenntnisse der Organisationsentwicklung weiter: Betroffene müssen von Anfang an in den gesamten Entwicklungsprozess einbezogen werden. Das ist zwar der mühsamere und langwierigere Weg, aber – was die Qualität der Lösung und die Möglichkeit der Umsetzung angeht – der weitaus bessere. Allerdings überfordert eine ständige Veränderung das Transformationsvermögen der Mitarbeiter. Der Schlüssel zum Erfolg sind daher bewusst geplante und bis zum Ende durchgeführte Reformprozesse mit einem hohen Grad an Verbindlichkeit, und nicht immer wieder neu aufgesetzte Veränderungsprozesse, die nicht konsequent umgesetzt werden. Zudem brauchen Veränderungen immer auch einen Kairos, den günstigen und vielleicht glückhaften Augenblick. Heute würde man den Begriff des Kairos vielleicht mit dem aus der Raumfahrt entlehnten Ausdruck „window of opportunity" bezeichnen. Wer allerdings den richtigen Kairos erwischen möchte, braucht natürlich eine Übersicht und einen weit vorausschauenden Blick in Bezug auf die anstehenden Veränderungen und Prozesse im Unternehmen.

Im Zusammenhang mit grundlegenden Organisationsentwicklungsprozessen ist die spezifische Herausforderung für diakonische Unternehmen, wie sie den notwendigen Prozess

---

[60] Vgl. ebd., 359.

[61] Veränderungsprozesse müssen gezielt gestaltet und durch Maßnahmen gestützt werden, die vom Management ausgehen: In Leitungssitzungen werden die Themen behandelt, die für die Unternehmensentwicklung von Bedeutung sind. Dadurch manifestiert sich im Top-Management die Bedeutung, welche der Zielerreichung zukommt. Führungsinstrumente und Kontrollmechanismen werden ganz spezifisch zur Unterstützung und Überwachung der für den Erfolg ausschlaggebenden Aktivitäten eingesetzt. Die persönliche Arbeitsgestaltung des Managements sollte sich auf die Problemkreise beziehen, die für die Implementierung wichtig sind. Träger der Funktionen, die für die Veränderungsstrategie verantwortlich sind, brauchen die besondere Unterstützung des Managements und Honorierung durch Aussprache von Anerkennung. Und schließlich sind eine Projektorganisation und eine Kommunikationsplattform für systematisches Feedback und eine gezielte Weiterentwicklung unentbehrlich. Vgl. ebd., 363.

der Unternehmensweiterentwicklung auf der Grundlage ihrer Werte vollziehen. Dazu gibt es natürlich kein Patentrezept, sondern unterschiedliche Herangehensweisen, die viel Kreativität und Engagement erfordern. Hier sei nur auf ein Beispiel verwiesen, das aufgrund der Namensgebung einen unmittelbaren Zusammenhang mit der gegebenen Aufgabenstellung erkennen lässt. Die Vinzenz Gruppe in Wien, die auf die Gründung der Barmherzigen Schwestern von Heiligen Vinzenz von Paul zurückgeht, hat sich das Wertemanagement ausdrücklich zur Aufgabe gestellt.[62] In diesem Zusammenhang können auch die vielfältigen Bemühungen um die Institutionalisierung einer Ethikberatung in diakonischen Unternehmen erwähnt werden.

6.6 Qualitätskonzepte

In diakonischen Unternehmen ist die Bedeutung des Qualitätsmanagements in den vergangenen Jahren enorm gewachsen. Die Entwicklung des Qualitätsmanagements hat sich von seinen Anfängen bis heute grundlegend verändert. Beschränkten sich die ersten Qualitätskonzepte auf die Kontrolle der Produkte nach ihrer Fertigstellung, sind gegenwärtige Qualitätskonzepte umfassend angelegt und beziehen sich auf alle Bereiche einer Unternehmung: die Politik und die Strategie eines Unternehmens, seine Führungsarbeit, seine Orientierung an den Mitarbeitern, sein Umgang mit Ressourcen, die Zufriedenheit der Kunden und die Geschäftsergebnisse. Der Fachbegriff für solche unfassenden Modelle lautet: Total Quality Management (TQM). Wenn heute von Qualität in Unternehmen die Rede ist, sind solche umfassenden Qualitätskonzepte gemeint.[63]

Heute werden diakonische Unternehmen durch externe Vorgaben seitens des Gesetzgebers zunehmend zu qualitätssichernden Maßnahmen verpflichtet. Dementsprechend haben dort mittlerweile zahlreiche Qualitätsinitiativen Einzug gehalten. Daher kommt es für diese Unternehmen in den nächsten Jahren darauf an, ein langfristiges und auf den eigenen Werten basierendes Qualitätsmanagement aufzubauen. Denn je mehr der Gesetzgeber externe Qualitätsanforderungen an diakonische Unternehmen stellt und damit von außen definiert, wie die Qualität dieser Einrichtungen aussehen soll, desto dringlicher bedürfen sie eigener Qualitätsmaßstäbe und -standards, mit deren Hilfe sie selbst definieren und sicherstellen, was sie unter einer christlich motivierten Versorgung ihrer anvertrauten Menschen verstehen.

Die inhaltliche Bestimmung des Qualitätsbegriffs ist eng mit einer Wertorientierung verknüpft. Daher muss das Qualitätsmanagementsystem in einem diakonischen Unternehmen in den eigenen Werterahmen eingebunden sein. Dieser wertegebende Rahmen ist in den meisten diakonischen Unternehmen in Leitbildern festgelegt. Dieser enge Zusammenhang zwischen Leitbild und der eigenen Werteorientierung auf der einen Seite und

---

[62] Vgl. den Vortrag von Sr. Michelitsch, J., und Heinisch, M., Medizin mit Seele – Wertearbeit in der Vinzenz Gruppe.
[63] Vgl. Zink, K. J., TQM als integratives Managementkonzept.

dem Aufbau eines Qualitätsmanagementsystems auf der anderen Seite soll am Beispiel des Deutschen Caritasverbands verdeutlicht werden.

Als Reaktion auf die gesetzlichen Bestimmungen und die aktuellen Entwicklungen in der Qualitätsdebatte räumte der Caritasverband dem Qualitätsthema eine hohe Handlungspriorität ein. Im September 1999 haben der Geschäftsführende Vorstand des Deutschen Caritasverbandes und die Leitung des Diakonischen Werkes der evangelischen Kirche ein gemeinsames Vorgehen beider Verbände hinsichtlich der Themen Qualität, Qualitätsentwicklung und Qualitätsmanagement vereinbart. „Mit dieser abgestimmten Qualitätsoffensive ist das Ziel verbunden, gemeinsame Positionen zu den christlich orientierten Grundlagen und den fachlichen Standards der Qualität Sozialer Arbeit zu entwickeln und in den Diensten sowie den Einrichtungen umzusetzen."[64] Diese Initiative geht von der berechtigten Annahme aus, dass die beiden kirchlichen Wohlfahrtsverbände nicht nur die an sie herangetragenen Qualitätsanforderungen erfüllen können[65], sondern sie selbst sagen müssen, was sie aufgrund ihrer Herkunft und Zielvorstellung unter Qualität verstehen. Dabei sind insbesondere folgende Fragen zu klären:

„Welche Qualität sozialer Arbeit soll mit welchen Mitteln erreicht werden?

Welche Verfahren sind geeignet, die caritasspezifischen Qualitätsziele auch unter veränderten Rahmenbedingungen zu gewährleisten?

Welche Qualitätspolitik soll seitens des Deutschen Caritasverbandes formuliert werden?

Mit welchem Verbindlichkeitscharakter soll die Qualitätspolitik ausgestattet werden, damit sie eine Chance auf verbandsweite Akzeptanz und Umsetzung hat?

Welche Grundaussagen und Eckpunkte müssen seitens des Deutschen Caritasverbandes entwickelt und kommuniziert werden?"[66]

---

[64] Stöbener, A. P., Grundzüge eines Qualitäts-Leitbildes der Caritas - Positionen des Deutschen Caritasverbandes, 280.

[65] Vgl. Anheiner, H. K., Caritas muss neue Wege gehen, 13-24. Anheiner beschreibt die Entwicklung des Dritten Sektors auf dem Hintergrund der demographischen Entwicklung und der Globalisierung. Man muss schnell auf den Markt reagieren und die Organisation verändern. Reformvorschläge: Teile des Leistungsangebotes werden über den Markt geregelt werden können und sind nicht unmittelbar Kernbereiche für die Umsetzung des Caritas-Leitbildes. Andere Teile des Leistungsangebotes werden weiterhin und auch verstärkt von Werteüberlegungen bestimmt sein und sind eng an das Selbstverständnis der Caritas gebunden. Beide Teile werden effizient und effektiv arbeiten und sich gegenseitig unterstützen.

[66] Stöbener, A. P., Grundzüge eines Qualitätsleitbildes der Caritas - Positionen des Deutschen Caritasverbandes, 278.

Selbstverständnis	Der deutsche Caritasverband versteht sich als: ▫ Anwalt und Partner Benachteiligter ▫ Helfer für Menschen in Not ▫ Teil der Sozialbewegung ▫ Teil der Kirche
Theologisch-Ethische Perspektiven	▫ Menschenwürde ▫ Personalität, Solidarität, Subsidiarität und Gemeinwohlorientierung ▫ Soziale Gerechtigkeit und Nachhaltigkeit ▫ Optionen für die Armen und Anwaltschaft
Qualitätsgrundsätze	▫ Kundenorientierung ▫ Mitarbeiterorientierung ▫ Sozialraumorientierung ▫ Freiwillige und Ehrenamt ▫ Führung und Leitung ▫ Lernbereitschaft ▫ Wirtschaftlichkeit ▫ Politische Verantwortung ▫ Interkulturelle Öffnung
Qualitätsinstrumente	▫ Fachlichkeit ▫ Dokumentation ▫ Qualitätshandbücher ▫ Zertifizierung ▫ Marketing

Abbildung: Eckpunkte der Qualitätspolitik im Deutschen Caritasverband

Auf diese Fragen hat der Deutsche Caritasverband in seinen Eckpunkten zur Qualitäts-entwicklung Auskunft gegeben. An diesen Eckpunkten ist deutlich zu erkennen, wie die Qualitätspolitik und das darauf aufbauende Qualitätsmanagement auf dem Leitbild des Caritasverbandes basieren. Das nächste Schaubild soll im Überblick darstellen, wie die eigene Wertorientierung und die Umsetzung im Qualitätsmanagement ineinander greifen und zusammengehören.[67]

Der Deutsche Caritasverband sieht im Qualitätsmanagement ein adäquates und effektives Mittel, die sozialethische Bestimmung von Qualität sozialer Dienstleistungen auch unter den gegenwärtigen Bedingungen von Markt und Wettbewerb zu erreichen.[68] Dabei ist klar, dass das Qualitätsmanagement nicht die Antwort auf alle Aufgaben und Fragen einer sozialen Organisation ist. Ebenso darf sich das Qualitätsmanagement nicht zum Selbst-zweck entwickeln, sondern es bleibt ein Instrument, die Qualität sozialer Dienstleistungen für die Klienten und Mitarbeiter zu sichern und zu verbessern.

Um auf diese Herausforderung eine anwendungsbezogene Antwort zu geben, ist die kirchliche Qualitätsoffensive proCum Cert entstanden. ProCum Cert ist eine konfessio-nelle Zertifizierungsgesellschaft, die im Jahr 1998 auf Initiative des Katholischen und Evangelischen Krankenhausverbandes Deutschlands und ihren beiden Wohlfahrtsverbän-den Caritas und Diakonie gegründet wurde. Inzwischen gibt es auch ein Zertifizierungs-verfahren proCum Cert für kirchliche Krankenhäuser, das versucht, das Selbstverständnis dieser Einrichtungen in einem umfassenden Zertifizierungsprozess abzubilden. Der Be-griff ProCum Cert ist eine Abkürzung, die für folgende Gedanken steht:

pro: für konfessionelle Krankenhäuser, Patienten und nachweisbare Qualität

cum: mit den Patienten, ihren Anliegen, Erwartungen und den Mitarbeitern aus unter-schiedlichen Berufsgruppen

cert: Strukturen, Normen, Abläufe werden erarbeitet und zertifiziert.

ProCum Cert hat sich zum Ziel gesetzt, die Sicherung und Weiterentwicklung der Quali-tät in evangelischen und katholischen Einrichtungen im Zeitalter des Wettbewerbs sozia-ler Dienstleistungen voranzubringen. Die konfessionellen Krankenhäuser – so der Wunsch dieser Initiative – sollen ein klares kirchliches Qualitätsprofil entwickeln. Ihr Auftrag, ihr Selbstverständnis und ihre Identität sollen in spezifischen Qualitätsmerkma-len deutlich werden. Dieses unverwechselbare Profil drückt sich in eigenen Leitlinien, in der Unternehmensverfassung, in Unternehmenskonzepten und in einem spezifischen Qua-litätsmanagement aus. Das Ziel von proCum Cert besteht nicht darin, in Konkurrenz zu anderen Zertifizierungsverfahren eigene medizinische und pflegerische Standards zu ent-

---

[67] Vgl. Eckpunkte zur Qualität in der verbandlichen Caritas, hrsg. v. Deutscher Caritasverband; neue caritas Heft 8/2003, 36-40; und Puschmann, H., Caritas auf dem Weg in das dritte Jahrtausend, 165-170.
[68] Vgl. Stöbener, A. P., Qualitätsfragen und Qualitätsleitbilder, 260.

wickeln, sondern Grundlage von proCum Cert sind Qualitätskriterien, die für das Qualitätsprofil kirchlicher Krankenhäuser unerlässlich sind. Diese spezifischen proCum Cert Kriterien beziehen sich insbesondere auf die Trägerverantwortung, auf Fragen der Spiritualität und Grenzfragen der Medizin, auf medizinisch-ethische Anliegen, aber auch auf die Sozialkompetenz des Arbeitgebers, seine Fürsorge gegenüber Mitarbeiterinnen und Mitarbeitern sowie die Verantwortung gegenüber der Gesellschaft. Nach und nach soll das Verfahren auf andere diakonische Unternehmen ausgeweitet werden.

7. Die nächsten Entwicklungsschritte

Der kurze Aufriss des Management-Modells für diakonische Einrichtungen hat gezeigt, welche Anforderungen an das Management solcher Unternehmen gestellt sind. Auf allen Unternehmens- und Prozessebenen kommt es darauf an, theologische Anliegen und ökonomische Notwendigkeiten im Gestalten, Lenken und Entwickeln diakonischer Unternehmen zu integrieren. Dies gelingt nicht ohne Konflikte, ist aber unerlässlich. An dieser Stelle konnte die Integration nicht für alle Begriffskategorien des Management-Modells für diakonische Unternehmen in ausführlicher Breite dargelegt werden. Dies ist auch in vielen Bereichen eine noch zu leistenden Aufgaben. Abschließend sollen einige konkrete Unternehmensaufgaben eigens benannt werden, die in den nächsten Jahren anstehen.

- Entwicklung eines normativen Orientierungsrahmens

  In der Darlegung des Management-Modells ist deutlich geworden, dass für eine wertorientierte Unternehmensgestaltung normative Orientierungsprozesse unerlässlich sind. Ohne eine moralische Selbstverpflichtung werden diakonische Unternehmen nicht lenkbar sein. Wer sich nicht festlegt, scheut die klare Position und die sich daraus ergebende Verbindlichkeit. Gerade kirchliche Unternehmen, die ein Ort diakonischen Handelns in der Welt von heute sind, treffen hier eindeutige Optionen.

- Wertebasierte Qualitätsmanagementsysteme

  Umfassende Qualitätskonzepte verstehen sich als Unternehmensentwicklungsmodelle, die auf alle relevanten Bereiche des Unternehmens Einfluss ausüben. In diesem Sinn haben umfassende Qualitätsmodelle eine Querschnittsfunktion, die einen grundständigen Organisationsentwicklungsprozess einfordern. Ein zentrales Anliegen umfassender Qualitätsmodelle ist die Verbesserung von Prozessen. Wie bereits deutlich wurde, kommt der Prozessoptimierung im Rahmen diakonischer Unternehmen eine wichtige Rolle zu. Gerade Qualitätskonzepte müssen in den Werterahmen einer diakonischen Einrichtung eingebunden sein.

- Seelsorgekonzepte

  Grundlage diakonischer Unternehmen ist die bedingungslose Zuwendung Gottes zu allen Menschen. In vielfacher Weise sind die hilfsbedürftigen Menschen dieser Einrichtungen mit der eigenen Gebrochenheit, Endlichkeit, ihrer Heilungs- und Heilsbedürftigkeit konfrontiert. Sicherheiten werden in Frage gestellt, Illusionen und Selbsttäuschungen zerfallen. Es stellt sich die Frage nach dem Sinn, nach der eigenen Geschichte, dem Lebenswandel und nach der Zukunft. Solche Fragen zeigen sich in Zeiten der Krankheit in neuer und verdichteter Weise. Der Kranke wird sich oft in seiner gesamten Existenz zur Frage. Krankenhausseelsorge möchte Menschen in diesen Zeiten nicht allein lassen, sondern ihnen menschliche und spirituelle Begleitung, Beratung und Ermutigung anbieten.

- Maßnahmen des Personalmanagements

  Die Entwicklung einer Organisation geht auf zwei Beinen: auf einer Struktur- und einer Personalentwicklung. Dabei verändern Strukturen Personen, wie auch Personen Strukturen verändern. Strukturen und Personen, Handlungen und Ordnungen sind keine Gegensätze, sondern sie sind vielmehr aufeinander angewiesen und beeinflussen sich wechselseitig. In den meisten diakonischen Unternehmen besteht bei der Personalentwicklung noch ein großer Nachholbedarf, weil sich die Personalarbeit in vielen Fällen auf die Personalverwaltung beschränkt.

- Diakonische Unternehmensethik

In Unternehmen der Caritas und Diakonie treten viele ethische Konfliktsituationen auf. Sie sollten daher auch auf allen entsprechenden Ebenen bearbeitet werden. Der oberste normative Verständigungsprozess ist die Ebene der Leitbildentwicklung. Diese Ebene ist gleichsam das Grundgesetz einer Einrichtung oder eines Unternehmensverbundes. Besteht auf dieser Ebene ein aussagekräftiges Leitbild, sind die ethischen Konflikte nicht beseitigt, sondern sie werden vielleicht dadurch noch offenkundiger. Wer sich auf eine Position festlegt, muss sich daran messen lassen oder zumindest zeigen, dass er seine eigene Position ernst nimmt und auf der Grundlage dieser moralischen Selbstverpflichtung bereit ist, ethische Fragen und Konflikte zu lösen. Wer Leitbilder entwickelt und sie selber ernst nimmt, harmonisiert nicht, sondern bezieht Stellung mit all den daraus folgenden Konsequenzen.

- Gestaltung der Unternehmenssteuerung

Je dynamischer Unternehmensumwelten sich gestalten, desto dringlicher sind Instrumente und Maßnahmen zur Unternehmenssteuerung. Das gleiche gilt für das Wachstum von Unternehmensverbünden: Je komplexer Organisationsgefüge werden, umso notwendiger bedürfen sie angemessener Instrumente für ihre Steuerung. Da kirchliche Krankenhäuser ihre Geschäftstätigkeit auf einer normativen Grundlage wahrnehmen, können sich Systeme und Instrumente zur Steuerung nicht auf finanzielle Kennzahlen beschränken. Notwendig sind vielmehr wertbewusste Steuerungskonzepte, die auf der Ebene einer integralen Gesamtsteuerung agieren und die normative, strategische und operative Ebene miteinander verknüpfen.

- Schaffung neuer Organisationsformen

Die turbulenten Veränderungen der Rahmenbedingungen diakonischer Unternehmen machen es notwendig, sich in einem erhöhten Maß auf neue Organisationsformen einzulassen. Dazu zählen beispielsweise: Um die Leistungsstruktur einer Einrichtung bedarfsgerecht zu gestalten, wird zu klären sein, welche Kooperationen mit vor- und nachgelagerten Bereichen notwendig werden. Diese Positionierung auf dem Markt hängt wiederum zusammen mit der Frage, wie sich die Wertschöpfungskette einer Einrichtung in Zukunft gestalten wird, und welche Fertigungs- und Organisationstiefe angestrebt wird und ob in diesem Zusammenhang eigene Tochterunternehmen gegründet werden. Die Klärung dieser Fragen muss in Zusammenhang mit der Frage nach Kooperationsfeldern und -partnern gesehen werden. Dabei ist das Feld möglicher Kooperationen sehr breit, es reicht von einer partiellen Zusammenarbeit bis hin zu gesellschaftsrechtlichen Fusionen.

Solche Entscheidungen sind von erheblicher Tragweite für das gesamte Unternehmen und entscheiden maßgeblich über die wirtschaftliche Situation eines Krankenhauses. Aber nicht nur finanzielle Fragen sind damit verbunden, sondern auch Überlegungen bezüglich der eigenen normativen Orientierung. Bei einem Zusammenschluss zu Unternehmensverbünden muss beispielsweise geklärt werden, ob die eigene Wertorientierung nicht auf der Strecke bleibt oder etwa eine Verstärkung in einem Verbund erfährt.

8. Ausklang

Wer sich auf den Diskurs zwischen Theologie und Ökonomie in Unternehmen der Caritas und Diakonie einlässt, begibt sich auf einen mühsamen und zugleich spannenden Weg einer wertebewussten Unternehmensgestaltung. Dabei helfen in Regel keine plakativen Scheinwahrheiten, weder von der Theologie noch der Ökonomie, sondern je weiter und ernsthafter dieser Weg beschritten wird, zeigt sich, dass die Fähigkeit zu dynamischen Kompromissen zumeist zu solchen Lösungen führt, die am ehesten den Menschen und der Sache gerecht werden. Wer diesen Weg beschreitet, der von Erfolgen und Scheitern geprägt ist, darf in der Zuversicht handeln, dass etwas von den Verheißungen und dem Traum Gottes mit den Menschen ansichtig und erfahrbar wird. So kann in Anlehnung an die Seligpreisungen gesagt werden:

Glücklich seid ihr, die ihr zu einer mitmenschlichen Unternehmenskultur beitragt.
Ihr werdet wachsen an Liebe.

Glücklich seid ihr, die ihr den Zwängen einer zunehmenden Ökonomisierung etwas ent-
gegensetzt.
Ihr werdet zu einer menschengerechten Entwicklung beitragen.

Glücklich seid ihr, die ihr dem Machtmissbrauch in euren Unternehmen widersteht.
Ihr werdet eine machtvolle Alternative sein.

Glücklich seid ihr, die ihr euch zu ethischem Handeln selbst verpflichtet.
Ihr werdet die Sachzwänge des scheinbar Faktischen durchbrechen.

Glücklich sei ihr, die ihr nicht einseitig die Interessen der Aktionäre bedient.
Ihr werdet Zeugen dafür sein, dass Gottes Reich umfassend ist.

Glücklich seid ihr, die ihr die kleinen Schritte wagt und die Spannung zu den großen Zie-
len aushaltet.
Ihr werdet durch den Mut zum Fragment den Weg zur Menschlichkeit finden.

Glücklich seid ihr, die ihr immer neu um eine evangeliumsgemäße Struktur eurer Organi-
sation ringt.
Ihr werdet schöpferische Kräfte entdecken.

Glücklich seid ihr, die ihr nicht nur redet, sondern handelt.
Ihr werdet Orte der Hoffnung sein.[1]

---

[1] Vgl. Fischer, M., Unternehmenskultur pflegen, 166.

9. Literatur

Anheier, H. K., Caritas muss neue Wege gehen, in: Anwaltschaft und Dienstleistung. Organisierte Caritas im Spannungsfeld, Lambertus-Verlag, Freiburg 2001, 13-24.

Bleicher, K., Das Konzept Integriertes Management: Visionen - Missionen - Programme, Campus-Verlag, Frankfurt ⁵1999.

Brauchlin, E., Unternehmensleitbild. Schaffen auch Sie ein Unternehmensleitbild, in: IO Management-Zeitschrift 53 (7-8) 1984, 313-317.

Caritas zwischen Barmherzigkeit und Ökonomie. Ansprache von Kardinal Lehmann zum Wechsel des Präsidenten des Deutschen Caritasverbandes, in: KNA Dokumente , August 2003.

Dubs, R., Die Unternehmung und ihre Umwelten, in: Dubs, R., Euler, D., Ruegg-Stürm, J., Wyss, C. E. (Hrsg.), Einführung in die Managementlehre, Bd. 1, Haupt-Verlag, Bern 2004, 239-241.

Dyllick, T., Die Unternehmung in der ökologischen Umwelt, in: Dubs, R., Euler, D., Ruegg-Stürm, J., Wyss, C. E. (Hrsg.), Einführung in die Managementlehre, Bd. 1, Haupt-Verlag, Bern 2004, 257-269.

Enderle, G., Handlungsorientierte Wirtschaftsethik: Grundlagen und Anwendungen, Haupt-Verlag, Bern/Stuttgart/Wien 1993.

Fahrni, F., Die Unternehmung in der technologischen Umwelt, in: Dubs, R., Euler, D., Ruegg-Stürm, J., Wyss, C. E. (Hrsg.), Einführung in die Managementlehre, Bd. 1, Haupt-Verlag, Bern 2004, 271-290.

Fischer, M., Kulturwandel als Unternehmensaufgabe: Die Umsetzung des Leitbildes in der St. Franziskus-Stiftung, in: Unternehmenskultur im Krankenhaus, Leistungsorientierte Führung und Organisation im Krankenhaus, hrsg. v. W. v. Eiff und K. Stachel, Bertelsmanns Verlag, 2007, 373-398.

Fischer, M., Schlafen Leitbilder wieder selig ein? Wie man Leitbilder in Organisationen verankern kann, in: Krankendienst 3/2003.

Fischer, M., Unternehmenskultur pflegen: Wertekultur als Erfolgsfaktor und zentrale Managementaufgabe, in: Krankendienst 6/2006, 161 – 166.

Fischer. M., Barmherzig und marktorientiert. Die Verbindung ökonomischer Rationalität ist der Mehrwert kirchlicher Sozialunternehmen, in: Krankendienst 10/2003, 303-309.

Haas, H. S., Theologie und Ökonomie. Ein Beitrag zu einem diakonierelevanten Diskurs, Gütersloher Verlagshaus, Gütersloh 2006,

Jaeger, F., Dubs, R., Die Unternehmung in der wirtschaftlichen Umwelt, in: Dubs, R., Euler, D., Ruegg-Stürm, J., Wyss, C. E. (Hrsg.), Einführung in die Managementlehre, Bd. 1, Haupt-Verlag, Bern 2004, 299-313.

Jäger, A., Jäger, A., Diakonie als christliches Unternehmen: Theologische Wirtschaftsethik im Kontext diakonischer Unternehmenspolitik, Gütersloher Verlagshaus, Gütersloh 1996.

Jäger, A., Seelsorge als Management-Funktion im konfessionellen Krankenhaus, in: Wort und Dienst, 26/2001, 367-378.

Jünemann, E., Schuster, N., Was ist ein kirchliches Krankenhaus? Theologische, ethische und systemtheoretische Anmerkungen, in: Renovation, 2004, 6-23.

Krech, V., Religiöse Programmatik und diakonisches Handeln. Erwägungen zur Spezifik kirchlicher Wohlfahrtsverbände, in: Herausforderung kirchlicher Wohlfahrtsverbände. Perspektiven im Spannungsfeld von Wertbindung, Ökonomie und Politik, hrsg. v. Gabriel, K., Berlin 2001, 91-105.

Krogh, G., Strategie als Ordnungsmoment, in: Dubs, R., Euler, D., Ruegg-Stürm, J., Wyss, C. E. (Hrsg.), Einführung in die Managementlehre, Bd. 1, Haupt-Verlag, Bern 2004, 387-422.

Lohmann, D., Das Bielefelder Diakonie-Management-Modell, Gütersloher Verlagshaus, Gütersloh [2.] 2003.

Luhmann, N., Die Gesellschaft der Gesellschaft, Suhrkamp, Frankfurt 1997.

Michelitsch, J. Sr., Heinisch, M., Medizin mit Seele – Wertearbeit in der Vinzenz Gruppe, in: Dokumentation: 4. Katholischer Krankenhauskongress 19. bis 20 September 2006 in Leipzig: Werte leben – Zukunft gestalten, hg. v. Katholischen Krankenhausverband, 2007, 44-51.

Puschmann, H., Caritas auf dem Weg ins dritte Jahrtausend, in: Lebendiges Zeugnis 55(2000), 165-170.

Rüegg-Stürm, J., Das neue St. Galler Management-Modell, Grundkategorien einer integrierten Managementlehre: Der HSG - Ansatz, Haupt-Verlag, Bern 2002.

Steinkamp, H., Zum Verhältnis von Praktischer Theologie und Sozialwissenschaften, in: Mette, N, Steinkamp, H.,, Sozialwissenschaften und Praktische Theologie, Düsseldorf 11983, 164-176

Stöbener, A. P., Gründzüge eines Qualitäts-Leitbildes der Caritas - Positionen des Deutschen Caritasverbandes, in: Theologie der Qualität - Qualität der Theologie, Theorie-Praxis-Dialog über die christliche Qualität moderner Diakonie, hg. v. Bopp, K., Neuhauser, P., Lambertus -Verlag, Freiburg 2001, 278-288.

Stöbener, A. P., Eckpunkte zur Qualität in der verbandlichen Caritas, hrsg. v. Deutscher Caritasverband; neue caritas Heft 8/2003, 36-40

Theuvsen, L., Das neue St. Galler Management-Modell. Grundlagen und Bezüge zum Nonprofit-Management, in: Krankendienst 10/2003, 293-299.

Ulrich, H., Systemorientiertes Management: das Werk von Hans Ulrich, hg. v. der Stiftung zur Förderung der Systemorientierten Managementlehre St. Gallen, Schweiz, Studienausgabe, Haupt-Verlag, Bern/Stuttgart/Wien 2001.

Ulrich, P., Fluri, E., Management, Eine konzentrierte Einführung, Haupt-Verlag, Bern/Stuttgart/Wien 1995.

Ulrich, P., Normative Orientierungsprozesse, in: Dubs, R., Euler, D., Ruegg-Stürm, J., Wyss, C. E. (Hrsg.), Einführung in die Managementlehre, Bd. 2, Haupt-Verlag, Bern 2004, 23-37.

Ulrich, P., Wieland, J., (Hrsg.), Unternehmensethik in der Praxis: Impulse aus den USA, Deutschland und der Schweiz, Verlag Paul Haupt, 1998.

Ulrich, P., Worauf kommt es in der ethikbewussten Unternehmensführung grundlegend an? Integrative Unternehmensethik in fünf Thesen, in: Ulrich, P., Wieland, J., (Hrsg.), Unternehmensethik in der Praxis: Impulse aus den USA, Deutschland und der Schweiz, Verlag Paul Haupt, 1998.

Wichmann, M., Die Gretchenfrage. Zur Kirchlichkeit kirchlicher Einrichtungen, in: Krankendienst 12/2003, 357-362.

Wilbers, K., Anspruchsgruppen und Interaktionsthemen, in: Dubs, R., Euler, D., Ruegg-Stürm, J., Wyss, C. E. (Hrsg.), Einführung in die Managementlehre, Bd. 1, Haupt-Verlag, Bern 2004, 331-377.

Wüthrich, H., Neuland des Strategischen Denkens. Von der Strategietechnologie zum mentalen Management, Gabler-Verlag, Wiesbaden 1991.

Zink, K. J., TQM als integratives Managementkonzept - Das europäische Qualitätsmodell und seine Umsetzung, Carl Hanser, München/Wien 1995.

Kybernetischer Kreislauf der Spiritualität

Walter Krieg, Urs Jäger

Inhalt

1. Management als praktizierte Spiritualität

Der Mensch ist spirituell und war es immer schon. Er baute unzählige Räume, die Stille umhüllen und im Besucher Kontemplation wecken. Wer die Kathedrale von Strasbourg betritt, weiß, was damit gemeint ist. Zahlreiche Schriften vieler Jahrhunderte, nicht bloß die Bibel, der Talmud oder der Koran, legen Zeugnis spiritueller Erfahrung ab. Spiritualität, wie es Rüstow (1950/1957) in seinem Werk beschreibt, ist einer der roten Fäden, die sich durch die Kulturgeschichte ziehen. Es ist diese Konstanz, die Spiritualität notwendig unterschiedlich erscheinen lässt, den jeweiligen Bedingungen angepasst. Über die Jahrhunderte verstand sich die katholische Kirche, und mancher ihr nahe stehende Orden, als Hort spirituellen Lebens. Damit ist nicht gesagt, die Bürger hätten ihre Spiritualität "Experten" überlassen. Das spirituelle Leben wurde gelebt, wie es immer der Fall gewesen ist. Es geriet aber in eine zunehmende Abhängigkeit, weil es, was das öffentliche Leben anging, allein auf die katholische Kirche bezogen war. Diese Bindung fand im Ablass seine ökonomisch stärkste Spannung. Im 16. Jh. waren es die Reformatoren, die sich gegen diese Abhängigkeit auflehnten. Sie wandten sich den Menschen zu, um sie in ihrem spirituellen Leben zu stützen und zu leiten. Luthers Bibelübersetzung war bloß der Anfang. Bis heute wollen die Reformatoren den Menschen in seiner Spiritualität dort ansprechen, wo er lebt, in seinem Kontext, mit seinen Lebensfragen, Hoffnungen und Sorgen.

Heute, in einer stark veränderten Gesellschaft, hängt es nicht mehr allein am katholischen oder reformatorischen Charakter, ob sich Kirchen dem Lebenskontext der Menschen annähern. Die Individualisierung ist ein zeitgeschichtliches Phänomen, das von Soziologen vielfach beschrieben wird (vgl. Gross 2007). Auch die katholische Kirche entzieht sich dieser Entwicklung nicht; sie kann es auch immer weniger. So gründete Msgr. Escrivà das Opus Dei, das seit 1928 Priester weiht, die in ihrem bürgerlichen Beruf und in ihren Familien bleiben, aber trotzdem einer apostolischen Arbeit nachgehen. Das Opus Dei, aber auch viele andere spirituelle Lebensformen, sind sehr eng an die Kirche gebunden, wie es Tradition ist. Heute lässt sich aber auch in anderen, kirchenfernen Bereichen ein spiritueller Kern entdecken; es muss nur danach gesucht werden. Spiritualität scheint alles zu unterwandern, sogar den als "tatsächlich rational" geglaubten Sektor. So ist es u. a. Binswanger (2005), der zeigt, wie stark Ökonomie vom Glauben an zukünftige Gewinne getragen wird, was in einer geistigen Verwandtschaft mit der Alchemie geschieht. Was in der Spiritualität der Bezug zum Jenseits ist, ist in der Ökonomie der Glaube an die Zukunft, an eine finanzielle Wertsteigerung. Täglich wird in den Nachrichten das wirtschaftliche Wachstum gepriesen, bei genauem Hinsehen nicht als Leistung, sondern als Voraussetzung der Ökonomie.

Aber nicht die Ökonomie ist alleinige Stütze der modernen Gesellschaft. Mit Drucker lässt sich sagen, dass die Gesellschaft des 21. Jh. Management benötigt. Dieses ist kein Eigentum der Ökonomie, was bis heute noch irrtümlich zu hören ist (vgl. Drucker 2003). "Management ist die bewegende Kraft, überall, wo es darum geht, durch ein arbeitsteiliges Zusammenwirken vieler Menschen gemeinsam etwas zu erreichen" (Krieg 2006, 331). Es reflektiert das, was getan wird, um es noch effektiver zu machen, noch wirksa-

mer auf den Zweck auszurichten und den angestrebten Beitrag gesellschaftlich zu legitimieren. Heute sind es viele gesellschaftliche Felder, in denen Menschen zusammenarbei-
ten, in wirtschaftlichen Unternehmen genauso wie in kirchlichen Orden, staatlichen Be-
hörden und Nonprofit-Organisationen. Und alle diese Organisationen müssen wirksam
gemanagt werden. Wegen dieser umfassenden und hoch komplexen Aufgabe kann Management nicht mehr das Privileg einzelner sein, sondern es ist Aufgabe vieler, die gestaltend und lenkend das Organisationsgeschehen bestimmen (vgl. Krieg 2006, 331). Heute
verbringen die meisten Menschen den größten Teil ihres Lebens in Organisationen, und
ein nicht geringer Anteil von ihnen ist mit Management-Tätigkeiten beschäftig. Management ist also der Lebenskontext zahlreicher Menschen, und diese Zahl wird noch zuneh-
men (vgl. Drucker 2003a). Deshalb ist es dringend, dass sich ein Denken über Spiritualität auch mit diesem Kontext beschäftigt. Es ist eine akute Frage, ob Spiritualität, aus theologischer Hoheit übertragen, auch als eine eigene Dimension des Managements verstanden werden kann[1]. Dies bedarf, noch bevor im Folgenden irgendwelche Theorien aufges-
tellt werden können, einer Gegenüberstellung beider Konzepte:

"Spiritualität" ist eine relativ neue Wortschöpfung, die erst um 1940 in der deutschen
Sprache aufgetaucht ist. Im Wesentlichen bezeichnet sie eine direkte, unmittelbare persönliche Erfahrung in der Beziehung zu Gott, dem ganz Anderen, dem Nichts. Sie meint
keinen "Glauben aus zweiter Hand" (Knoblauch 2006, 92), sondern die Erfahrung des
Numinosen, das immer schon im Menschen liegt, wie es Otto (1991) eindrücklich beschreibt. Wegen solchen Erfahrungen kann vorausgesetzt werden, dass zum Mensch-Sein
die Tiefendimension einer heilvollen, sinnstiftenden Bezogenheit auf eine letzte Wirklichkeit gehört. In Urvölkern Afrikas lassen sich Ausdrücke solcher Erfahrung genauso
beobachten, ethnographische Studien zeigen dies, wie in Hexenverehrungen oder Teu-
felsanbetungen, die noch heute in kleinen Dörfern, wie im Schweizerischen Appenzell,
anzutreffen sind. Wenn von Spiritualität gesprochen wird, ist aber nicht diese primitive
und rohe Äußerung der "numinosen Scheu" (Otto 1991) gemeint. Spiritualität ist eine Art
von Professionalisierung der Beziehung zum Numinosen. Mit anderen Worten ist sie "die
Erfahrung, Gestaltung und Entwicklung dieser Beziehung im Leben von Einzelnen und
Organisationen" (Baier 2006, 14).

Mit Frankl (2007) lässt sich Spiritualität weiter konkretisieren, nämlich als Sinnsuche, die
auch in den extremsten Situationen als letzte bewegende Kraft wirkt. Frankl ist Überle-
bender eines Konzentrationslagers im Zweiten Weltkrieg, weshalb er diese Kraft auch

---

[1] So bahnt sich in der Organisations- und Managementforschung ein eigener wissenschaftlicher Diskurs über dieses Thema an. Die bisherigen Beiträge gehen drei Wege: Sie untersuchen "Spiritualität am
Arbeitsplatz" mit dem Ziel, die – wie sie es nennen – Subjektivität des Einzelnen zu stärken (vgl.
Klein/Izzo 1998; Laabs 1995). Andere diskutieren eine "spirituelle Führung", die stark an den charisma-
tisch-patriarchalischen Führer der Nachkriegszeit erinnert (vgl. Conger 1994; Moxley 2000). Zuletzt
wird "Spiritualität und organisationale Transformation" thematisiert (vgl. Dehler/Welsh 1994;
Frost/Egri 1991). Spiritualität sei persönliche Veränderung, was Grundlage für den Wandel von Organisationen sei. Organisationen und ihr Management sind aber weit komplexer, als dass der Fokus auf den
Arbeitsplatz und die Subjektivität, auf eine spirituelle Führung und auf persönlichen Wandel genügen
würden.

angesichts des Todes beschreiben kann. Sie ist nicht etwas, das Menschen gegeben werden kann. Sinn kann ein Mensch nur selbst finden, nicht in ihm selbst, sondern von ihm transzendiert. Dies kann der Dienst an einer Sache oder Aufgabe sein, wie es das Opus Dei für Msgr. Escrivà war, der Dienst an Menschen, was für Dunant im Aufbau des Internationalen Roten Kreuzes handlungsleitend war, oder aber die Umwandlung eines Leidens in eine Leistung. Diese drei grundsätzlichen Möglichkeiten für Sinnfindung erschließen sich dem Suchenden, der davon überzeugt ist, dass es für jeden Menschen einen Sinn im Leben gibt, der also eine Lebensaufgabe hat (vgl. Krieg 2006, 334). Es ist die Spiritualität, die Menschen und Organisationen in dieser Sinnsuche unterstützt, effizient aber auch effektiv.

Jetzt zeigt sich die Verwandtschaft von Management und Spiritualität. Wie Management, das, was getan wird, effizienter, effektiver und legitimiert gestaltet, lenkt und entwickelt, so fördert Spiritualität die Sinnsuche. Daraus lässt sich eine These ableiten: Auf die Suche nach dem letzten Sinn bezogen ist Management nichts anderes, als praktizierte Spiritualität. Dies lässt sich aber auch umgekehrt verstehen: Mit der fundamentalen Einsicht, dass der letzte Sinn immer etwas mit richtig verstandenem Dienen zu tun hat, mit Dienst an einer Sache oder an Menschen, ist Spiritualität für Management hoch relevant (vgl. Krieg 2006, 335).

Diese Relevanz will dieser Beitrag aufzeigen. Er hebt die menschliche Dimension des Managements hervor und beschreibt einige Konsequenzen, die sich aus Sicht eines systemorientierten Managements ergeben, wobei eine personale und organisationale Sicht eingenommen werden. Ausgangspunkt ist die spirituelle Grundfrage, die sich nach Ansicht von Drucker jeder Führungskräfte früher oder später stellt: Als was möchte ich in Erinnerung bleiben (Kapitel 2)? Dies ist wohl eine der schwierigsten Fragen, nicht bloß für Führungskräfte. Sie zu beantworten, wird nicht während eines Saunagangs oder einer meditativen Bergwanderung gelingen. Die Suche nach einer Antwort gleicht vielmehr einem ständigen Versuch und Irrtum, nicht primitiv, sondern auf hohem spirituellen Niveau. Dieses Niveau kann erreicht werden – so lautet jedenfalls die Kernthese dieses Beitrags, wenn Versuch und Irrtum als ein Kreislauf des Entscheidens, In-Gang-Setzens und Kontrollierens gestaltet wird, wenn, mit anderen Worten, nach einem kybernetischen Kreislauf der Spiritualität gehandelt wird. Dieser Kreislauf führt zu fünf Kontrollfragen, die, wenn sie immer wieder gestellt werden, Führungskräfte in ihrer Sinnsuche unterstützen können (Kapitel 3). Schließlich stellt sich die Frage, ob und wenn, wie Management aus Spiritualität gelehrt werden kann (Kapitel 4).

2. Spirituelle Grundfrage: Als was möchte ich in Erinnerung bleiben?

Systemisches, ganzheitliches Management weist in der institutionellen Dimension drei Merkmale auf: richtiges Management (strategisch), gutes Management (operativ) und glaubwürdiges Management (normativ) (vgl. Ulrich/Krieg 1974; Ulrich 1984). Ob diese Ganzheitlichkeit tatsächlich Realität wird, hängt letztlich an Führungskräften, die mit den Gestaltungsaufgaben betraut sind. Umso wichtiger ist es, dass möglichst viele von ihnen durch Spiritualität den Weg zu echter Ganzheitlichkeit finden. Am Ganzheitlichen orientierte Führungskräfte anerkennen die alten Wahrheiten, dass jedes Entscheiden und Handeln Verantwortung für Auswirkungen auf andere Menschen einschließt und dass diese Verantwortung über die Grenzen der Institution hinausreicht. Zudem beherrschen sie eine

Professionalität im Umgang mit Aufgaben und Werkzeugen; sie zeigen

Persönlichkeit beim Befolgen von Grundsätzen und bei der Wahrnehmung von Verantwortung; und sie haben

Passion bei der Erfüllung der Lebensaufgabe und in der Hingabe an den Dienst.

Zur Realisierung dieser Anforderungen genügt keine Managementgrundlage, die auf eine Summe konkreter Wissensinhalte und Verhaltensweisen reduzierbar wäre. "Realisierung" ist nicht bloß eine Frage der richtigen Konzepte und ihrer wirksamen Umsetzung. Voraussetzung, damit Professionalität, Persönlichkeit und Passion wirklich werden, ist letztlich eine Grundhaltung, die am Ganzheitlichen orientierte Führungskräfte als Persönlichkeiten auszeichnet. Schließlich kann ganzheitliches Management nur von ganzen Menschen getragen werden, von Menschen, die sich nicht auf einzelne Dimensionen des Verstehens, Denkens und Handelns reduzieren lassen (vgl. Ulrich/Probst 2001, 295).

Auf Ganzheitlichkeit orientierte Führungskräfte stellen sich im Wesentlichen eine Frage: Was ist meine persönliche Mission? Oder: Was sollte mein eigentlicher, signifikanter und sinnvoller Beitrag sein – im Beruf, in der Familie und im Leben? (vgl. Krieg 2005, 327). Drucker, einer der bekanntesten und wirksamsten Managementphilosophen unserer Zeit, formuliert diese Kernfrage anders, wenn er auch das meint, was die vorangehenden Fragen ansprechen: *Als was möchte ich in Erinnerung bleiben*, fragt er. Diese Frage stammt nicht von ihm selbst, sondern von einem seiner Lehrer. Er war keine 16 Jahre, als er in seiner Schulklasse saß und sein Lehrer diese Frage an die ganze Klasse richtete. Natürlich konnte keiner der verwunderten Schüler diese Frage beantworten. Ihr Lehrer sagte ihnen aber: "Dies ist eines der wichtigsten Fragen eures Lebens. Wenn ihr sie noch nicht beantworten könnt, ist das nicht so schlimm. Ihr solltet aber spätestens mit 40 Jahren eine Antwort haben. Sonst ist es zu spät." Drucker hielt sich an diese Frage. Für sich selbst beantwortet er sie als: "Ich bin ein Schreiber, ein Autor. Das Einzige, das ich wirklich gut kann, ist schreiben." Er tat es und war sehr erfolgreich. Während seiner Nebentätigkeit als Berater zahlreicher Unternehmen und Nonprofit-Organisationen und als Lehrer, richtete er sich immer wieder mit der Frage, "Als was möchten sie in Erinnerung bleiben?", an seine Gesprächspartner. Auch im hohen Alter von 95 Jahren war dies für ihn immer noch die wichtigste Frage, die sich eine Führungskraft überhaupt stellen kann.

Weil Drucker Managementautor war, mag es den Anschein geben, als ob diese Frage aus dem Managementkontext stammen würde. Druckers Lehrer war aber keine Führungskraft. Er war tatsächlich Lehrer, und dies, zumindest als er die genannte Frage stellte, nicht weit entfernt von einem spirituellen, wie zahlreiche Bibelstellen bezeugen. Eine der biblischen Regeln sei als Beispiel genannt. Sie kann Führungskräften über diese Kernfrage hinaus als Motto dienen. Es ist eine Regel, die Paulus einem seiner Gemeindeleiter, Timotheus, mitgegeben hat:

"Du aber sei nüchtern in allem, dulde Ungemach, tue deine Arbeit,
vollbringe deinen Dienst" (2. Tim. 4,5).

Herauszufinden, was dieser Dienst fürs Leben ist, ist die wichtigste Aufgabe einer jeden Führungskraft. Ein solcher Dienst ist nicht leicht zu finden, und er bleibt auch den meisten Führungskräften verborgen. Viele von ihnen sind bloß mittelmäßige Leistungsträger, nicht weil sie tatsächlich ungenügend wären. Sie sind bloß am falschen Platz eingesetzt. Sie haben große Stärken und sie sind für einen Dienst berufen. Bloß haben sie diesen noch nicht erkannt und – was vielfach zu beobachten ist – trauen sich nicht, auf die Suche zu gehen, sie stellen sich nicht die Frage: Als was möchte ich in Erinnerung bleiben? Der kybernetische Kreislauf der Spiritualität systematisiert den Prozess der Sinnsuche auf den Managementkontext appliziert und möchte dadurch nach dem Sinn fragenden Führungskräften Orientierung stiften.

3. Kybernetischer Kreislauf der Spiritualität

Es ist ganzheitliches Denken und Handeln, das den St. Galler Systemansatz wesentlich begründet. Ein solcher Ansatz erscheint als noch dringender, wenn Einseitigkeit, Über-spezialisierung und Reduktionismus in Managementpraxis und -lehre immer wieder Überhand gewinnen. Immer wieder von neuem ist es akut, sich auf die Grundlagen echter Ganzheitlichkeit und auf wesentliche Legitimationsfragen im Management zu besinnen. Ein ganzheitliches Management ist mehrdimensional, analytisch und synthetisch zu-gleich, vernetzt und vernetzend, integriert und integrierend. Ein wesentlicher Baustein ist ein Denken in Kreisläufen, nicht in linearen Ursache-Wirkungs-Ketten. Was im Mana-gement erfahren wird, lässt sich – besonders heute in Zeiten häufiger Ungewissheit – nicht mehr in einfachen Modellen erklären. Angemessener erscheint es, von kyberneti-schen Wirkungskreisläufen auszugehen. Diese sind selbst-lenkend, indem in ihnen ihr Einfluss ohne externe Einwirkung, also selbstbezogen, gemessen wird und, mit einer gewünschten Wirkung verglichen, allenfalls Korrekturen vorgenommen werden. Dies klingt sehr biologisch, fast technisch. Im ersten Moment scheint es unangemessen, solche Vorstellungen auf ein geistliches, sinnliches und erfahrungsbasiertes Phänomen wie einen Sinnfindungsprozess übertragen zu wollen. Deshalb ist zunächst anzumerken, was der kybernetische Kreislauf nicht leisten kann: Er kann nicht die Beziehung des Einzelnen zu Gott oder zum letzten Sinn steuern. Diese Beziehung obliegt jedem Menschen für sich allein, oder eben Gott. Um zu erkennen, was der Kreislauf kann, ist in Erinnerung zu rufen, was unter Spiritualität verstanden wird, nämlich die Erfahrung, Gestaltung und Entwicklung eines Sinnfindungsprozesses von Einzelnen und Organisationen. In diesem Sinn kann der kybernetische Kreislauf

- das Sammeln von *Erfahrungen* systematisch fördern[2],

- den Sinnfindungsprozess *gestaltend* strukturieren und

- die einzelnen Prozessschritte in der *entwickelnden* Reflexion der gewonnenen Er-fahrungen durch die richtigen Fragen stützen.

Der kybernetische Kreislauf bietet eine abstrakte Sichtweise, weshalb ist eine inhaltliche Interpretation, die sich auf einzelne Spiritualitätsthemen bezieht, ein notwendiger näch-ster Schritt, der in diesem Beitrag nicht unternommen werden kann. So gestaltet sich der Prozess im Einzelnen anders, wenn es um die Sinnfindung einer Führungskraft geht, die körperlich ausgebrannt ist, als wenn es beispielsweise um die Sinnfindung eines Abtei-lungsleiters geht, der seine neue Abteilung strategisch und normativ ausrichten möchte. Trotzdem durchlaufen beide Führungskräfte logisch dieselben Prozessschritte, denn aus einer ganzheitlichen Sicht ist die Verbindung einer personalen mit einer institutionellen Dimension wegleitend (vgl. Krieg 2006, 331). Dies ist es auch, was den kybernetischen Kreislauf wesentlich von vielen anderen Spiritualitätskonzepten, die auf Management bezogen sind, unterscheidet (vgl. beispielsweise Kaiser 2005, 178), in denen das Indivi-duelle allein bestimmend ist.

---

[2] In diesem Beitrag können wir nicht diskutieren, inwiefern Spiritualität – als Erfahrung – Gegenstand systemischer Auseinandersetzung sein kann. Diese Diskussion wird in einer anderen Arbeit geführt.

Im Einzelnen folgt der kybernetische Kreislauf der Spiritualität vier Kernthesen:

These 1: Management aus Spiritualität umfasst den Sinnfindungsprozess sowohl auf personaler Ebene der Führungskräfte, die in und für Organisationen tätig sind, als auch auf institutioneller Ebene der Gesamtführung einer Organisation.

These 2: Führungskräfte stehen in einem dualen Verhältnis zur Institution. Einerseits sind sie Teil der Institution und müssen darin wirksam werden können. Andererseits sind die Aufgaben der Institution Gegenstand der Gestaltungs- und Vollzugshandlungen von Führungskräften, und zwar in operativer, strategischer und eben auch in sinnbezogener Hinsicht (vgl. Krieg 2006, 334)

These 3: Management aus Spiritualität lässt sich in fünf Kernpraktiken strukturieren:

(1) "Erfahrung des Sinnlosen",

(2) "Sinnsuche im Managementalltag",

(3) "(neues) Denken aus dem Bezug auf den letzten Sinn",

(4) "Management aus dem Bezug auf den letzten Sinn" und

(5) "Spiritualitätscontrolling". Management aus Spiritualität ist wirksam, wenn es diese Praktiken zu integrieren weiß.

These 4:   Diese fünf Kernpraktiken stehen in einem Wirkungsgefüge, das sich als kybernetischer Kreislauf gestalten lässt.

Letztlich sind es diese vier Thesen, auf denen die fünf Kernpraktiken des Managements aus Spiritualität basieren (vgl. Abbildung 1):

Abbildung 1: Kybernetischer Kreislauf der Spiritualität

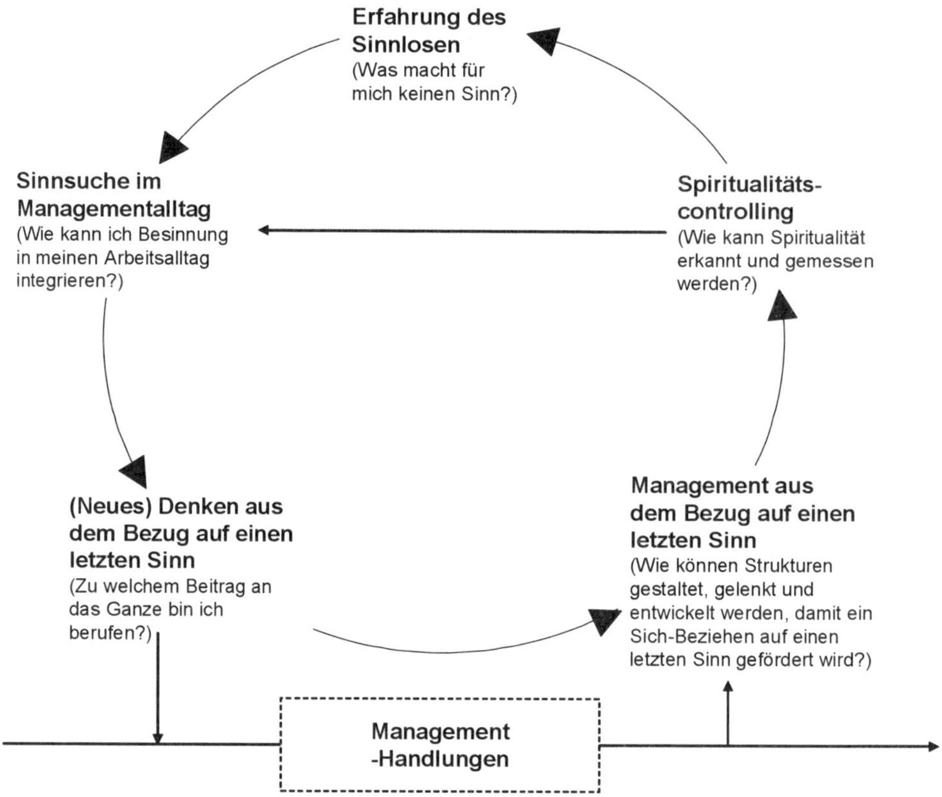

Erfahrung des Sinnlosen
(Was macht für mich keinen Sinn?)

Sinnsuche im Managementalltag
(Wie kann ich Besinnung in meinen Arbeitsalltag integrieren?)

Spiritualitäts-controlling
(Wie kann Spiritualität erkannt und gemessen werden?)

(Neues) Denken aus dem Bezug auf einen letzten Sinn
(Zu welchem Beitrag an das Ganze bin ich berufen?)

Management aus dem Bezug auf einen letzten Sinn
(Wie können Strukturen gestaltet, gelenkt und entwickelt werden, damit ein Sich-Beziehen auf einen letzten Sinn gefördert wird?)

Management -Handlungen

Dimension I: Erfahrung von Sinnlosigkeit

Hochschulabsolventen, die in ihren Beruf einsteigen, tun dies gewöhnlich motiviert, mit viel Enthusiasmus für die eigenen Ideen und voller Anklagen gegen alles rückwärts Gerichtete. Gesunder Ehrgeiz, Erfolgsstreben und Ich-Haltung sind dominant – und müssen es eigentlich auch sein. Vielfach neigt sich die berufliche Laufbahn ihrem Ende zu, wenn Führungskräfte den Sinn ihrer Tätigkeit suchen. Das nahende Ende, in seinem Kommen berechenbar und unausweichlich, stimuliert die wartende Frage nach dem Sinn des Vergangenen, nach Lebenssinn und Selbstwerdung. Wer kein Hobby hat, dem er einen Sinn abgewinnen kann, oder einen Nachkommen, der sein Werk weiterführt, steht am Ende und zieht Bilanz. Das berufslose Leben nach dem freundlichen Abschied der Kollegen ist für ihn sinnlos: Was habe ich geleistet? Was beleibt, wenn ich gehe? Ein solches Leben, das in der Vergangenheit stattfindet, ist möglich und sicher. Sicher ist es aber nur, wenn aus ihm ein Sinn für das weitere Leben gefunden wird; ansonsten erlischt der Lebenswille. Herr Bauer, beispielsweise, arbeitete 30 Jahre für einen international tätigen Konzern. Mit 65 Jahren wurde er aus der Funktion des Personalchefs in die Pension entlassen. Nur wenige Wochen vergingen, als ihn ein Freund fragte: "Willst du nicht das Präsidium der Parkinsongesellschaft übernehmen? Du hast viel Managementerfahrung und genau das brauchen die jetzt." Der Freund ergänzte noch: "Die Arbeit wäre aber ehrenamtlich." Bauer zögerte keinen Augenblick. Es war die Gelegenheit, um einen vergangenen Fehler, zwar nicht wieder gut zu machen, ihm aber doch einen Sinn zu geben. Als Personalchef entließ er eine seiner Sekretärinnen, die ihre Leistung nicht mehr erbrachte. Er wusste wenig über sie, und erst nach der Entlassung hatte er von ihrer Parkinson-Erkrankung erfahren. Bis heute wirft er sich vor, er habe nicht genügend über die Gründe des Leistungsabfalls der Sekretärin in Erfahrung gebracht. Wenn er es gewusst hätte, hätte er anders gehandelt, sagt er sich heute. Er besuchte sie immer wieder und entschuldigte sich für sein damaliges Verhalten. Zu jener Zeit hat er in Stress gearbeitet, was er aber heute nicht mehr als Entschuldigung gelten lässt. Jetzt lässt ihn die Funktion des Präsidenten der Parkinsongesellschaft etwas für Parkinsonkranke tun.

Führungskräfte erfahren Sinnlosigkeit, die sich vor allem dann zeigt, wenn das Ende ihrer beruflichen Laufbahn absehbar ist. In einem Berufsleben mag es viele kritische Situationen geben. Bisher galt die Pensionierung aber als der kritische Wendepunkt, für den Betroffenen genauso wie für die Familie und Freunde. Einer der Gründe liegt darin, dass Führungskräfte von gestern klare Funktionen besetzten; meist identifizierten sie sich mit einem Kästchen im Organigramm. Heute füllen sie keine Kästchen mehr aus, sondern sind geeignet, wechselnde Problemsituationen zu lösen und dies mit interdisziplinären Teams, in denen die Mitglieder häufig wechseln (vgl. Ulrich/Probst 2001, 289). Obwohl auch ihre Identifikation häufig am Lohnzettel oder an Machtpositionen hängt, zeigt sich bei den heutigen Projektmanagern Sinnlosigkeit früher als bei den gestrigen Bürokraten. Gründe lassen sich an einem Beispiel erläutern: Zwei junge Hochschulabsolventen starteten ihre Berufslaufbahn, voller Erwartungen und Vorfreude. Joanna, sie war gerade 25, startete bei Microsoft im Traineeprogramm und ihr Freund Wolfgang bei Bain&Company, einer internationalen Beratungsunternehmung. Keine zehn Jahre vergingen, bis beide auf eine beachtliche Karriere zurückblicken konnten. Sie verdienten viel Geld, fuhren schöne Autos, liebten sich und schauten sorglos in die Zukunft. Trotzdem schien ihnen ihr Tun sinnlos. Sie wollten vieles verändern, konnten es aber nicht. Für Geld oder Kundenzufriedenheit zu arbeiten, genügte ihnen nicht, weshalb sie beide ihre Grenzen erkannten. Sich gegenseitig bestärkend brachen sie ihre Karrieren ab und unternahmen eine Weltreise, auf der sie über 300 Social Entrepreneurs interviewten. Dies sind Unternehmer, die für eine soziale Sache einstehen, wenig Geld verdienen und einen geringen sozialen Status in Kauf nehmen. Was treibt diese Menschen an, fragten sich Joanna und Wolfgang. Am Ende stellten sie fest, es ist der Dienst an einer Sache und an Menschen. Sie kehrten von ihrer Reise zurück und gingen der Frage nach, was diese Einsichten für sie selbst bedeuten.

Diese Geschichte zeigt, wie Joanna und Wolfgang an eine Grenze stießen: Sie erkannten ihr Arbeitsumfeld, dem sie unterstellt waren, als Zwang und konnten dies aber nicht mit sich selbst vereinbaren. Zudem, und das erschien beiden noch viel schlimmer, realisierten sie, wie machtlos sie diesen Zwängen ausgesetzt waren. Deshalb stiegen sie aus – nicht wie Hippies in den 70er Jahren, aber dennoch in vergleichbarer Radikalität. aus ihren Interviews erfuhren sie, dass die Unternehmer nicht nach Selbstverwirklichung strebten, sondern nach Sinnerfüllung.

Herr Bauer, Joanna und Wolfgang sind drei Beispiele von Menschen, die es geschafft haben, angesichts von Sinnlosigkeit etwas zu unternehmen. Weit häufiger als diese positiven Beispiele sind jedoch die negativen, in denen Menschen in Handlungsblockaden laufen, ausbrennen oder innerlich kündigen. Leiden an Sinnlosigkeit hat nach Frankl nur dann einen Sinn, wenn der Leidende ein anderer wird (vgl. Frankl 2007, 49). Und um ein Anderer werden zu können, muss er zunächst den Handlungsbedarf erkennen. Deshalb lautet die erste Frage des kybernetischen Kreislaufs:

*Was macht für mich **keinen** Sinn?*

Dimension II: Sinnsuche im Managementalltag

Vielfach suchen Führungskräfte von Sinnkrisen aufgerüttelt nach einer neuen Erfüllung, oder überhaupt nach einem letzten Sinn ihrer Tätigkeit. Wie sie diese Suche gestalten, ist aber geprägt durch den religiös-kulturellen Kontext, in dem sie leben und arbeiten. Was das religiöse Leben moderner Menschen angeht, lassen sich vielfältigste Formen und Arten beobachten, sei es in christlicher, buddhistischer, islamischer oder hinduistischer Tradition, organisiert und weniger organisiert. Häufig ist von einer "Wiederverzauberung" (vgl. Edlund 1998, 68f.) der Gesellschaft zu hören, wenn von dieser Entwicklung gesprochen wird. Nach der Entzauberung der Aufklärung wird die Gesellschaft nun wieder verzaubert. Bei genauem Hinsehen kann aber gesagt werden, dass Angebote, die Menschen helfen wollen, ihren Sinn zu finden, heute wohl nicht weniger zahlreich sind als in den vergangenen Jahrhunderten. Der "Wille zum Sinn" (Frankl 2007, 75 und 100ff.) ist dem Menschen gegeben, weshalb Sinnangebote immer schon bestanden haben. In der modernen Welt präsentieren sich diese Angebote anders, nicht mehr in kirchlich institutionalisierter Form, sondern durch spirituelle Praktiken.

Es geschah in den 60er Jahren des vergangenen Jahrhunderts, als Spiritualität durch die New Age Bewegung ihre heutige Breitenwirkung erlangte. Diese "erste Spiritualitätswelle" hat ein eigenes Profil, das sich zweifach zeigt, in einer erfahrungsorientierten spirituellen Praxis und in einer Distanz zu den traditionellen christlichen Vorstellungen und Organisationsformen. New Age ist nicht organisiert, sondern bezeichnet ein Sammelsurium unterschiedlicher Bewegungen, die sich aus alternativen religiösen und allgemeinen kulturellen Quellen speisen. Heute ist in der Öffentlichkeit New Age kein Begriff mehr, dennoch sind seine Inhalte weiterhin präsent. Seit den 80er Jahren entwickelt sich eine "zweiten Spiritualitätswelle". Sie ist unscheinbarer als die erste, weil sie vorwiegend populärkulturell geprägt ist. Sie ist nicht mehr als alternativ-religiös erkennbar, sondern zeigt sich in Form von Wellness, Esoterik, einem Körperkult, einem exzentrischen Ich-Bezug, der tagtäglich in Misswahlen oder Music Star Wahlen medial zelebriert wird, und vielem anderen (vgl. Gross 2007, 75ff.).

Management bleibt von dieser Entwicklung nicht ausgeschlossen. Beispielsweise erfährt heute kaum eine Tätigkeit einen größeren Boom als persönliches Coaching. Wie in den 80er Jahren alles "Therapie" genannt wurde, wird heute in vielfältiger Weise von Coaching gesprochen. Dies hat Gründe. Viele Führungskräfte quält Einsamkeit, weshalb sie in ihrer Tätigkeit umso angewiesener sind auf vertrauenswürdige Gesprächspartner. Vertrauen setzt aber Beständigkeit voraus, und die Beziehungsstrukturen von Führungskräften sind nicht beständig, sondern labil. In ihren vitalen Beziehungen zu Kollegen, zur Familie, zu Freunden und zu anderen Menschen müssen sie sich deshalb Vertrauen einkaufen.

Viele Personalentwickler, Coaches, Therapeuten u. a. erkennen dieses Thema und bieten Lösungen an. Meist wirken sie dieser Entwicklung aber weniger entgegen, als dass sie sie noch fördern. Ich-AG und Selfbranding werden beispielsweise propagiert, was zum genauen Gegenteil, von dem, was notwendig wäre, führt. Einige Coachingangebote oder von Unternehmen eingekaufte psychologische Seminare gleichen Invasionen in die Privatsphäre Einzelner, ohne dies mit einem Beitrag fürs Unternehmen abzustimmen. Aber gerade der Beitrag an das Unternehmen ist das, was immer im Vordergrund stehen sollte, nicht der Einzelne in seiner wie auch immer gearteten Selbstentwicklung (vgl. Drucker 1989). Wer – von Idealen der Ich-AG geprägt – in der Blüte und Reife seiner beruflichen und persönlichen Entwicklung immer noch alles seinem Ego unterordnet, für wen persönlicher Erfolg und Beifall wichtiger sind als Dienst an der Sache, oder wer sogar Anzeichen von Realitätsverlust zeigt, der isoliert sich mental und emotional und blockiert seine Entwicklung zum eigenständigen Selbst. Deshalb sind ständige, bewusste Selbstreflexion und ein intaktes Beziehungsumfeld so eminent wichtig (vgl. Krieg 2005, 328).

Der gegenteilige Fokus, nämlich die heute verbreitete und überhöhte Erwartung an einige Psychologen, dass sie gesellschaftliche Probleme durch Meditation und andere individuelle Behandlungen lösen könnten, ist einer der großen Irrtümer (vgl. Nadesan 1999, 14). Der Fokus der Sinnsuche sollte auf der Besinnung liegen, das trifft zu, aber auch auf dem Managementalltag, womit ein Bezug zur ganzen Organisation hergestellt wird. Ansonsten schießt die Maßnahme über das Ziel hinaus, ist vielleicht auch kontraproduktiv, für die Organisation genauso wie für die Führungskraft. Weniger spektakuläre und pragmatische Praktiken sind möglicherweise Erfolg versprechender. Eine Führungskraft erzählte beispielsweise, sie würde jeden morgen um 6 Uhr mit einem Mitarbeiter durch den Wald joggen, bei jedem Wetter, und persönliche aber auch organisatorische Themen diskutieren. Wenn im Alltag grundlegende Probleme aufgetreten sind, ist es auch vorgekommen, dass er die Geschäftsleitungssitzung unterbrach, joggen ging und erst nach 40 Minuten die Sitzung weiterführte. Eine andere Führungskraft ist künstlerisch aktiv. Wer in sein Unternehmen kommt, findet an allen Ecken und Enden ein Kunstwerk, meist von ihm selbst gestaltet oder gemalt. Und noch ein letztes Beispiel: An unserer Universität war ein Professor zu Gast. Jeden Mittag fragte er nach einem ruhigen Raum, in dem er ungestört 40 Minuten bleiben konnte. Mit der Zeit begriffen wir, dass er jeden Mittag meditierte, immer zur selben Zeit. Dies sind bloß drei Beispiele von vielen anderen Möglichkeiten, wie Führungskräfte in ihrem Alltag Besinnung pragmatisch praktizieren können. Die Suche nach Sinn ist also nicht in erster Linie eine Suche nach Gründen und Argumenten, sondern ein Besinnen auf das eigene Gewissen, ohne den Bezug auf das Unternehmen zu verlieren. So stellt sich im kybernetischen Kreislauf eine zweite Frage:

Wie kann ich Besinnung in meinen Arbeitsalltag integrieren?

Dimension III: (Neues) Denken aus dem Bezug auf einen letzten Sinn

Dimension II zeigt, wie spirituelle Besinnung in alltägliche Managementpraktiken integriert werden muss. Dies gelingt aber weitaus nicht allen Menschen. Wer in einer Universitätsstadt lebt, sollte zum Beispiel am Sonntag in eine der best besuchten Kirchen gehen und dort die versammelte Gemeinde betrachten. Vielleicht wird er Ökonomieprofessoren sehen. Wenn er deren Bücher studiert, wird er aber in den meisten Fällen eine Theorie finden, die auf dem homo oeconomicus oder einem anderen, mit Sicherheit nicht spirituellen Menschenbild gründet. Das ganzheitliche Management wurde bereits beschrieben, und es wurde auch gezeigt, wie wichtig eine ganzheitlich integrierende und integrierte Sichtweise ist, die sich eben nicht auf ein reduziertes Menschenbild stützt. Hierzu soll nichts hinzugefügt werden. Das Beispiel der Ökonomieprofessoren zeigt aber noch etwas Anderes: Spiritualität, die sich allein auf den Sonntag beschränkt, und in der Führungsarbeit keine Bedeutung entfaltet, bleibt letztendlich bedeutungslos. Menschen, denen die Integration ihres spirituellen Lebens und ihres Arbeitslebens nicht gelingt, werden keine

Ruhe finden. Der Transfer "spirituellen Wissens" in alltägliches Denken und Handeln und umgekehrt ist für ein Management aus Spiritualität unumgänglich.

Dies zu realisieren würde bedeuten, Gefühle oder irrationale Erfahrungen anzusprechen, und das ist nicht gerade leicht, wie Erfahrungen vieler Führungskräfte zeigen. Beispielsweise saß die Leiterin des Vertriebs einer internationalen Airline mit drei Controllern an einem Tisch. Alle wussten, dass große Konflikte ausgetragen worden sind und dass die Entlassung der Vertriebsleiterin in der nächsten Geschäftsleitungssitzung verhandelt werden würde. Jeder der Anwesenden kam zu Wort. Doch bevor die sachlichen Themen zur Sprache gekommen sind, bekundete jeder, wie in einem rituellen Ablauf, er sei in seinem Gefühl überhaupt nicht berührt und argumentiere rein sachlich. Wie in diesem Beispiel werden in den meisten Organisationen Gefühle zwar ausgelebt, häufig aber nicht zur Sprache gebracht. Wie soll in einem solchen Kontext eine Führungskraft Spiritualität und Management integrieren?

Die Antwort ist einfach: Im Grunde lebt sie es immer integriert. Die Frage ist bloß, wie weit sie dies zulässt, und ob sie von ihren spirituellen Erfahrungen und Gefühlen spricht. Ob spirituelle Erfahrungen tatsächlich zur Sprache gebracht werden, hängt auch vom Organisationskontext ab. Trotzdem ist es die Herausforderung von Management aus Spiritualität, spirituelle Erfahrungen und Gefühle zu fördern und wahrzunehmen. Dies setzt aber ein minimales Vertrauen zum Unbewussten voraus. Wenn es gelingt, ist es vielfach höchst wirksam, weil das Gefühl viel feinfühliger sein kann als der Verstand scharfsinnig. Drucker konnte beispielsweise kaum wahrnehmbare Entwicklungen bereits erkennen, wenn sie die meisten Menschen nicht einmal kannten. So beschrieb er bereits in den 50er Jahren die Wissensgesellschaft, wie sie uns heute prägt. Gefragt, wie er die Zukunft heute sehen kann, antwortete er gewöhnlich immer mit demselben Satz: "Ich schaue aus dem Fenster." Wie er denn wisse, dass er das Wesentliche gefunden habe, wurde er zu einem anderen Zeitpunkt gefragt. Seine Antwort auf diese Frage wird viele überraschen: "Wenn ich es habe, verspüre ich ein tiefes Glück", antwortete er. Drucker hatte also die Gabe, genauso mit seinem Verstand, wie mit seinem Gewissen zu "sehen". Auf den Sinnfindungsprozess übertragen ließe sich Druckers Beispiel wie folgt interpretieren: Sinn muss nicht, aber kann gefunden werden, und auf der Suche nach ihm leitet den Menschen das Gewissen. Frankl führt dies auf die Formel: "Das Gewissen ist ein Sinn-Organ" (Frankl 2007, 156), das auch schon Drucker in seinen geistigen Erkundungen leitete. Diese Formel ließe sich definieren als die Fähigkeit, den einmaligen und einzigartigen Sinn, der in jeder Situation verborgen ist, aufzuspüren und auszudrücken.

In einer rational geprägten Kultur ist dieses Vertrauen in unser Gewissen nur durch intensive Arbeit an uns selbst zu erlangen. Dieses Vertrauen allein reicht aber noch nicht aus. Das Erlebte muss auch in den Führungskontext übertragen werden können, und dies verlangt eine Rationalisierung irrationaler Erfahrungen. Im Fall von Sinn lässt sich dies bewerkstelligen durch einfache Sätze etwa oder durch Symbole. Das Gewissen als Sinn-Organ und die Formulierung von Sinn mit einer einfachen Sprache ist also die ständige Herausforderung eines Managements aus Spiritualität. Im Hinblick auf die Kernfrage der Spiritualität, nämlich "Als was möchte ich in Erinnerung bleiben?", kann gesagt werden, dass jeder Mensch eine persönliche Berufung hat (Kaiser 2005, 173). Diese mit dem Gewissen ausfindig zu machen und in Sprache zu formulieren, ist die persönliche Heraus-forderung einer jeden Führungskraft. In diesem Prozess kann sich eine Führungskraft aber nur in dem Masse selbst verwirklichen, in dem sie sich selbst vergisst, in dem sie sich selbst übersieht und sich für eine Sache einsetzt, für andere Menschen einsteht oder Leiden in eine Leistung umwandelt. Management aus Spiritualität bleibt also nicht im Gewissen, sondern übersetzt dieses in Sprache. Erst dann kann sich eine Führungskraft überlegen, für was sie jenseits ihrer selbst, aus ihrer Berufung einsteht. Daraus lässt sich die dritte Frage des kybernetischen Kreislaufs ableiten:

Zu welchem Beitrag an das Ganze bin ich berufen?

Dimension IV: Management aus dem Bezug auf einen letzten Sinn

Die Berufung einer Führungskraft meint immer die Berufung zu einem bestimmten ge-sellschaftlichen Beitrag, was mit Hilfe einer professionellen Organisationsführung er-reicht wird. Damit integriert Management aus Spiritualität einen gesellschaftlichen Bei-trag und das Management einer Organisation. Was dies konkret bedeutet, steht nun zur Diskussion. Beispielsweise wird im Alltag vielfach vom starken oder fehlenden "Spirit" eines Teams gesprochen. Gemeint ist wohl in vielen Fällen, wie sehr zu spüren ist, ob sich dieses Team für eine Sache, für Menschen oder für die Umwandlung eines Leidens in eine Leistung einsetzt. Dies steht für nichts anderes als die Wirkungsrichtung eines Teams oder einer Organisation hin auf einen gemeinsamen Sinn. "Wirkungsrichtung" bezeichnet eine geballte Energie aus der Spiritualität der Einzelnen. Beispielsweise be-richtete ein angehender Doktorand, der damals noch in einer Unternehmensberatung ar-beitete, wie er zwei Forscherteams wahrgenommen hat. Er musste sich überlegen, ob er in einem dieser Teams mitarbeiten wollte. Das erste Team war von der Eidgenössischen Technischen Hochschule Zürich (ETH) und setzte sich aus ökologisch orientierten Volk-swirten zusammen. Während seines Besuchs wurden im Team einzelne Forschungspro-jekte diskutiert. Der Besucher empfand die Diskussion als sehr sachlich und gedämpft, fast nüchtern. Das zweite Team besuchte er an der Universität Basel in einem der regulä-ren Teamsitzungen, in denen Projekte und grundlegende Forschungsfragen diskutiert werden. Das Team setzte sich aus Experten verschiedener Disziplinen zusammen. Nach der Sitzung beschrieb der angehende Doktorand die gemeinsame Begeisterung des Teams für dasselbe Thema, auch wenn er noch Unstimmigkeiten in den einzelnen Vorstellungen wahrgenommen hat, wollen doch alle einen Beitrag zum Gesamtthema leisten. Letztend-lich entschied er sich für das Basler Team. Als er sich beim ETH-Team entschuldigte, erhielt er folgende Rückmeldung: "Du hast ja sowieso ständig von einem anderen Thema gesprochen. Wir fragten uns, was du eigentlich bei uns wolltest." Das Thema, über das er sprach, glich dem Gesamtthema des Basler Teams. Es ließe sich auch sagen, dass die Energien seiner Spiritualität zum Basler "Teamspirit" komplementär waren.

Wenn sich Menschen mit einer komplementären Berufung zusammenfinden, wie im Basler Team, können immense Energien freigesetzt werden, die einen Beitrag leisten für einen Sinn, der außerhalb des Teams bzw. der Organisation liegt. In spiritueller Hinsicht liegt der Sinn einer Organisation immer außerhalb der Organisation, niemals innerhalb, und schon gar nicht in einzelnen Menschen. Falsch ist es demnach, wenn eine persönliche Berufung bloß mit Blick auf persönliche Konsequenzen bewertet wird (vgl. zu einem solchen Fall Kaiser 2005, 173). Falsch ist es auch, wenn die Organisation selbst als quasireligiös verstanden wird (vgl. Klein/Izzo 1998), die Hierarchie als heilige Ordnung zum Selbstzweck wird. Fast alle Organisationen haben die Tendenz sich aufzublähen und sich mit sich selbst zu beschäftigen. Das wissen wir aus zahlreichen Berichten. Deshalb ist es für ein Management aus Spiritualität dringend, dieser Tendenz stetig entgegenzuwirken.

Wie ein solches Management aus Spiritualität gestaltet sein kann, wird nun in neun Sonden skizzieren (vgl. hierzu auch Jäger 1990, 1992, 1993):

1. Die Wirkungsrichtung einer Organisation lässt sich nur dann energetisch aufladen, wenn viele der Beteiligten Führungskräfte an ihrer Beziehung zum letzten Sinn arbeiten, wenn sie im eigentlichen Sinn Spiritualität praktizieren.

2. Der letzte Sinn einer Organisation liegt immer außerhalb der Organisation selbst.

3. Die Wirkungsrichtung einer Organisation baut auf der spirituellen Energie Einzelner auf. Diese Energie liegt immer schon vor; sie muss also bloß erkannt und freigesetzt werden.

4. Weil die spirituelle Energie immer schon vorliegt, knüpft Management aus Spiritualität an Vergangenes und Bestehendes an. Es gestaltet nichts Neues, das noch gar nicht vorliegt.

5. Management aus Spiritualität sieht die Realität und nimmt sie an, wie sie ist. Es analysiert die Zusammenhänge und sucht nach Chancen und Gefahren.

6. Es sucht nach sich ergebenden Optionen und nutzt sie aus, sofern sie einen Beitrag zur Realisierung des letzten Sinns leisten.

7. Management aus Spiritualität arbeitet mit Menschen für Menschen. Es beschränkt ihren letzten Sinn nicht auf sachliche Aspekte, wie finanzielle Werte, Ressourcenanhäufung und anderes.

8. Es führt und berät Menschen aus einer fundamentalen Liebe zu ihnen. Wer Menschen nicht liebt, wird keine wirksame Führungskraft werden können.

9. Management aus Spiritualität motiviert und bekräftigt sich aus ihrem Bezug auf den letzten Sinn. Derart gestärkt verfolgt es gleichmütig und beständig die Realisierung des letzten Sinns.

Diese Sonden können bloß Hinweise sein, welche Themenfelder ein Management aus Spiritualität umreißt. Letztendlich finden diese Themen ihre Pointe in der vierten Frage des kybernetischen Kreislaufs:

Wie können Strukturen gestaltet, gelenkt und entwickelt werden,
damit ein Sich-Beziehen auf einen letzten Sinn gefördert wird?

Dimension V: Spiritualitätscontrolling

Organisationen, die von einem Management aus Spiritualität, wie in Dimension IV beschrieben, gestaltet, gelenkt und entwickelt werden, sind lebensfähige Systeme. Solche Systeme überprüfen ihre Verfasstheit und korrigieren fortlaufend ihre Veränderungen. Je nach dem Ergebnis ihrer Selbst-Prüfung, passt sie ihre Lenkung an. Wenn nun Sinnfindungsprozesse als kybernetische Kreisläufe verstanden werden, ist diese Selbst-Prüfung und Lenkungsanpassung auch für einen spirituellen Prozess grundlegend. Aber Spiritualität und Controlling, wie können zwei derart grundlegend verschiedene Themen zusammengeführt werden? Wer von Controlling spricht, denkt gewöhnlich an ein statistisches Verfahren, das Unternehmen auf finanzielle Aspekte hin bewertet. Finanzen lassen sich in Zahlen fassen, ihre Ergebnisse sind auch berechenbar. Das ist unbestritten. Wie soll aber Spiritualität gezählt werden? Diese Frage steht an. Sie führt aber noch nicht in die Ausgestaltung eines Spiritualitätscontrolling. Zunächst muss gefragt werden, was Finanzcontrolling eigentlich bedeutet.

Finanzcontrolling lässt sich im Wesentlich einfach charakterisieren, nämlich als Prozess, in dem ein komplexes Geschehen finanziell bewertet wird. Auf ein Phänomen ist aber besonders hinzuweisen, es wird gern vergessen: Die gewonnenen Zahlen können das komplexe Geschehen nicht wirklich fassen; sie sind nicht die Organisation, sondern bilden diese lediglich ab. Trotzdem macht ein Finanzcontrolling Sinn: Einerseits sind Finanzen eine der wichtigsten Ressourcen von Organisationen, und andererseits geben sie Führungskräfte Hinweise über die Effizienz der Abläufe. In allen Organisationen müssen Prozesse optimiert werden, wenn die Zahlen am Ende nicht stimmen. Sie stimmen nicht, wenn sie entweder vom geplanten Budget abweichen oder, was viel schlimmer ist, wenn ein Verlust resultiert. Diese, zugegeben, holzschnittartige Beschreibung des Finanzcontrolling lässt sich auf ein Spiritualitätscontrolling übertragen.

Wie das komplexe organisationale Geschehen, lässt sich auch die Beziehung eines Individuums oder einer Organisation auf den letzten Sinn an sich nicht fassen, nicht sprachlich und erst recht nicht mit Zahlen. Ein Spiritualitätscontrolling kann also bloß ein Ab-Bild dieses komplexen und tiefgründigen Geschehens sein, genauso wie das Finanzcontrolling im Hinblick auf die Organisation. Dies ist dennoch kein Hindernis, weil Spiritualität nicht die Beziehung zum letzten Sinn bezeichnet, sondern die Erfahrung, Gestaltung und Entwicklung von Einzelnen und Organisationen in ihrer Beziehung zum letzten Sinn. Es lässt sich durchaus prüfen, ob Erfahrungen gemacht werden. Der Zen-Meister sieht seinen Schülern deren Erleuchtung auf den ersten Blick an. Es lässt sich auch feststellen, wie Bedingungen gestaltet sind und wie sie weiterentwickelt werden, also Bedingungen, die spirituelle Praxis, individuell und organisational, fördern. Wie eine solche Prüfung vonstatten gehen kann, lässt sich anhand des kybernetischen Kreislaufs der Spiritualität strukturieren. So kann sich ein Spiritualitätscontrolling an den einzelnen Schritten dieses Kreislaufs orientieren, dies nicht allgemein, sondern mit einer strengen Unterscheidung zwischen der institutionellen und der individuellen Ebene, ohne deren innere Verbundenheit zu ignorieren.

Auf institutioneller Ebene kann sich ein Controllingkonzept wenigstens an den folgenden Fragen orientieren:

1. Was war bisher der letzte Sinn (bzw. die Mission) der Organisation, der von den Mitarbeitenden in ihrer Tätigkeit erfahren wurde?

2. Was zeigen die Erfahrungen der an der Organisation beteiligten Menschen – in welchem gesellschaftlichen Kontext leistet die Organisation einen Beitrag?

3. Was sind heutige Entwicklungen, die diesen Kontext in den nächsten drei Jahren prägen werden?

4. Was ist der letzte Sinn (bzw. die Mission) der Organisation im veränderten Kontext?

5. Was ist die Erwartung der adressierten Menschen an die Organisation?

6. Welche Erwartungen können und werden wir erfüllen?

7. Wie werden wir die Erwartungen erfüllen?

Offensichtlich sind es nicht allein Messverfahren, die Antworten auf diese Fragen unterstützen können. Das Suchen nach Antworten ist mehr mit dem "aus dem Fenster Sehen" Druckers vergleichbar, als mit eindeutigen statistischen Verfahren, wenn diese auch durchaus als Unterstützung hinzugezogen werden können. Zwischen der individuellen und der organisationalen Ebene besteht jedoch ein wesentlicher Unterschied: Der letzte Sinn einer Organisation kann sich über die Jahre, mit dem veränderten Kontext, durchaus verändern. Im menschlichen Leben ist eine Veränderung einer Berufung dem entgegen nicht denkbar. Trotzdem lässt sich auch die Spiritualität des Einzelnen mit einem Controlling-Verfahren prüfen und angemessen "steuern". Der kybernetische Kreislauf der Spiritualität bietet mit seinen Kernfragen hierzu eine angemessene Orientierung. So sind die bisher aufgeführten Fragen fortlaufend zu stellen und Antworten zu suchen.

Abbildung 2: Fragen eines individuellen Spiritualitätscontrolling

Was macht für
mich keinen Sinn?

Wie kann ich
Besinnung in meinen
Arbeitsalltag
integrieren?

Wie kann Spiritualität
erkannt, gemessen
und bewertet
werden?

**Als was möchte ich
in Erinnerung bleiben?**

Zu welchem Beitrag an
das Ganze bin ich
berufen?

Wie können Strukturen
gestaltet, gelenkt und
entwickelt werden, damit
ein Sich-Beziehen auf
einen letzten Sinn
gefördert wird?

Wie Abbildung 2 bereits zeigt, lassen sich die Überlegungen zu einem Spiritualitätscontrolling in den folgenden und letzten Fragen zusammenfassen:

Wie kann Spiritualität erkannt, gemessen und bewertet werden?

4. Kann Management aus Spiritualität gelehrt werden?

Rückblickend betrachtet ist der kybernetische Kreislauf der Spiritualität eine Abfolge von Fragen. Die ganze Kunst beschränkt sich auf die richtigen Fragen, aber auch darauf, sie in der richtigen Reihenfolge zu stellen. Der Start und das Ziel liegen am selben "Ort", nämlich: "Als was möchte ich in Erinnerung bleiben?" Wo jemand in den Kreislauf einsteigt, mag je nach Situation verschieden sein. Viele diakonische Unternehmen suchen beispielsweise nach der diakonischen Identität, vor allem, wie diese nach außen präsentiert werden kann. Führungskräfte dieser Unternehmen würden wohl am besten mit dem Spiritualitätscontrolling begingen. Andere Führungskräfte stehen in einer tiefen Sinnkrise, müssen sich dieser aber erst bewusst werden, und sollten sich deshalb zunächst fragen: Was macht für mich keinen Sinn? Sicher ist aber bei jedem Einstieg in den Kreislauf, dass keine Frage von den anderen Fragen isoliert behandelt werden kann. Wer die erste Frage stellt, stellt alle anderen mit.

Der vorgeschlagene kybernetische Kreislauf der Spiritualität erscheint in einem Band des IKMS. Forschung ist eines der Ziele des IKMS, aber auch – und vor allem – Ausbildung von Führungskräften in Spiritualität. Die abschließenden Gedanken sollen deshalb der Ausbildung gelten: Was Spiritualität angeht, ist dies kein banaler Themenkomplex. Wenn Führungskräften bloß die sechs Fragen des kybernetischen Kreislaufes beigebracht werden könnten, und damit alles erledigt wäre, würde der Beitrag jetzt enden. Die Herausforderung beginnt jedoch ganz am Anfang, nämlich bei der Beziehung zum letzten Sinn. Diese ist emotional und erfahrungsbezogen, und es sind gerade gefühlsbezogene und emotionale Themen, mit denen sich die Managementausbildung immer schon schwer getan hat. Der Ursprung hierzu ist aber nicht in der Lehre, sondern in der Forschung zu suchen:

Meist sind es Teilfunktionen, an denen sich die traditionelle Managementforschung orientiert. Auch im Alltag sind sie bekannt. Sie heißen Personalmanagement, Finanzmanagement, Marketing usw. Diese Aufteilung genügt vielen Forschern nicht. Hoch qualifizierte Wissenschaftler, und es sind immer mehr, konkurrieren um die besten Lehrstühle, die Aufnahme in angesehene Journalen, um Forschungspreise und andere Anerkennungen. Dafür müssen sie sich profilieren, weshalb sich die traditionellen Teilfunktionen weiter ausdifferenzieren. Wenn Forscher ihr Spezialgebiet einmal gefunden haben, müssen sie ihren Expertenstatus beweisen, und, was sicher noch wichtiger ist: Sie müssen schlüssig aufzeigen können, wie relevant ihr Spezialwissen ist. Die Frage lautet aber – relevant für wen? Je komplizierter die Fachsprache wird, desto stärker schließt sie Neulinge aus. "Ziel erreicht", könnte man sagen. Mindestens die Managementlehre zeigt aus dieser Entwicklung pathologische Symptome. Wie die Forschung differenziert sie sich immer weiter aus und dies führt zum Kernproblem der heutigen Managementlehre: Sie entfernt sich von praktischen Herausforderungen. Dies wäre nicht beklagenswert, wenn bloß Wissenschaftler ausgebildet würden. Die größte Anzahl der Teilnehmenden bereitet sich aber auf die Praxis vor. Ein Praktiker kann seinen Alltag nicht in viele kleine theoretische Konstrukt zerlegen. Er hat keine Zeit und das ist bloß das eine Argument. Er erlebt seinen Alltag auch in einer Vielfalt und Vielschichtigkeit. Gnadenlos schlägt die Realität zurück, wenn

er diese nicht als das erkennt und bewertet, was sie ist. Wie grundlegend solche Rück-
schläge sein können, zeigt besonders die Auseinandersetzung mit Spiritualität, und diese
ist nicht bloß eine neue Herausforderung für viele Praktiker, sondern auch für viele Dozierenden.

Management aus Spiritualität setzt ganze Menschen voraus, diese benötigen eine ganzheitlich ausgerichtete Managementausbildung und diese kann wiederum nur funktionieren, wenn ihr eine Forschung über ganzheitliches Management vorausgeht. Bei Spiritualität steigt die Latte besonders hoch, weil Erfahrungen und irrationale Zusammenhänge auf
allen drei genannten Ebenen –Mensch, Lehre und Forschung – integriert werden müssen.
In der bloßen Analyse ist auf Erfahrungen basierte Spiritualität nicht zugänglich (vgl.
Mintzberg 2004, 46ff.). Dies führt zur Notwendigkeit eines Lernens aus dem beruflichen
Leben.

Wenn ein solcher Erfahrungsbezug konsequent verfolgt wird, orientiert sich der Lernende
in erster Linie an der Praxis, aus der er neue Verhaltensweisen und Ideen entwickelt.
Deshalb müssen sich auch die Lehrer in erster Linie auf die Erfahrung der Teilnehmenden
beziehen. Dies stellt für Dozierende aber neuartige Herausforderungen, die erst teilweise
bewältigt worden sind. Ein positives Beispiel ist der internationale Lehrgang, der von
Mintzberg in Kooperation zwischen fünf Universitäten aufgebaut wurde. Dort werden
Erfahrung und Reflexion systematisch in ein komplexes Programm eingebettet (vgl.
Mintzberg 2004, 294ff.). Ein weiteres Beispiel, das an der Drucker School bereits in den
70er Jahren praktiziert wurde, ist das "Leader-to-Leader"-Konzept. In diesem Fall treten
erfahrene Praktiker als Dozenten auf, werden vom professionellen Dozenten didaktisch
gecoacht und lehren ihre meist jüngeren Kollegen. In beiden Beispielen nehmen Lehrende die Rolle des Wegbereiters ein. Sie bieten einen strukturierten Raum, in dem systematisch Praxiserfahrungen gesammelt und reflektiert werden können. Dies erfordert ein
situatives Eingehen auf konkrete Kontexte, wodurch Lehrende in den jeweiligen Situationen spontan und methodisch geschickt agieren können müssen. Das stellt höchste Anforderung an das Lehrpersonal. Deshalb ist Spiritualität aus Management sowohl eine Herausforderung für Praktiker, als auch für Dozierende. Vielleicht ist nicht einmal mehr
deutlich, wer lehrt und wer lernt.

Weil viele Anzeichen auf die zukünftige Bedeutung von Spiritualität verweisen, in der
westlichen Gesellschaft als Ganzes genauso, wie im Management, sind Dozierende, Forscher und Praktiker gemeinsam herausgefordert. Es braucht Methoden, Instrumente und
theoretische Ansätze, die in der Alltagspraxis von Führungskräften spirituelle Orientierung nachhaltig fördern können. Der kybernetische Kreislauf der Spiritualität wird hierzu
weniger Antworten bieten, als dass er Fragen aufwirft. Es sind aber alle gefordert weiter-
zudenken und dafür ist eins besonders wichtig: Die spirituell richtigen Fragen stellen.

5. Literatur

Baier, K. (2006): Spiritualitätsforschung heute. In: Baier, K. (Hrsg.): Handbuch Spiritualität, Darmstadt, II-48.

Binswanger, Ch. (2005): Geld und Magie, 2. Auflage, Wien, Stuttgart, Bern.

Drucker, P. F. (2003): The New Society. The Anatomy of Industrial Order, Brunswick/London.

Drucker, P. F. (2003a/originally published 1989): The New Realities, New Brunswick/New Jersey.

Drucker, P. F. (1989): New age sessions are same old brainwashings. The Wall Street Journal, February 9, p. A22.

Edlund, J. R. (1998): Spiritualität und Management, Wiesbaden.

Frankl, V. (2007): Der Mensch vor der Frage nach dem Sinn, München, Zürich.

Gross, P. (2007): Jenseits der Erlösung, Bielefeld.

Jäger, A. (1993): Konzepte der Kirchenleitung für die Zukunft, Gütersloh.

Jäger, A. (1992): Diakonische Unternehmenspolitik: Analysen und Konzepte kirchlicher Wirtschaftsethik, Gütersloh.

Jäger, A. (1990): Diakonie als christliches Unternehmen, Gütersloh.

Kaiser, A. (2005): Unternehmensmission und Unternehmensvision im Kontext von Wissensmanagement und Spiritualität. In: Tomaschek, M. (Hrsg.): Sinn und Werte in der globalen Wirtschaft, Bielefeld, 172-188.

Knoblauch, H. (2006): Soziologie der Spiritualität. In: Baier, K. (Hrsg.): Handbuch Spiritualität, Darmstadt, 91-111.

Krieg, W. (2006): Echte Ganzheitlichkeit im Management: Wichtiger den je! In: International Public Affairs: Im Spannungsfeld von Freiheit und Verantwortung, Bern, 331-337.

Krieg, W. (2005): Sich selber führen: wirksam und lebensdienlich. In: Krieg, W./Galler, K. (Hrsg.): Richtiges und gutes Management: vom System zur Praxis, Bern, Stuttgart, Wien, 323-331.

Mintzberg, H. (2004): Manager statt MBAs. Eine kritische Analyse, Frankfurt, New York.

Nadesan, M. (1999): The Discourse of Corporate Spiritualism and Evagelical Capitalism. In: Management Quarterly 13(1), 121-139.

Otto, R. (1991): Das Heilige. Über das Irrationale in der Idee des Göttlichen und sein Verhältnis zum Rationalen, München.

Rüstow, A. (1950): Ortsbestimmung der Gegenwart. Eine universalgeschichtliche Kulturkritik in drei Bänden. 1. Band, Zürich.

Rüstow, A. (1957): Herrschaft oder Freiheit? Ortsbestimmung der Gegenwart. Eine universalgeschichtliche Kulturkritik in drei Bänden. 3. Band, Zürich.

Ulrich, H./Probst, G. (2001): Gesammelte Schriften. Anleitung zum Ganzheitlichen Denken und Handeln, Bern, Stuttgart, Wien.

Ulrich, H. (1984): Management. Bern.

Ulrich, H./Krieg, W. (1974): Das St.Galler Management Modell, 3. Auflage, Bern.

Innovationen werden von Menschen gemacht – Neue Herausforderungen für die Kompetenzentwicklung

Bernd Kriegesmann, Friedrich Kerka und Marcus Kottmann

Inhalt

1. Neue Perspektiven für die individuelle Kompetenzentwicklung

Ob es um große Erfindungen oder die vielen kleinteiligen Verbesserungen geht, Innovationen werden von Menschen gemacht. Sie haben Geistesblitze, entwickeln systematisch neue Lösungen, probieren in Versuchs- und Irrtumsprozessen Neues aus oder optimieren ihren Arbeitsplatz. Und auch die Umsetzung der Ideen in die Breite hängt an engagierten „Köpfen", die neue Herausforderungen annehmen, sich neues Wissen aneignen, um die anstehenden Aufgaben zu lösen und auch vor auftretenden Hindernissen nicht zu resignieren. Wenngleich der Faktor Personal mithin die initiierende Größe für Veränderungen ist, stellt dieser zugleich auch die zentrale Innovationsbarriere dar:[1] Wenn echte Veränderungen anstehen, weichen die Bekenntnisse zur Veränderung der Angst um die eigene Position. Beim „Innovieren" wird sehr schnell klar, dass man bestehende Strukturen und Prozesse in Frage stellt, dass der Verlust liebgewordener Privilegien droht, dass Bereiche aufgegeben werden müssen, für die man zuständig ist.[2]

Innovation ist kaum konfliktfrei zu haben. Nicht jeder ist bereit und in der Lage, neue Wege zu beschreiten und auch Hindernisse zu überwinden. Erfahrungsgemäß werden Innovationsprozesse immer nur von Einzelnen oder Minderheiten vorangetrieben. Im betrieblichen Umfeld sind das etwa 10 bis 15% der Mitarbeiter, die Innovationen gerade mit hohem Neuigkeitsgrad initiieren und aktiv auch gegen Widerstände durchsetzen.[3] Um diese „echten" Innovatoren gruppiert sich ein Spektrum von Personen mit verschiedenen Verhaltensmustern, das von Zögerern über Mitläufer und Verweigerer bis hin zu Opponenten oder Resignierenden reicht. Die Verteilung der verschiedenen Verhaltensmuster ist dabei von Status und Hierarchieebene völlig unabhängig. Neben einzelnen Pionieren, die Neuerungen engagiert angehen, gibt es einen hohen Anteil von Mitarbeitern, die innovative Vorstöße völlig ablehnen, ignorieren oder lediglich versuchen, sich mit der veränderten Situation zu arrangieren.

---

[1] Vgl. Staudt/Kriegesmann (2002).
[2] Vgl. Kriegesmann/Kerka (2001).
[3] Vgl. Kriegesmann/Kerka/Kley (2005).

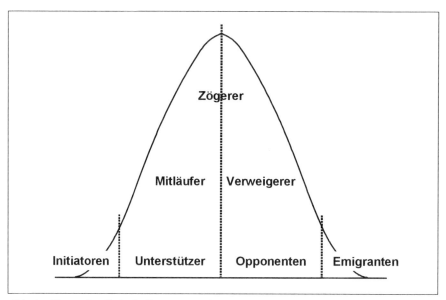

Abb. 1: *Unterschiedliche Rollenmuster in Innovationsprozessen*

Inwieweit die innovatorisch initiativen Mitarbeiter, aber auch die in späteren Phasen des Innovationsprozesses eingebundenen „Umsetzer" den mit Innovationen verbundenen Entdeckungs- und Umsetzungsprozess erfolgreich gestalten, hängt ganz entscheidend von ihren verfügbaren, vor allem aber von den erst bei der Bearbeitung innovatorischer Aufgabenstellungen entwickelten Kompetenzen ab. Kompetenzen sind nicht nur Voraussetzung, sondern auch Ergebnis von Innovationsprozessen. Die Unterstützung dieses Kompetenzaufbaus wird somit zum wichtigen Element des betrieblichen Innovationsmanagements. Nur wenn es gelingt, eine auf die mit Innovationen verbundenen Aufgaben ausgerichtete Kompetenzentwicklung zu betreiben, ergibt es einen Sinn, sich überhaupt mit Innovation zu befassen.

Angesichts dieser Einsicht fehlt es nicht an Versuchen, mit Aus- und Weiterbildung oder gar Wissensmanagement die Kompetenzen zur Innovation zu entwickeln. Mit den üblichen Wissensvermittlungsstrategien ist dieser, zum großen Teil erst im spezifischen Innovationsprozess zum Vorschein kommenden Kompetenz aber nicht beizukommen.[4] Gut gemacht haben einzelne Maßnahmen bei inkrementellen Veränderungen sowie der Stabilisierung von Routinen zwar ihre Berechtigung. Will man aber echte Innovationen voranbringen, ist ein grundlegender Perspektivenwechsel im Umgang mit Ansätzen zur Förderung der Innovationskompetenz erforderlich. Hier sind Wege anzugehen, über die auch im Vorfeld noch gar nicht bestimmbare Kompetenzen entwickelt werden können.[5]

---

[4] Vgl. Staudt/Kriegesmann (1999).
[5] Vgl. Schwering (2004).

Diese Aufgabe, das innovatorische Potenzial der Belegschaft für den Aufbruch zu Neuem zu befähigen, wird aber angesichts

- der rationalisierungsbedingt gestiegenen Arbeitsverdichtung und den damit einhergehenden Belastungen,

- der zunehmenden Erwartungen an den relativ kleinen Kreis der Top-Performer, die als zentrale Leistungsträger mit Aufgaben vielfach überlastet werden,

- des eskalierenden Fachkräftemangels mit sinkenden Möglichkeiten der „Kompetenzauffrischung" am Arbeitsmarkt und

- der zunehmend älter werdenden Belegschaften, die sich aufgrund der Vorerfahrungen der letzten Jahrzehnte mit Vorruhestandsregelungen in ihrer eigenen Kompetenzentwicklung oft schon von betrieblichen Entwicklungen abgekoppelt haben,

in zunehmendem Maße mit zusätzlichen Herausforderungen konfrontiert: Die Mitarbeiter sind im Wortsinne „fit für den Wandel" zu halten bzw. zu machen.

Hat sich Kompetenzentwicklung in der Vergangenheit auf die Befähigung zur konkreten Aufgabenerfüllung konzentriert, wird das zukünftig allein nicht mehr ausreichen. Zunehmende Belastungen, die sich inzwischen unter anderem auch in einer stetig steigenden Anzahl psychischer Erkrankungen äußern und die Auswirkungen der demographischen Entwicklung machen sichtbar, dass die Innovationsfähigkeit zukünftig in noch stärkerem Maße von einem weiteren Faktor abhängen wird: der physischen und psychischen Leistungsfähigkeit resp. der Gesundheit. Nur wer gesund ist, kann sein Wissen auch „anwenden" und seine Aufgaben erfüllen.

Nimmt man diese Zusammenhänge, ergibt sich ein breiteres Verständnis betrieblicher Personalarbeit, dass das langfristige Engagement der Mitarbeiter in Innovationsprozessen adressiert: Erhalt, Aufbau und Weiterentwicklung

- der Kompetenzen zur Erfüllung innovatorischer Aufgabenstellungen und

- der Gesundheit als Basis (nachhaltiger) physischer und psychischer Leistungsfähigkeit.

Diese beiden Gestaltungsebenen konturieren die Handlungsfelder für eine *nachhaltige Kompetenzentwicklung*. Angesichts der spezifischen Bedingungen betrieblicher Innovationsprozesse ist aber unklar, inwieweit etablierte betriebliche Strukturen hinreichend auf diese Anforderungen abgestimmt sind:

- Wenn es um die Entwicklung der Mitarbeiterkompetenzen geht, wird gerne auf Weiterbildung verwiesen. Gut zu instrumentalisieren und als Beleg dafür auszuweisen, etwas getan zu haben, versucht man, an anderer Stelle verfügbares Wissen über unterschiedliche Medien an die Mitarbeiter zu vermitteln. Hinweise, dass Kompetenzentwicklung aber ganz wesentlich außerhalb formalisierter Weiterbildungsbemühungen verläuft,[6] nehmen jedoch zu. Die Unsicherheit über die Effekte von Weiterbildung für betriebliche Innovationsprozesse wächst. Um Anhaltspunkte für die Gestaltung der Kompetenzentwicklung für Innovationen zu erhalten, ist daher genauer zu klären, was die Kompetenz ausmacht und welche Bedingungen betriebliche Innovationsprozesse für die individuelle Kompetenzentwicklung darstellen.

- Die Sicherung der Gesundheit als Basis physischer und psychischer Leistungsfähigkeit ist im betrieblichen Kontext klassische Domäne des Arbeits- und Gesundheitsschutzes. Über Ansätze der Verhaltens- und Verhältnisprävention sollen vor allem Risiken vermieden bzw. bewusst gemacht und damit Belastungen begrenzt werden. Die physische und psychische Leistungsfähigkeit als aktivierendes Element betrieblicher Innovationsprozesse geht in dieser „absichernden" Betrachtung weitgehend unter. Zu klären ist daher, inwieweit ein im Kern risikoorientierter Ansatz den Bedingungen betrieblicher Innovationsprozesse gerecht wird.

---

[6]Vgl. Staudt/Kriegesmann (1999); Kriegesmann/Schwering (2006); Staudt/Kley (2001); Baitsch (1998); Bergmann (2001); Becker/Schwertner (2002); Bergmann (2004).

2. Kompetenz zur Innovation – Innovatorische Aufgabenstellungen erfüllen können und wollen

Inzwischen besteht eine programmatische Allianz zur zentralen Rolle der Kompetenz für Innovationen. Versuche, diese Kompetenz mit für die Multiplikation bestehenden Wissens bewährten Weiterbildungsbemühungen zu entwickeln, greifen jedoch nur begrenzt. Innovationen kommen trotz gewaltiger Wissensvermittlungsanstrengungen nicht voran. Enttäuschte Erwartungen sind die Folge. Die Unsicherheit über die Effekte von Wissensvermittlung in strukturellen Wandlungsprozessen nimmt zu. Will man Ansätze zur Kompetenzentwicklung für Innovationen weiterbringen, muss man sich daher stärker mit der Frage auseinandersetzen, was die Kompetenz zur Innovation ausmacht und welche Bedingungen für individuelle Kompetenzentwicklung in betrieblichen Innovationsprozessen wirksam werden.

2.1 Die Differenz zwischen Qualifikation und Kompetenz

Ein verbreitetes, auf Qualifikation resp. Vermittlung expliziten Wissens basierendes Weiterbildungsverständnis unterstellt, mechanistisch bei Fach- und Führungskräften fast beliebig Voraussetzungen für wechselnde Anforderungen schaffen zu können. Die wenigen vorliegenden empirischen Befunde zur Reichweite traditioneller Weiterbildungsbemühungen machen aber deutlich, dass neben der Wissensvermittlung noch etwas anderes wirksam ist, das die Kompetenz bestimmt.[7] So bestätigen auch Studien über die Arten des Lernens einen 80%-Anteil selbständigen oder informellen Lernens und damit die Bedeutung der Handlungsfähigkeitsentwicklung jenseits formalisierter Weiterbildungsstrecken.[8]

Es besteht offensichtlich eine Differenz zwischen explizitem Wissen und Kompetenz zur Handlung, die nicht über traditionelle Weiterbildung ausgeglichen werden kann. Ordnet man empirische Befunde nach den Elementen, die letztlich ursächlich für Handlungen sind, ergibt sich ein sehr viel differenzierteres Kompetenzverständnis,[9] zu dem die traditionelle Weiterbildung einen Teilbeitrag liefert.

Kompetenz zur Handlung basiert auf individueller Ebene auf einem Zusammenspiel der

- Handlungsfähigkeit als kognitive Basis,

- Handlungsbereitschaft als motivationale Basis und

---

[7] Vgl. Staudt/Kriegesmann (1999); Staudt/Kley (2001); Schwering (2004); Baethge/ Baethge-Kinsky (2004).
[8] Vgl. Livingstone (1998); Livingstone (1999); Tough (1979); Tough (2002).
[9] Vgl. hierzu Staudt, E. et al. (1997).

- Zuständigkeit als organisatorische Legitimation und Einbindung in den Unternehmenskontext.[10]

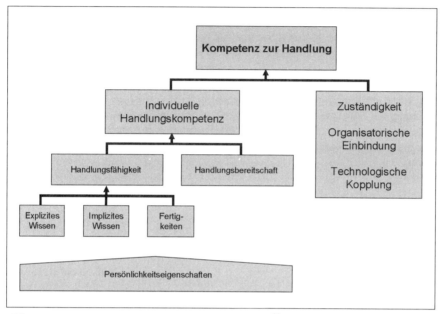

Abb. 2: Bochumer Modell der Kompetenz zur Handlung[11]

Handlungsfähigkeit und Handlungsbereitschaft bestimmen zusammen die *individuelle Handlungskompetenz*, die eng mit den Persönlichkeitseigenschaften des Individuums verbunden ist. Erst die organisatorische, technologische und soziale Einordnung in den Unternehmenskontext macht die Kompetenz zur Handlung in arbeitsteiligen Organisationen aus.[12]

2.1.1 Handlungsfähigkeit

Die individuelle *Handlungsfähigkeit* ist eine Funktion von explizitem und implizitem Wissen sowie Fertigkeiten. Persönlichkeitseigenschaften schaffen dabei die Grundlage für individuelle Verhaltensweisen bzw. Handlungen und beeinflussen gleichsam die Entwicklungsfähigkeit der Kompetenzelemente explizites Wissen, implizites Wissen und Fertigkeiten.[13]

---

[10]Vgl. zu einer ausführlichen Herleitung des „Bochumer Modells" Staudt, E. et al. (1997).
[11] Vgl. Staudt, E. et al. (1997), S. 125.
[12] Vgl. Kriegesmann (2003).
[13] Vgl. Pervin (993), S. 546.

- *Explizites Wissen:* Explizites Wissen ist eine „... *Sammlung in sich geordneter Aussagen über Fakten oder Ideen, die ein vernünftiges Urteil oder ein experimentelles Ergebnis zum Ausdruck bringen und anderen durch irgendein Kommunikationsmedium in systematischer Form übermittelt werden.*"[14] Das heißt, dass sich explizites Wissen in Worten und Zahlen ausdrücken lässt und damit frei konvertierbar ist.

- *Implizites Wissen (Erfahrung):* Während sich explizites Wissen leicht vermitteln und nutzbar machen lässt, ist implizites Wissen personengebunden, schwierig zu formulieren und damit schwer zugänglich.[15] Es umfasst das aktionsgebundene und auf individuellem Engagement und Erfahrung basierende Wissen, das aus der eigenen Handlung oder aus Erfahrungsaustausch resultiert. Implizites Wissen kann dabei bedingt in explizites Wissen transformiert werden.[16] Sind die Grenzen der Explizierbarkeit erreicht, ist die Verfügbarkeit dieses Wissens jedoch nur durch die Verfügbarkeit der Person gewährleistet, an die das implizite Wissen gebunden ist.

- *Fertigkeiten:* Fertigkeiten stellen ein konkretes und inhaltlich bestimmbares Können dar, das durch Übung soweit automatisiert ist, dass eng umgrenzte Verhaltensweisen ohne die Notwendigkeit einer bewussten Zuwendung routinisiert vollzogen werden können. Aufgrund ihrer Automatisierung weisen Fertigkeiten eine geringere Störbarkeitsrate auf als Tätigkeiten, die fortlaufend einer gedanklichen und wahrnehmungsmäßigen Überprüfung bedürfen.[17]

Erst die Verfügbarkeit eines „Sets" von Fähigkeitsbausteinen ermöglicht (innovatorische) Handlungen. Dabei sind die Elemente der individuellen Handlungsfähigkeit – explizites Wissen, implizites Wissen und Fertigkeiten – auf *fachliche, methodische* und *soziale* Ausprägungen zu beziehen. Damit werden auch die zahlreichen Begriffsvarianten wie extrafunktionale oder Schlüssel-Qualifikationen mit eingeschlossen.[18] Die inhaltliche Beschreibung der Handlungsfähigkeit erfordert dabei immer einen konkreten Bezug zu einer Handlung oder Aufgabe in einer bestimmten Situation: den *Verwertungszusammenhang.* Mit Blick auf Innovationsprozesse heißt das etwa, über Handlungsfähigkeit zur Entwicklung eines neuen Werkstoffs, zur Einführung einer neuen Fertigungstechnologie oder zum Aufbau eines neuen Vertriebssystems zu verfügen.

---

[14] Bell (1985), S. 180.
[15] Vgl. Polanyi (1985).
[16] Vgl. Nonaka/Takeuchi (1997).
[17] Vgl. Hacker/Skell (1993), S. 73 f.
[18] Vgl. Staudt, E. et al. (1997).

2.1.2 Handlungsbereitschaft

Handlungsfähigkeit allein führt jedoch noch nicht zur Handlung, denn „dass jemand etwas weiß, versteht und kann, bedeutet noch nicht, dass er es auch anwendet."[19] Neben explizitem Wissen, implizitem Wissen und Fertigkeiten ist entsprechend auf der individuellen Ebene die *Handlungsbereitschaft* Basis der individuellen Handlungskompetenz. Was aber sind die der Handlungsbereitschaft zugrunde liegenden Faktoren? Zur Erklärung menschlichen Verhaltens werden zahlreiche Ansätze diskutiert. Eine Analyse bestehender Motivationstheorien[20] zeigt, dass im Kern zwei Erklärungsansätze verfolgt werden:

- Auf der einen Seite stehen die Bedürfnisse bzw. Motive im Zentrum der Erklärung menschlichen Verhaltens. Motive sind dabei als latente Disposition eines Individuums zu spezifischen Verhaltensweisen zu verstehen. Motive entziehen sich der direkten Beobachtung. Sie stellen als intervenierende Variable zwischen beobachtbaren Bedingungen einer Situation und nachfolgend beobachtbarem Verhalten ein hypothetisches Konstrukt zur Erklärung menschlichen Verhaltens dar.[21] Die Aktivierung von Motiven ergibt sich aus der Interaktion zwischen Umwelt und Individuum. Aus Analysen zu den Einflussgrößen, die sich in einer Organisation auf die Motivation des Mitarbeiters auswirken, ist eine Unterscheidung zwischen intrinsischen, sich auf die Tätigkeit selbst beziehenden, und extrinsischen, sich auf Rand- und Folgebedingungen der Arbeit richtende, Motivatoren entstanden.[22] Dabei wird eine mechanistische Perspektive zwischen Anreizen als Stimuli und daraus folgenden Modifikationen des beobachtbaren Verhaltens (response) eingenommen.[23] Überträgt man diese Kategorisierung auf innovatorische Handlungen, ergibt sich

  - eine intrinsisch geprägte Motivstruktur, die ursächlich für die Suche nach neuen Lösungen und deren Umsetzung aus „eigenem" Antrieb ist und

  - eine extrinsisch geprägte Motivstruktur, die bewusstes Innovationsverhalten eher als Ergebnis „äußerer" Zwänge begründet.

- Auf der anderen Seite stehen Ansätze, die die Motivation dominant über Erwartungsbildungen erklären. Das heißt, dass ein Mensch vor einer Handlung bewusst oder unbewusst die potenziellen Folgen dieser Handlung reflektiert. Die Person stellt also eine Prognose darüber an, ob die Anstrengungen, die sie für eine be-

---

[19] Vgl. Reischmann (1998), S. 269.
[20] Vgl. Maslow (1954); Alderfer (1972); Vroom (1964); Porter/Lawler (1968); Herzberg/Mausner/Snyderman (1959).
[21] Vgl. Heckhausen (1980), S. 28.
[22] Vgl. Herzberg/Mausner/Snyderman (1959).
[23] Vgl. Schanz (1991).

stimmte Handlung aufbringen müsste, zum Erfolg führen werden oder nicht. Von diesem Ergebnis in Form einer „individuellen Wahrscheinlichkeits-Abschätzung" hängt ab, ob die Person die jeweilige Handlung tatsächlich ausführen wird oder nicht. Als wichtige Determinanten menschlichen Verhaltens schälen sich dabei

- die erwartete Eintrittswahrscheinlichkeit von Handlungsergebnissen (kann ein in Aussicht stehendes Ziel erreicht werden),

- die Wertigkeit des Handlungsergebnisses (wie bedeutsam ist das Handlungs- ergebnis für den Einzelnen),

- die einzubringenden Anstrengungen (wie aufwändig ist es, angestrebte Ziel- zustände zu erreichen) und

- die Zufriedenheit mit früheren Handlungsergebnissen (welche Erfahrungen habe ich mit Versuchen, bestimmte Handlungsergebnisse mit spezifischen Maßnahmen zu erreichen) heraus.[24]

Bringt man diese beiden Theoriestränge zusammen, ergibt sich daraus ein Rahmen zur Beschreibung der Determinanten von Handlungsbereitschaft. Deutlich wird dabei, dass Verhalten zum einen von situativen Faktoren und zum anderen von Faktoren der Person selbst abhängt.[25] Verhalten wird somit zum Interaktionsphänomen zwischen Person und Situation bzw. Wahrnehmung der Situation. Als dynamische Komponente der individuel- len Handlungskompetenz hängt die Handlungsbereitschaft damit von der individuellen Motivstruktur sowie einer prozessualen „Wahrnehmungs- resp. Erwartungskomponente" ab.

2.1.3 Organisatorische, technologische und soziale Kopplungen

Individuelle Handlungsfähigkeit und -bereitschaft zusammen machen – wie oben be- schrieben – die individuelle Handlungskompetenz aus. Doch diese allein reicht nicht aus, damit es zur Handlung kommt. Erst die organisatorische, technologische und soziale Ein- bindung von Individuen mit ihren Kompetenzen in Arbeitssysteme entscheidet darüber, inwiefern die individuelle Handlungskompetenz überhaupt zur Entfaltung kommt. Erheb- liche Aufgabenanteile in Unternehmen werden von technischen Einrichtungen erfüllt und von organisatorischen Kopplungen beeinflusst. Die Verwertbarkeit individueller Kompe- tenzen ist dementsprechend abhängig von

- der Art und dem Grad der Arbeitsteilung im sozialen System,

- der Art und dem Grad der eingesetzten Automatisierungs-, Fertigungs- und Ver- fahrenstechniken und

---

[24] In Anlehnung an die Valenz-Instrumentalitäts-Erwartungs(VIE)-Theorie (Vroom 1964) und das Er- wartungs-Valenz-Modell (Porter/Lawler 1968). Vgl. Porter/Lawler (1968); Vroom (1964).
[25] Vgl. Kriegesmann (1993).

- den organisatorischen Regelungen der Aufbau- und Ablauforganisation, aber auch von informellen Regelungen einer „gewachsenen" Organisation.

Herausragendes Wissen gepaart mit hoher Motivation als Voraussetzung etwa für die Erarbeitung eines Prototypen hilft nur bedingt, wenn der Mitarbeiter nicht über entsprechende Budgets verfügt, im Routinegeschäft eingebunden wird, nicht auf das erforderliche technische Equipment zurückgreifen kann etc. Bezogen auf die Arbeitssystemebene können somit die Kopplungen im Arbeitssystem für das Handlungsergebnis bedeutsamer sein als die Individualkompetenzen selbst. Die organisatorischen, technologischen und sozialen Schnittstellen relativieren damit die Rolle von Individualkompetenzen insbesondere für Innovationen, wenn diese auf das Routinegeschäft zugeschnitten sind.[26] Der monokausale Zusammenhang zwischen Individualkompetenz und Handlungsergebnis ist so betrachtet ein Grenzfall.

Nimmt man die hier aufgezeigten Kompetenzelemente, wird die Differenz zwischen Qualifikation und Kompetenz und damit auch zwischen traditioneller Weiterbildung und Kompetenzentwicklung deutlich. Die traditionelle Weiterbildung ist auf Instruktion ausgerichtet. Mit Instruktion lässt sich der Bereich des expliziten Wissens gut entwickeln. Explizites Wissen, das ist ein frei transferierbares Gut, das im Kurssystem zu vermitteln ist. Doch Innovationen ergeben sich daraus nicht. Schwimmen lernt man nicht auf der Schulbank, sondern nur im Wasser. Dabei kann es ganz sinnvoll sein, neben dem Schwimmen auch das „explizite Wissen" über die Technologie des Schwimmens zu vermitteln. Nur die Kausalität: aus dieser Wissensvermittlung folgt Handlungsfähigkeit oder gar Kompetenz, ist falsch. Weiterbildung konzentriert sich damit aber hoch professionalisiert auf einen Teilausschnitt der individuellen Handlungsfähigkeit. Wesentliche, gerade an die Person gebundene Elemente der Handlungsfähigkeit und motivatorische Zusammenhänge bleiben unberücksichtigt bzw. werden oft zufällig, unsystematisch und mit einem deutlich geringeren Professionalisierungsgrad angegangen.[27]

2.2 Die Grenzen der Vorsteuerung von Kompetenzentwicklung in Innovationsprozessen

Die Analyse der Kompetenzelemente macht sichtbar, dass Kompetenzen nicht kontextfrei bestimm- und entwickelbar sind. Ihnen kommt aus Unternehmensperspektive Funktionalcharakter zur Lösung anstehender Aufgaben zu. Traditionelle Weiterbildung orientiert sich dementsprechend auch zur Bestimmung des zu vermittelnden Wissens an den aufgabendeterminierten Anforderungen. Diese Anforderungen werden dem vorhandenen Qualifikationsprofil gegenübergestellt; aus der Differenz ergibt sich der Weiterbildungsbedarf, der durch geeignete Maßnahmen zu befriedigen ist. Während diese Vorgehensweise – bei allen Abbildungsproblemen – für statische Verhältnisse nachvollziehbar erscheint, bleibt zu klären, inwiefern diese Praxis auch für Innovationsprozesse greift. Das setzt die

---

[26] Vgl. Muschik (2002).
[27] Vgl. Staudt/Kriegesmann (1999).

Auseinandersetzung mit den Aufgaben voraus, die Innovatoren in den unterschiedlichen Phasen des Innovationsprozesses zu erfüllen haben:[28]

- Im „Fuzzy-Front-End"[29] entstehen neue Innovationsideen, die im nachfolgenden Entwicklungsprozess systematisch zu marktfähigen Produkten, Dienstleistungen, Verfahren, Prozessen etc. entwickelt werden.[30] In diesem kreativ-schöpferischen Entdeckungsprozess sind bestehende explizite und implizite Wissensbestände neu zu ordnen, zu kombinieren, aber auch völlig neu zu entwickeln. Das Ergebnis dieses Lernprozesses, das etwa in einem Prototyp materialisiert wird, kann naturgemäß über Weiterbildung nicht im Vorfeld zugänglich gemacht werden. Hier geht es vielmehr um echte Versuchs- und Irrtumsprozesse, in denen neue Erfahrungen zu machen sind und die angesichts des inhärenten Scheiterungsrisikos entsprechende motivatorische Dispositionen voraussetzen. Expliziter Wissensvermittlung kann in diesem Prozess nur die Funktion der Vermeidung von Doppelarbeiten zukommen. Bezogen auf das Gesamtergebnis des Innovationsprozesses stellt das explizite Wissen mithin einen Basisbaustein dar, der jedoch frei verfügbar ist. Erst die Verarbeitung in weiteren erfahrungsbasierten Lernprozessen „veredelt" dieses Wissen und macht es wettbewerbsrelevant.

- Der Weg bis zur Innovationsidee ist nur ein Teilschritt des gesamten Innovationsprozesses. Die erfolgreiche Umsetzung neuen Wissens und kreativer Ideen setzt weitere Schritte sowie erhebliche Anpassungsentwicklungen und die Lösung umfangreicher Integrationsprobleme bei Fertigungstechnologien, Personal- und Organisationsstrukturen, Kunden- und Zuliefersystemen voraus. Innovationen gleichen komplexen Umbauprozessen, in denen neue Lösungen entwickelt, bisherige Problemlösungen ersetzt, bestehende Fertigungstechnologien obsolet, Anforderungen an Mitarbeiterkompetenzen geändert und Marktbeziehungen völlig neu geordnet werden.[31] Dieser Umsetzungsprozess ist wiederum mit umfangreichen Lernprozessen verbunden. Die zur Lösung der im Innovationsprozess entstehenden Aufgaben erforderlichen Kompetenzen werden erst beim Innovieren entwickelt. Strukturell kann Weiterbildung mithin nicht in Vorlauf zu Anforderungen treten, die noch gar nicht abgebildet werden können. Detaillierte Kompetenzanforderungen können nur aus einer tatsächlich vorliegenden Aufgabe, für die curricularisierbare Lösungswege bestehen, ermittelt werden. Das setzt klare Aufgaben voraus, die bei Innovationen noch gar nicht fest umrissen sind. Klassische Bildungsbedarfsanalysen könnten also eigentlich erst zu einem Zeitpunkt

---

[28] Vgl. hierzu auch Kerka (2002).
[29] Vgl. Khurana/Rosenthal (1997); Khurana/Rosenthal (1998).
[30] In der Regel wird die frühe Phase mit dem Beginn der Produktentwicklung als abgeschlossen betrachtet. Diese Abgrenzung bietet sich vor allem aufgrund deutlich wachsender Team- und Budgetgröße nach der formalen Projektbewilligung an – es wird vermutet, dass hiermit eine deutliche Veränderung der organisatorischen Wirkungs-zusammenhänge und Spielräume einhergehen. Vgl. Cooper (1988), S. 241.
[31] Vgl. Staudt/Kriegesmann (2002).

stattfinden, zu dem die Bildungsmaßnahmen, die als Ergebnis der Analyse geplant, entwickelt und umgesetzt werden sollen, bereits realisiert sein müssten. Schon aus logischen Gründen sorgt ein solches Vorgehen für eine strukturelle Verspätung.

Damit die Innovation auch in der Breite wirksam wird, sind bei den von Innovationen „betroffenen" Mitarbeitern zusätzliche Kompetenzentwicklungsprozesse anzustoßen. Da nach erfolgreicher Umsetzung der einzelnen Aufgaben im Innovationsprozess abbildbare Anforderungen bestimmt und für die Wissensvermittlung zugänglich gemacht werden können, sind Maßnahmen zu realisieren, über die eine breite Multiplikation des jetzt verfügbaren Wissens zur Stabilisierung neuer Routinen erfolgt. Allerdings kann die explizite Wissensvermittlung „nur" die notwendige Basis legen. Der Erfahrungsaufbau, aber auch die Handlungsbereitschaft sind auf der individuellen Ebene zusätzlich anzugehen. So wird die alleinige Vermittlung expliziten Wissens über das Verhalten eines neuen Werkstoffes die Erfahrung des Meisters für die Umsetzung im Produktionsalltag kaum synthetisieren können und auch bei hoher Zufriedenheit mit dem Verhalten des bisher eingesetzten Werkstoffes und entsprechender Anwendungserfahrung bei diesem kaum eine ausgesprochen hohe Motivation entwickeln, diese Innovation in neue Routinen zu übernehmen.

Diese Zusammenschau von Kompetenzelementen und Phasen betrieblicher Innovationsprozesse zeigt, dass Kompetenzentwicklung viel breiter anzugehen ist, als dies über Weiterbildung darstellbar wäre. Mechanismen fremdgesteuerter Kompetenzentwicklung, wie sie in der Tradition einer wissenschaftlichen Betriebsführung propagiert werden, versagen in Innovationsprozessen. Innovationen beruhen auf selbstregulierten Prozessen. Die darin erforderlichen und zum Vorschein tretenden Kompetenzen der Beteiligten sind kaum auf der Schulbank oder in Seminaren zu vermitteln. Die veraltete statische Vorstellung der Berufspädagogik von einem „Lernen auf Vorrat" greift nicht. Kompetenzentwicklung ist vielmehr in betriebliche Arbeitsprozesse zu integrieren. Das setzt aber andere Mechanismen voraus als sie durch das klassische Repertoire der Weiterbildung allein abgedeckt werden können. Hier sind neue Wege zu beschreiten. Die Integration von Personal- und Organisationsentwicklung ist Basis für die Umsetzung betrieblicher Innovationsprozesse. Dazu sind Innovationsprozesse zu personifizieren. Das setzt ganz andere Muster beim Kompetenzaufbau voraus als dies über eine anforderungsorientierte Weiterbildung abgedeckt werden könnte. Die Ermutigung und Befähigung, selbständig zu handeln, d.h. ohne zentrale Planvorgaben neue Kombinationen zu probieren, Märkte zu testen, veraltete Strukturen und Prozesse zu reorganisieren und neue Formen der Zusammenarbeit mit Kunden, Lieferanten etc. zu etablieren und dabei neue Kompetenzen aufzubauen, ist in Altorganisationen der einzig mögliche Weg, das Potenzial dezentraler Innovationskräfte zu entfalten und ausgetretene Pfade zu verlassen. Diese Integration von Personal- und Organisationsentwicklung – statt künstlicher Trennung von Lern- und Arbeitswelten – überwindet die Begrenzungen technokratischer Unternehmensentwicklung.

3. Physische und psychische Leistungsfähigkeit als Säule nachhaltiger Kompetenzentwicklung – Nur gesunde Mitarbeiter können innovieren

Wenngleich kaum zu bestreiten ist, dass der Kompetenz die zentrale Bedeutung bei der Gestaltung von Innovationsprozessen zukommt, wird angesichts zunehmender Belastungen für viele Mitarbeiter ein weiterer Faktor wichtig: die physische und psychische Leistungsfähigkeit.[32] Investitionen in die Kompetenzen der Mitarbeiter müssen verpuffen, wenn es nicht gelingt, in den Unternehmen gleichzeitig Lösungsmuster zur Sicherung dieser Leistungsfähigkeit zu etablieren. Damit rückt der Umgang mit der Gesundheit als Element einer nachhaltigen Kompetenzentwicklung zunehmend in den Vordergrund.[33] Nur wer gesund ist, kann auch seine Innovationsfähigkeit und -bereitschaft in betriebliche Innovationsprozesse einbringen. Will man das innovatorische Engagement der Mitarbeiter nachhaltig absichern, muss man sich daher stärker mit der Frage auseinandersetzen, was diese physische und psychische Leistungsfähigkeit bestimmt und welche Bedingungen für deren Erhalt in betrieblichen Innovationsprozessen wirksam werden.

3.1 Physische und psychische Leistungsfähigkeit – Ressource für Innovationen

Die gängige Praxis der letzten Jahre, weniger leistungsfähige Mitarbeiter auf Schonarbeitsplätzen einzusetzen oder in den Vorruhestand zu schicken, um sich am Arbeitsmarkt „aufzufrischen", ist für die Zukunft angesichts der demographischen Entwicklung kaum mehr machbar. Will man Belegschaften haben, die nachhaltig ihre Kompetenzen in die Unternehmensentwicklung einbringen können, muss man sie fit für den Wandel halten. Traditionell wird diese Aufgabe dem Arbeits- und Gesundheitsschutz zugeordnet.

In der Umsetzung dominiert dabei der Schutz der Beschäftigten vor Arbeitsunfällen, Berufskrankheiten und arbeitsbedingten Gesundheitsgefahren. Prohibitive Regelungen im Sinne von Schadstoffbegrenzungen, Arbeitszeitregelungen etc. sollen gesundheitsschädliche Einflüsse vermeiden, vor körperlichen Überforderungen sowie vor schädigenden psychischen, biologischen oder chemischen Einwirkungen schützen.[34] Bündelt man die betrieblichen Bemühungen, die die physische und psychische Leistungsfähigkeit zum Gegenstand haben, lassen sich zum einen verhältnis- und zum anderen verhaltensorientierte Ansätze strukturieren. Übertragen auf das oben dargestellte Kompetenzmodell adressieren diese Ansätze die individuelle Handlungsfähigkeit, sich sicherheits- und gesundheitsorientiert zu verhalten sowie die technologisch-organisatorische Einbindung im Sinne der Vermeidung von Risikofaktoren.

---

[32] Vgl. Kriegesmann/Kottmann/Masurek/Nowak (2005); Brandenburg (2000); Kriegesmann/Kottmann/Krauss-Hoffmann (2005).

[33] Vgl. Kriegesmann/Kottmann/Masurek/Nowak (2005); BertelsmannStiftung/Hans-Böckler-Stiftung (2000).

[34] Vgl. Rosenbrock (2002).

Die Basis des Erhalts der physischen und psychischen Leistungsfähigkeit lässt sich mithin ebenfalls in den Dimensionen der Handlungsfähigkeit und -bereitschaft sowie der organisatorisch-technologischen Einbindung abbilden:

- *Handlungsfähigkeit*: Die Handlungsfähigkeit für gesundheitsorientiertes Verhalten ist eine Resultante aus explizitem und implizitem Wissen sowie Fertigkeiten. Die inhaltliche Bestimmung der Handlungsfähigkeit konkretisiert sich dabei beispielsweise im expliziten Wissen um die Konsequenzen unregelmäßigen Schlafs, Erfahrungen mit den Folgen unzureichender Bewegung oder der Verinnerlichung der richtigen Hebetechnik bzw. der „automatischen" Vermeidung fetter Nahrung.

- *Handlungsbereitschaft:* Gesundheitsbewusstes Verhalten kommt trotz eines hohen Wissensstandes erst zustande, wenn dies gewollt wird.[35] Individuelle Änderungen im Gesundheitsverhalten stellen dabei eine besonders schwer zu überwindende Hürde dar, da der Handlungsdruck von den Betroffenen oftmals nicht als groß genug angesehen wird. Gesundheitsschädigende Verhaltensweisen „sind tief im Menschen verankert und lassen sich nur schwer ändern."[36] Mangels „Vorstellungsvermögens" ist eine Auseinandersetzung mit den Folgen einer beeinträchtigten Gesundheit subjektiv meist gar nicht erwünscht. Individuelle Vorbeugung wird deshalb als eher unwichtig abgewertet und bestehende Risiken ignoriert. Die Gegenwartsorientierung führt zur positiven Bewertung des eigenen (risikoreichen bzw. ressourcenzehrenden) Verhaltens. Eine Auseinandersetzung mit den möglichen negativen Konsequenzen bzw. Spätfolgen des eigenen Verhaltensstils ist aus persönlicher Sicht kaum gewollt.[37]

- *Organisatorische, technologische und soziale Kopplungen:* Auch vorliegende Handlungsfähigkeit und -bereitschaft führen nicht zwingend zur Handlung. Trotz ausgeprägter individueller Handlungskompetenz, sich gesundheitsbewusst zu verhalten, können externe Umstände zu anderen Verhaltensweisen führen. Im beruflichen Kontext und im Freizeitbereich sind das organisatorische und technologische, aber auch soziale Kopplungen.

  - *Organisatorische und technologische Kopplungen* beschreiben die Einbindung des Individuums mit seinen Kompetenzen in Arbeitssysteme. Sie entscheiden darüber, inwiefern die individuelle Gesundheitskompetenz zur Entfaltung kommen kann. Das heißt, wenn beispielsweise ein Mitarbeiter über eine hohe individuelle Gesundheitskompetenz verfügt – also sowohl handlungsfähig als auch handlungsbereit ist – so kann er diese nur (vollständig) entfalten, wenn seine (organisatorisch-technologischen) Arbeitsbedingungen ihm dies auch erlauben. So lässt Schichtarbeit vielleicht erwünschte Formen der Lebensführung nicht zu

---

[35] Hirschfeld (2003).
[36] Decker (2001), S. 49 ff.
[37] Wagner-Link (2002).

oder birgt der Umgang mit Gefahrstoffen beruflich unvermeidbare Risiken, (die durch Maßnahmen der Verhältnisprävention reduziert werden sollen). Diese organisatorisch-technologischen Kopplungen lassen sich jedoch nicht auf den beruflichen Bezugsrahmen begrenzen. Auch im Freizeitbereich bestimmen „organisatorische" Sachzwänge, z.B. im familiären Umfeld, oder technisches Equipment im Hobby-Bereich die Umsetzung gesundheitsorientierten Verhaltens.

- Auch *soziale Kopplungen* entscheiden darüber, ob und in welchem Ausmaß die individuelle Gesundheitskompetenz einer Person zum Tragen kommt: Sie beschreibt die Einbindung des Individuums in soziale Systeme (Organisation, Familie, Freundeskreis etc.). Innerhalb jedes sozialen Systems herrschen explizite und implizite Regeln, deren Einhaltung oder Missachtung „belohnt" oder „bestraft" wird. Dies geschieht meist unterschwellig, dennoch haben solche Erwartungen von Bezugspersonen im beruflichen und privaten Umfeld einen mehr oder minder starken Einfluss auf das Handeln von Individuen.[38] Wie bedeutsam dieser Einfluss ist, hängt von der Persönlichkeit des Individuums, aber auch von den „Sanktionsmechanismen" der jeweiligen Bezugspersonen ab.

- *Physische, psychische und soziale Ressourcen:* Zu diesen Kompetenzelementen kommen jedoch noch weitere Faktoren als Basis des Erhalts physischer und psychischer Leistungsfähigkeit hinzu: die Ressourcen. In der Perspektive der Salutogenese[39] werden physische, psychische und soziale Ressourcen (mit Schnittmengen zu den Persönlichkeitseigenschaften versehen) dabei als eine Art Puffer[40] angesehen, die den Menschen trotz hoher Belastungen gesund halten und damit Potenziale für eine nachhaltige Leistungsfähigkeit darstellen:

  - *Physische Ressourcen:* Befunde aus dem Bereich der Medizin belegen die Existenz von körperlichen Faktoren, die einerseits einen Einfluss auf den Gesundheitszustand des Individuums haben und andererseits von diesem wiederum zum Teil beeinflusst werden können. So konnte etwa ein Zusammenhang zwischen bestimmten Risikofaktoren und der Sterblichkeit nachgewiesen werden:[41] Demnach steigert eine geringe *Fitness* das Risiko, vorzeitig zu sterben bei Männern um den Faktor 2,03 und bei Frauen um 2,33. Das *Rauchen* erhöht das Sterblichkeitsrisiko bei Männern um den Faktor 1,89, bei Frauen um 2,12. Ein erhöhter *Blutdruck* wirkt sich bei Männern mit dem Faktor 1,67 und bei Frauen mit 0,89 aus. Ein *Cholesterin-Wert* von über 240 mg/100ml erhöht bei Männern das

---

[38] Vgl. hierzu auch Böhnisch/Schröer (2002).
[39] Vgl. Antonovsky (1979); Antonovsky (1987).
[40] Vgl. Udris/Frese (1999), S. 437; Gerlmaier/Reick/Kastner (2003), S. 382.
[41] Vgl. Illmarinen/Tempel (2002), S. 202.

Risiko, vorzeitig zu sterben, um den Faktor 1,45, bei Frauen um 1,16. Schließlich wurde ein erhöhtes *Körpergewicht* (gemessen mit Hilfe des sog. Body-Mass-Index, BMI) ebenfalls als Risikofaktor ausgemacht – ein BMI von über 27 erhöht das Sterblichkeitsrisiko bei Männern um den Faktor 1,33 und bei Frauen um 1,18.

- *Psychische Ressourcen:* Auch psychischen Faktoren wird eine gesundheitsförderliche Wirkung zugeschrieben. So weist das Modell der Salutogenese auf die Bedeutung des *Kohärenzgefühls* hin. Beschrieben wird das Kohärenzgefühl als „Grundhaltung, die Welt als zusammenhängend und sinnvoll zu erleben"[42]. Diese Grundhaltung setzt sich zusammen aus einem *Gefühl der Verstehbarkeit*, einem *Gefühl von Handhabbarkeit bzw. Bewältigbarkeit* sowie einem *Gefühl der Sinnhaftigkeit bzw. Bedeutsamkeit*. Je besser das Kohärenzgefühl eines Menschen ausgeprägt ist, umso flexibler kann dieser auf Anforderungen reagieren, d.h. umso mehr Ressourcen zur Bewältigung von Belastungen hat er. Das Kohärenzgefühl nimmt also eine übergeordnete steuernde Funktion für den Umgang mit den eigenen Ressourcen ein.[43] Weitere Facetten psychischer Ressourcen sind *kognitive Kontrollüberzeugungen* (Optimismus, Selbstkonzept: Kontaktfähigkeit, Selbstkonzept: Selbstwertgefühl) und *Handlungsmuster* (positive Selbstinstruktionen, Situationskontrolle, Coping-Stile).[44]

- *Soziale Ressourcen:* Soziale Ressourcen umfassen die *Unterstützung durch Vorgesetzte, Arbeitskollegen, Lebenspartner etc.*[45] In Untersuchungen für den beruflichen Kontext konnte dabei nachgewiesen werden, dass insbesondere die erlebte Unterstützung durch Vorgesetzte (z.B. durch eine gelungene Balance zwischen Aufgaben- und Mitarbeiterorientierung) entscheidenden Einfluss auf die Senkung von Fehlzeiten und auf die Erhöhung der Zufriedenheit der Mitarbeiter hat.[46] *Soziale Beziehungen* am Arbeitsplatz und der *Zusammenhalt* unter den Mitarbeitern wirken auf die Bewältigungsmöglichkeiten und die Gesundheit eines Arbeitnehmers ein.[47] Zudem erhöhen zwischenmenschliche Beziehungen im Arbeitsleben sowie Gemeinschaftsgefühl die Arbeitszufriedenheit.

Die beschriebenen Ressourcen schaffen quasi einen Ausgleich zu bestehenden Belastungen. Gesundheit oder Krankheit sind nie eindimensionale Folgen von Belastungen, son-

---

[42] Vgl. Antonovsky (1983).
[43] Vgl. Bengel/Strittmatter/Willmann (2001), S. 29 f.
[44] Vgl. Richter/Hacker (1998).
[45] Vgl. Richter/Hacker (1998).
[46] Vgl. Richter (2000).
[47] Vgl. Illmarinen/Tempel (2002), S. 213.

dern als „dynamisches Gleichgewicht zwischen Anforderungen und der Verfügung über passende Ressourcen als Leistungsvoraussetzung zu betrachten."[48] Das Niveau personell verfügbarer Ressourcen stellt damit einen wichtigen offensiven Hebel der (betrieblichen) Gesundheitspolitik dar, der weit über auf Risikovermeidung ausgerichtete Ansätze hinausgeht.

3.2 Neue Aufgaben für das Gesundheitsmanagement – Die Anforderungen betrieblicher Innovationsprozesse selbst managen

Zweifelsfrei hat der Arbeits- und Gesundheitsschutz für betriebliche Routinen in den letzten Jahren erhebliche Fortschritte erzielt. Die Umsetzung gesundheitsfördernder Maßnahmen bleibt in vielen Unternehmen jedoch schon für diesen Bereich hinter den Erwartungen zurück,[49] da diese Instrumente kaum aufeinander abgestimmt und nur unzureichend auf spezifische Bedingungen und Zielgruppen bezogen sind. Insbesondere für die Herausforderungen betrieblicher Innovationsprozesse erscheinen die existierenden Maßnahmen nicht ausreichend passfähig.

Eigenschaften wie Frustrations- und Ambiguitätstoleranz oder Risikobereitschaft etc., die mit innovativen Mitarbeitern in Verbindung gebracht werden,[50] weisen auf spezifische Belastungen in diesem Bereich hin. Innovatoren müssen für die Umsetzung ihrer Idee kämpfen, setzen sich Widerständen aus, gehen persönliche (Karriere-)Risiken ein und laufen Gefahr, trotz hohen individuellen Engagements zu scheitern.[51] Dabei entwickeln und verfolgen sie ihre Idee oft neben der Routine, die nach den Reorganisationsrunden der letzten Jahre kaum mehr Raum lässt, sich innovatorisch in die Unternehmensentwicklung einzubringen.[52] In einer Erhebung des IAI unter Erfindern in Unternehmen konnte gezeigt werden, dass innovatives Engagement in fast 50% der Fälle mit einer Entgrenzung von Arbeits- und Freizeit einhergeht, d.h. die innovatorische Tätigkeit reicht bis in die Freizeit hinein und bestimmt die gesamte Lebensführung mit.

Gerade die Mitarbeiter, die wesentliche Impulse für die Unternehmensentwicklung liefern, geraten also zunehmend unter Druck. Beschleunigung und Komplexitätssteigerung betrieblicher Entwicklungsprozesse beeinflussen zunehmend die Zeitanteile bzw. Gestaltungsformen von Arbeit und Freizeit, nähren den Boden für Präsentismus,[53] forcieren Tendenzen der Selbstausbeutung und führen zu völlig neuen Belastungen.[54] Diese Entwicklungen kreuzen sich mit der starken Zunahme gerade psychischer Erkrankungen[55]

---

[48] Brödner (2002).

[49] Vgl. Hemmer (1998), S. 53.

[50] Vgl. Guetzkow (1965), S. 35 ff.; Kriegesmann, (1993).

[51] Vgl. Kriegesmann/Kerka/Kley (2005).

[52] Vgl. Kriegesmann/Kley/Schwering (2005); Kriegesmann/Kerka/Schwering/Striewe (2005).

[53] Vgl. Hemp (2005).

[54] Vgl. BertelsmannStiftung/Hans-Böckler-Stiftung (2004); Ertl/Pröll (2004); Kriegesmann (2003).

[55] Vgl. Richter (2002); Badura et al. (2005), S. 300 f.

und schlagen sich in Diskussionen um Work-Life-Balance oder um Burn-out-Effekte insbesondere bei Führungskräften nieder.[56] Die in vielen Unternehmen mit Innovationsprozessen einhergehenden Verhältnisse werden so betrachtet zu einem immer drängender werdenden Kristallisationspunkt des Arbeits- und Gesundheitsschutzes.

Die für betriebliche Innovationsprozesse bestehende Lücke im Arbeits- und Gesundheitsschutz ist mit neuen Ansätzen anzugehen, die

- einerseits das durch die Einbindung in betriebliche Entwicklungsprozesse geprägte Arbeits-, Freizeit- und Gesundheitsverhalten (Lebensstil) sowie

- andererseits die organisatorischen Bedingungen in diesem Bereich adressieren,

um Gefährdungspotenziale zu vermeiden, vor allem aber um physische und psychische Ressourcen[57] zur Gestaltung von Innovationsaufgaben zu stärken. Dabei muss die Lebensführung zusätzlich berücksichtigt werden. Der alleinige Fokus auf Arbeit resp. Arbeitsplatz und die daraus resultierenden Belastungen werden den realen Bedingungen und Herausforderungen zur Sicherung der Leistungsfähigkeit nicht gerecht, zumal der Einfluss der Lebensführung auf die Gesundheit zunehmend offenkundig ist.[58] Gleichzeitig gibt es zahlreiche Hinweise, dass eine gezielte Lebensstilmodifikation deutlich zur Erhöhung der Gesundheit bzw. zum Aufbau von Ressourcen als Puffer für aktuelle und zukünftige Belastungen beitragen kann.[59]

Angesichts dieser Zusammenhänge sind die in Innovationsprozessen eingebundenen Mitarbeiter zu befähigen und zu motivieren, die mit Innovationsprozessen einhergehenden Bedingungen selbst zu managen, d.h. mit Anforderungen umzugehen, aber auch Ressourcen für zukünftige Aufgaben aufzubauen:

- **Anforderungsorientiertes Selbstmanagement:** Das anforderungsorientierte Selbstmanagement fokussiert Risiken und Belastungen aus aktuellen (Arbeits-) Aufgaben. Die daraus ableitbaren Verhaltensweisen sind relativ gut konturierbar, mit bekannten Maßnahmen unterlegt und kurzfristig erfolgswirksam (wie z.B. die Vermeidung von Kontakten mit gesundheitsschädigenden Materialien).

---

[56] Vgl. Kienbaum HR Studies (2003); Badura/Vetter (2003); Richter/Hacker (1998); Resch (2005); Burisch (2006).

[57] Vgl. Antonovsky (1979); Udris (1990), S. 453; Ilmarinen/Tempel (2002); Rosenbrock (2004).

[58] So nimmt man heute an, dass etwa 30 bis 50% der Krebserkrankungen im Zusammenhang mit einer Fehlernährung oder Suchtmittelgebrauch stehen, ein ungesunder Lebensstil wird für etwa 60% aller kardiovaskulären Neuerkrankungen verantwortlich gemacht. Faktoren des Lebensstils und psychosoziale Variablen werden inzwischen auch als relevant für rheumatische Erkrankungen, Schmerzerkrankungen, chronische Erkrankungen der Atemwege, chronisch spezifische Darmerkrankungen und Depressionen angesehen. Vgl. Hankey (1999); Vgl. Lengfelder (2001); Vgl. Blumenthal et al. (1999).

[59] Vgl. z.B. Schuler et al. (1992); Haskell et al. (1994); Ornish (1998); Altner/Michalsen/Paul (2006).

- **Potenzialorientiertes Selbstmanagement:** Neben diese reaktiven, im Kern auf den Umgang mit bekannten Sicherheits- und Gesundheitsrisiken und Belastungen rekurrierenden Kompetenzen treten solche eher aktiver Natur, die das Management der eigenen Ressourcen zum Gegenstand haben. Hier geht es um den Aufbau, die Erhaltung und Weiterentwicklung von Puffern zur Gestaltung bzw. Bewältigung zukünftiger, noch unbekannter Aufgaben und den damit verbundenen Belastungen. Angesichts der diffusen Mechanismen der Ressourcenpflege und der unklaren Erfolgswirksamkeit stellt sich dieser Bereich des Selbstmanagements allerdings bislang noch weitgehend als „black box" dar und ist dementsprechend (forschungs-) methodisch noch kaum zugänglich.

Den Aufbau, Erhalt und die Weiterentwicklung von Ressourcen kann man angesichts ihrer Belastungsausgleichsfunktion als eine Art Basisaufgabe des Selbstmanagements bezeichnen. Ein gesundheitsförderlicher Lebensstil – der u.a. von den Faktoren Bewegung, Ernährung, Entspannung sowie von sozialen Kontakten geprägt ist – bietet eine zentrale Möglichkeit, die eigenen Ressourcen eigenkompetent zu pflegen und damit die physische und psychische Leistungsfähigkeit zu sichern.

4. Konsequenzen für die Kompetenzentwicklung

Die Entwicklungsfähigkeit von Unternehmen hängt auf der Mitarbeiterebene davon ab, dass in allen Funktionsbereichen aktuelle und zukünftige Aufgaben kompetent erfüllt, Wege für Neues kreativ erarbeitet und erfolgreich umgesetzt werden. Das setzt auf individueller Ebene

- Handlungsfähigkeit und -bereitschaft sowie die

- Verfügbarkeit physischer und psychischer Leistungsfähigkeit voraus.

Diese Faktoren sind dementsprechend die Hebel einer an betrieblichen Entwicklungserfordernissen ausgerichteten Kompetenzentwicklung. In der Verbindung von Maßnahmen zur Erhöhung innovatorischer Kompetenz mit Ansätzen zur Sicherung der physischen und psychischen Leistungsfähigkeit ist das Spektrum betrieblicher Kompetenzentwicklungsarbeit dabei weiter zu fassen.

Hat sich Personalentwicklung im betrieblichen Kontext bisher dominant für die „Vervielfältigung" von Qualifikationen für das Bestehende als zuständig angesehen, zeigen die beschriebenen Zusammenhänge, dass man damit nur einen Teilausschnitt abdeckt. Neben der Professionalisierung des Erfahrungsaufbaus, der Erweiterung um motivatorische Aspekte sowie der Umsetzung lernförderlicher Bedingungen durch eine Abstimmung von individuellen Lern- und betrieblichen Innovationsprozessen, gewinnt die Unterstützung des Selbst-Managements an Bedeutung. Für den Bereich der Gesundheit besteht dabei eine weitgehende Vakanz. Gesundheitsfördernde Maßnahmen sind organisatorisch in Arbeitsschutzabteilungen aufgehängt und werden in der betriebspraktischen Umsetzung allzu oft erst aus der Defensive wirksam. Statt die Leistungsfähigkeit offensiv zu adressieren, werden eher „Reparaturmaßnahmen" als Reaktion auf Versäumnisse in der Vergangenheit umgesetzt. Insofern sind die Ressourcen als eine Art Puffer für den Belastungsausgleich neu anzugehen und über völlig neue Maßnahmenverschnitte zu instrumentalisieren.

Das setzt die (Weiter-)Entwicklung und Umsetzung eines integrierten Kompetenzentwicklungsmanagements voraus, das Schnittstellen zwischen innovatorischer Kompetenz und physischer sowie psychischer Leistungsfähigkeit nutzt. So kann etwa die Einbindung in ein Innovationsprojekt, für das man aus der Routineorganisation herausgelöst wird, nicht nur zum Aufbau von Ressourcen führen, sondern erst den Kompetenzaufbau für Neues ermöglichen. Oder die Einbindung in ein Innovationsprojekt aktiviert Ressourcen bei Mitarbeitern, die längst aus dem Kreis der „Innovativen" verabschiedet wurden. Diese Zusammenhänge sind jedoch noch weitgehend ungeklärt. Wer aber Hinweise für die Umsetzung einer nachhaltigen Kompetenzentwicklung erhalten will, muss sich diesem Feld zuwenden.

5. Literatur

Alderfer, C. P.: Existence, Relatedness, and Growth: Human Needs in Organizational Settings, New York 1972.

Altner, N.; Michalsen, A.; Paul, A.: Prävention, in: Dobos, G. J. et al. (Hrsg.): Chronische Erkrankungen integrativ – Konventionelle und komplementäre Therapie, München 2006.

American Heart Association (Hrsg.): Prevention Conference, in: Circulation 2000, 101:e3.

Antonovsky, A.: Health, Stress and Coping – New Perspectives on Mental and Physical Well-Being, San Francisco 1979.

Antonovsky, A.: The Sense of Coherence: Development of a Research Instrument, in: Newsletter and Research Reports, W. S. Schwartz Research Center for Behavioral Medicine, Tel Aviv University, 1/1983, S. 1-11.

Antonovsky, A.: Unraveling the Mystery of Health. How People Manage Stress and Stay Well, San Francisco 1987.

Badura, B. et al. (Hrsg.): Fehlzeiten-Report 2004, Berlin, Heidelberg 2005.

Badura, B.; Vetter, C.: „Work-Life-Balance" – Herausforderung für die betriebliche Gesundheitspolitik und den Staat, in: Badura, B.; Schellenschmidt, H.; Vetter, C. (Hrsg.): Fehlzeitenreport 2003 – Wettbewerbsfaktor Work-Life-Balance, Berlin 2003.

Baethge, M.; Baethge-Kinsky, V.: Der ungleiche Kampf um das lebenslange Lernen: Eine Repräsentativstudie zum Lernbewusstsein und -verhalten der deutschen Bevölkerung, in: ABWF (Hrsg.): Der ungleiche Kampf um das lebenslange Lernen, Münster u.a. 2004.

Baitsch, C.: Lernen im Prozeß der Arbeit – Zum Stand der internationalen Forschung, in: ABWF (Hrsg.): Kompetenzentwicklung '98, Münster u.a. 1998, S. 269-337.

Becker, M.; Schwertner, A. (Hrsg.) (2002): Personalentwicklung als Kompetenzentwicklung, München, Mering 2002.

Bell, D.: Die nachindustrielle Gesellschaft, Frankfurt/M. 1985, S. 180.

Bengel, J.; Strittmatter, R.; Willmann, H.: Was erhält Menschen gesund?: Antonovskys Modell der Salutogenese – Diskussionsstand und Stellenwert, in: Bundeszentrale für gesundheitliche Aufklärung BzgA (Hrsg.): Forschung und Praxis der Gesundheitsförderung, Band 6, Köln 2001.

Bergmann, B.: Kompetenzentwicklung – eine Aufgabe für das ganze Erwerbsleben, in: QUEM-Bulletin, 3/2001, S. 1-6

Bergmann, B.: Einführung: Arbeit und Lernen, in: ABWF (Hrsg.): Arbeiten und Lernen, Münster u.a. 2004, S. 13-35.

BertelsmannStiftung; Hans-Böckler-Stiftung (Hrsg.): Erfolgreich durch Gesundheitsmanagement – Beispiele aus der Arbeitswelt, Gütersloh 2000.

BertelsmannStiftung; Hans-Böckler-Stiftung (Hrsg.): Zukunftsfähige betriebliche Gesundheitspolitik, Bielefeld 2004.

Blumenthal, J. A. et al: Effects of Exercise Training on Patients with Depression, in: Arch. Intern. Med. 159/1999, S. 2349.

Böhnisch, L.; Schröer, W.: Soziale Benachteiligung und Kompetenzentwicklung, in: ABWF (Hrsg.): Kompetenzentwicklung 2002, Münster u.a. 2002, S. 199-227.

Brandenburg, U. et al.: Leistung fordern – Gesundheit fördern, in: Brandenburg, U. et al. (Hrsg.): Gesundheitsmanagement im Unternehmen, München 2000, S. 9-20.

Brödner, P.: Flexibilität, Arbeitsbelastung und nachhaltige Arbeitsgestaltung. in: Brödner, P.; Knuth, M. (Hrsg.): Nachhaltige Arbeitsgestaltung. Trendreports zur Entwicklung und Nutzung von Humanressourcen, Bilanzierung innovativer Arbeitsgestaltung, Band 3, München, Mering 2002, S. 489-542.

Burisch, M.: Das Burnout-Syndrom, Theorie der inneren Erschöpfung, 3. Aufl., Berlin 2006.

Cooper, R. G.: Predevelopment Activities Determine New Product Success, in: Industrial Marketing Management, 17. Jg., 2/1988, S. 237-248.

Decker, F.: Gesundheit im Betrieb: vitale Mitarbeiter – leistungsstarke Organisationen, Leonberg 2001.

Ertl, M.; Pröll, U.: Arbeitssituation und Gesundheit von „neuen Selbständigen" im Dienstleistungssektor, in: Arbeit – Zeitschrift für Arbeitsforschung, Arbeitsgestaltung und Arbeitspolitik, 13. Jg., 1/2004, S. 3-15.

Gerlmaier, A.; Reick, C.; Kastner, M.: Strategien und Gestaltungsansätze zur Förderung eines nachhaltigen Ressourcenmanagements bei neuen Selbständigen in Unternehmen, in: Kastner, M. (Hrsg.): Neue Selbständigkeit in Organisationen – Selbstbestimmung, Selbsttäuschung, Selbstausbeutung?, München, Mering 2003, S. 379-392.

Guetzkow, H.: The Creative Person in Organizations, in: Steiner, G. A. (Hrsg.): The Creative Organization, Chicago, London 1965, S. 35-71.

Hacker, W.; Skell, W.: Lernen in der Arbeit, hrsg. vom Bundesinstitut für Berufsbildung, Bonn 1993.

Hankey, G. J.: Smoking and the Risk of Stroke, Journal of Cardiovascular Risk 6/1999, S. 207-211.

Haskell, W. et al.: Effects of Intensive Multiple Risk Factor Reduction on Coronary Atherosclerosis and Clinical Cardiac Events in Men and Women with Coronary Artery Disease, in: Circulation, No. 89, 1994, S. 975-990.

Heckhausen, H.: Motivation und Handeln, Berlin 1980.

Hemmer, E.: Was erwarten die Unternehmen von der Prävention?, in: Cernavin, O.; Wilken, U. J. (Hrsg.): Dienstleistung Prävention, Wiesbaden 1998, S. 44-68.

Hemp, P.: Krank am Arbeitsplatz, in: Harvard Business Manager, Januar 2005, S. 47-60.

Herzberg, F.; Mausner, B.; Snyderman, B.: The Motivation to Work, New York 1959.

Hirschfeld, K.: Work-Life-Balance im Zeitalter der Globalisierung, in: Personal – Zeitschrift für Human Resource Management, 55. Jg., 11/2003, S. 18-21.

Illmarinen, J.; Tempel, J.: Arbeitsfähigkeit 2010 – Was können wir tun, damit Sie gesund bleiben?, Hamburg 2002.

Kerka, F.: Strukturierung von Innovationsaufgaben – Ein Beitrag zur Beschreibung und Erklärung betrieblicher Veränderungsprozesse, Bochum 2002.

Khurana, A.; Rosenthal, S. R.: Towards Holistic „Front Ends" in New Product Development, in: Journal of Product Innovation Management, 15. Jg., 1/1998, S. 57-74.

Khurana, A.; Rosenthal, S. R.: Integrating the Fuzzy Front End of New Product Development, in: Sloan Management Review, 38. Jg., 2/1997, S. 103-120.

Kienbaum HR Studies 2003: Zeitmanagement & Worklife-Balance internationaler Top-Manager, Berlin 2003.

Kriegesmann, B.: Innovationsorientierte Anreizsysteme, Bochum 1993.

Kriegesmann, B.: Lernen in Organisationen – oder lernende Organisationen?, in: Personalführung, 36. Jg., 4/2003, S. 18-27.

Kriegesmann, B.: Selbstmanagement: Neue Aufgaben bei der Abstimmung individueller Lebensführung mit geänderten Arbeitsformen, in: Kriegesmann, B. (Hrsg.): Berichte aus der angewandten Innovationsforschung, No 207, Bochum 2003.

Kriegesmann, B.; Kerka, F.: Kompetenzentwicklung: Neue Aufgaben für die Gestaltung und Umsetzung von Innovationsprozessen, in: Bellmann, L.; Minssen, H.; Wagner, P. (Hrsg.): Personalwirtschaft und Organisationskonzepte moderner Betriebe, Nürnberg 2001, S. 133-162.

Kriegesmann, B.; Kerka, F.; Kley, T.: Fehlertoleranz und Innovationskultur. Normative Thesen im Spiegel empirischer Befunde, in: Kriegesmann, B. (Hrsg.): Berichte aus der angewandten Innovationsforschung, No 216, Bochum 2005.

Kriegesmann, B.; Kerka, F.; Kley, T.: Innovationswiderstand und Gegenstrategien innovativer Kräfte – Empirische Analysen zum „Fuzzy-Front-End" des Innovationsprozesses, in: Kriegesmann, B. (Hrsg.): Berichte aus der angewandten Innovationsforschung, No 218, Bochum 2005.

Kriegesmann, B.; Kerka, F.; Schwering, M. G.; Striewe, F.: Bedingungen betrieblicher Innovationsprozesse, in: Arbeit – Zeitschrift für Arbeitsforschung, Arbeitsgestaltung und Arbeitspolitik, 14. Jg., 2/2005, S. 118-130.

Kriegesmann, B.; Kley, T.; Schwering, M. G.: Creative errors and heroic failures: capturing their innovative potential, in: Journal of Business Strategy, 26. Jg., 3/2005,
S. 57-64.

Kriegesmann, B.; Kottmann, M.; Krauss-Hoffmann, P.: Employability und Lebenslanges Lernen: Neue Perspektiven für eine nachhaltige Gesundheitspolitik, in: Personalmanagement und Arbeitsgestaltung – Bericht zum 51. Frühjahrskongress der Gesellschaft für Arbeitswissenschaft e.V., Heidelberg 2005, S. 181-184.

Kriegesmann, B.; Kottmann, M.; Masurek, L.; Nowak, U.: Kompetenz für eine nachhaltige Beschäftigungsfähigkeit, in: Schriftenreihe der Bundesanstalt für Arbeitsschutz und Arbeitsmedizin – Forschung –, Dortmund, Berlin, Dresden 2005.

Kriegesmann, B.; Schwering, M. G.: Kompetenz zur Innovation – Ergebnisse einer empirischen Untersuchung zum Aufbau und zur Entwicklung von Wissen und Erfahrung in KMU, in: Wissenschaftsmanagement – Zeitschrift für Innovation, 12. Jg, 1/2006, S. 20-24.

Lengfelder, W.: Körperliche Inaktivität: Zu beeinflussender Risikofaktor in der primären Prävention?, in: Med Klin, 96. Jg, 11/2001, S. 66-69.

Livingstone, D. W.: Informelles Lernen in der Wissensgesellschaft, in: ABWF (Hrsg.): QUEM-Report, Heft 60, Berlin 1999, S. 65-92.

Livingstone, D. W.: The Education Jobs Gap: Underemployment or Economic Democracy, Toronto 1998.

Maslow, A. H.: Motivation and Personality, New York 1954.

Muschik, C.: Organisationale Kompetenz – Ein Beitrag zur Strukturierung organisationaler Kompetenz und Kompetenzentwicklung, in: Staudt, E. (Hrsg.): Schriftenreihe Innovation: Forschung und Management, Band 17, Bochum 2002.

Nonaka, I.; Takeuchi, H.: Die Organisation des Wissens. Wie japanische Unternehmen eine brachliegende Ressource nutzbar machen, Frankfurt/M., New York 1997.

Ornish, D. et al.: Intensive Lifestyle Changes for Reversal of Coronary Heart Disease, in: JAMA, No. 280, 1998, S. 2001-2007.

Pervin, L. A.: Persönlichkeitstheorien, 3. Aufl., München 1993, S. 546.

Polanyi, M.: Implizites Wissen, Frankfurt/M. 1985.

Porter, L. W.; Lawler, E. E.: Managerial attitudes and performance, Home-wood/Illinois 1968.

Reischmann, J.: Andragogisch-didaktische Überlegungen zwischen Wissen und Können, in: GdWZ, 5/1998, S. 267-271.

Resch, M.: Work-Life-Balance und betriebliche Gesundheitsförderung, in: Busch, R.; Senatsverwaltung für Inneres (Hrsg.): Gesundheitsforum 2005, Berlin, S. 322-229.

Richter, P.: Gesundheitsförderliche Arbeitsgestaltung – Verhaltens- und Verhältnisprävention zur Motivations- und Gesundheitsförderung in modernen Arbeitsprozessen, Vortrag im Rahmen der Sächsischen Gesundheitswoche 2000 (http://www.dhmd.de/forum-wissenschaft/fachtagung03/richter_vg.htm [07.06.2004]).

Richter, P.: Psychische Belastungen in der modernen Arbeitswelt – neue Herausforderungen, Bewältigungs- und Gestaltungsansätze, in: Arbeit & Ökologie-Briefe, 5/2002.

Richter, P.; Hacker, W.: Belastung und Beanspruchung – Streß, Ermüdung und Burnout im Arbeitsleben, Heidelberg 1998.

Rosenbrock, R.: Gesundheitsförderung und Prävention – Kategorien und Klassifikation, in: impulse, Newsletter zur Gesundheitsförderung, LV für Gesundheit Niedersachsen, 1/2004.

Rosenbrock, R.: Zusammenarbeit und Leistungen der überbetrieblichen Akteure, Arbeitsgruppe 3, in: BertelsmannStiftung; Hans-Böckler-Stiftung (Hrsg.): Expertenkommission Betriebliche Gesundheitspolitik – Zwischenbericht, Gütersloh, Düsseldorf, 22. November 2002.

Schanz, G. (Hrsg.): Handbuch Anreizsysteme in Wirtschaft und Verwaltung, Stuttgart 1991.

Schuler, G. et al.: Regular Physical Exercise and Low Fat Diet – Effects on Progression of Coronary Artery Disease, in: Circulation, 86/1992, S. 1-11.

Schwering, M. G.: Kompetenzentwicklung in Veränderungsprozessen, Bochum 2004.

Staudt, E. et al.: Kompetenz und Innovation – Eine Bestandsaufnahme jenseits von Personalentwicklung und Wissensmanagement, Bochum 1997.

Staudt, E.; Kley, T.: Formelles Lernen – informelles Lernen – Erfahrungslernen. Wo liegt der Schlüssel zur Kompetenzentwicklung von Fach- und Führungskräften, in: ABWF (Hrsg.): QUEM-Report, Heft 69, Berlin 2001, S. 227-275.

Staudt, E.; Kriegsmann, B.: Weiterbildung: Ein Mythos zerbricht, in: Staudt, E. (Hrsg.): Berichte aus der angewandten Innovationsforschung, No 178, Bochum 1999.

Staudt, E.; Kriegesmann, B.: Innovationsmanagement – neue Wege bei der Umsetzung, in: Knauth, P.; Wollert, A. (Hrsg.): Human Resource Management – Neue Formen betrieblicher Arbeitsorganisation und Mitarbeiterführung, 35. Erg.lfg., Neuwied 2002, Gruppe 8, Beitrag 8.30, S. 1-24.

Staudt, E.; Kriegesmann, B.: Kompetenzentwicklung und Innovation. Die Rolle der Kompetenz bei Organisations-, Unternehmens- und Regionalentwicklung, Münster et al. 2002.

Tough, A. M.: The Adults Learning Projects. A Fresh Approach to Theory and Practice in Adult Learning, Toronto 1979.

Tough, A. M.: The Iceberg of Informal Adult Learning, in: NALL Working Paper No. 49, Toronto 2002.

Udris, I.: Organisationale und personale Ressourcen der Salutogenese – gesund bleiben trotz oder wegen Belastung?, in: Zeitschrift für die gesamte Hygiene, 8/1990, S. 453-455.

Udris, I.; Frese, M.: Belastung und Beanspruchung, in: Hoyos, C.; Frey, D. (Hrsg.): Arbeits- und Organisationspsychologie, Weinheim 1999, S. 429-445.

Vroom, V. H.: Work and Motivation, New York et al. 1964.

Wagner-Link, A.: Lust statt Last: Einige psychologische Überlegungen zu Gesundheitsförderung und Prävention, in: Höfling, S. (Hrsg.): Hanns-Seidel-Stiftung: Argumente und Materialien zum Zeitgeschehen 36, München 2002, S. 43-54.

World Cancer Research Fund (Hrsg.): Banta Book, Washington 1997

Verantwortung für das Ganze oder Sklave irgendeines verblichenen Ökonomens –
Ethische Kriterien für unternehmerisches Handeln in der Marktwirtschaft

Joachim Hagel O. Praem.

Inhalt

Einführung

Die zentrale Aufgabe der wissenschaftlichen Ethik ist es, die Menschen durch kritisches Denken zu befähigen, das bestmögliche Leben zu führen, dessen sie fähig sind. Wissenschaftliche Ethik will daher keine fertigen Lösungen für alle offenen Fragen der Menschheit anbieten, sondern ist eine Methode des korrekten kritischen Denkens, welche die Menschen befähigt, auf der Grundlage des *moral point of view*, d.h. des moralischen Beurteilungsstandpunktes, sittlich richtig zu handeln, um miteinander ein gutes Leben zu führen. Sie leistet gleichsam den Menschen Hebammendienste, um sittlich richtiges Urteilen und Handeln auf allen Ebenen der Verantwortung in einem Staat zu erlernen. Dabei sind drei Ebenen der Verantwortung, auf denen kritisches Denken erforderlich ist, relevant:

*   Die obere Ebene der *institutionellen Verantwortung* des Gesetzgebers,

*   die mittlere Ebene der *Organisationsverantwortung* von privaten wie öffentlichen Unternehmen beziehungsweise von öffentlichen Verwaltungen und Einrichtungen

*   und schließlich die untere Ebene der *individuellen Verantwortlichkeit*.

Individuelle Verantwortlichkeit wird mithin von den Menschen stets im vorgegebenen Rahmen der institutionellen staatlichen Ordnung sowie der Organisation der Unternehmen und öffentlichen Verwaltungen wahrgenommen.

Im vorliegenden Beitrag geht es primär um die Organisationsverantwortung von privaten Unternehmen in einer Marktwirtschaft, die unter dem Schlüsselwort *Corporate Social Responsibility* (= CSR) in der Unternehmensethik diskutiert wird. Dabei ist in der Unternehmensethik strittig, was nun die Organisationsverantwortung konkret von der Unternehmensleitung verlangt. K. Macharzina stellt seinem Lehrbuch zur Unternehmensführung die Sentenz voraus: *Unternehmensführung verantwortet das Ganze.*[1] Damit liefert er eine Kurzdefinition, was mit dem Ausdruck ‚CSR' bzw. ‚Organisationsverantwortung' gemeint ist:

*   Zum einen meint ‚Organisationsverantwortung' die korporative Verantwortung des Unternehmens als Ganzes für das Wohl aller betroffenen ‚Stakeholder'.

Damit sind in erster Linie gemeint die Kunden, sodann die Kapitalgeber (= Shareholder), die Mitarbeiter und Mitarbeiterinnen, die Lieferanten, der Staat und seine Organe, eventuell auch die Anlieger der Betriebsniederlassungen und die Zivilgesellschaft insgesamt und schließlich das Management selber.

*   Zum anderen meint ‚Organisationsverantwortung' die persönliche Verantwortung des einzelnen Stakeholders für das kollektive Handeln des Unternehmens auf der Basis der Unternehmensverfassung und im Rahmen des koordinierten Zusammenwirkens.

---

[1] Macharzina (2003) V.

Oder anders formuliert: Die korporative Verantwortung von Organisationen resultiert aus ihrer *Corporate Governance*, d.h. der Qualität der Management- und Koordinationsstrategien in einem Unternehmen.

Unternehmensführung verantwortet das Ganze. Sie wird gemäß dem *moral point of view* vom Management sittlich richtig ausgeübt, wenn sie die relevanten Stakeholder, die das Ganze ausmachen, identifiziert und Mitverantwortung dafür übernimmt, dass die betroffen Menschen ein gutes Leben führen können.

Unternehmensführung verantwortet das Ganze. Dies ist allerdings lediglich eine *notwendige* Bedingung zur Wahrnehmung von Organisationsverantwortung keine *hinreichende* Bedingung. In der Praxis der Unternehmensführung bedarf es betriebs- und volkswirtschaftlicher Kenntnisse, Fähigkeiten und praktischer Erfahrungen, um ein Unternehmen auf Dauer im Interesse aller Stakeholder erfolgreich zu führen. Das *fundamentum in re* ist die richtige ökonomische Theorie. Aufgabe der wissenschaftlichen Ethik als eine *Methode des korrekten kritischen Denkens* ist es hier, auf ethische und ökonomische Voraussetzungen und Implikationen hinzuweisen, die bei der Anwendung in der Praxis zu beachten sind.

Der englische Nationalökonom, J.M. Keynes (1883-1946), der zeit seines Lebens ein Nonkonformist geblieben ist, warnt bereits 1936 in seinen sozialphilosophischen Schlussbetrachtungen am Ende seiner *General Theory*: „Praktiker, die sich ganz frei von intellektuellen Einflüssen glauben, sind gewöhnlich Sklaven irgendeines verblichenen Ökonomen. Wahnsinnige in hoher Stellung, die Stimmen in der Luft hören, zapfen ihren wilden Irrsinn aus dem, was irgendein akademischer Schreiber ein paar Jahre vorher verfasste."[2] Es geht J.M. Keynes darum, dass der Praktiker und die Praktikerin sich auch in Fragen der Wirtschaftspolitik wie der Unternehmensführung ein eigenständiges kritisches Denken erhalten, wie es der idealistische Philosoph J.G. Fichte (1762–1814) stets gefordert hat: Der wahre Philosoph soll niemals etwas ungeprüft von einer anderen Autorität übernehmen.[3] Jede Unternehmensführung soll sich durch kreatives und kritisches Denken auszeichnen und sich nicht durch einfaches intuitives Denken zum Sklaven irgendeiner volkswirtschaftlichen oder betriebswirtschaftlichen Schulmeinung machen.

Die Basis der Argumentation wird im ersten Abschnitt mit einer Einführung in die relevanten Aspekte der *Anthropologie* und der *Metaethik* gelegt. In diesem Abschnitt wird die Bedeutung der fundamentalen Einteilung dargelegt, welche das menschliche *Ich* in drei unterschiedliche Instanzen gliedert: In ein *einsichtiges Ich* mit der praktischen und der theoretische Vernunft, in ein *freies Ich* der Selbstbestimmung und in ein *spontanes Ich*, das den nicht-vernünftigen Teil der Gesamtpersönlichkeit ausmacht und neben den Gefühlen, Antrieben und Wünschen das so genannte Über-Ich enthält.

Der zweite Abschnitt setzt sich mit der *wissenschaftlichen Methode normativer Ethik* auseinander und dient der Anleitung zu einem korrekten Argumentieren auf den drei Ebenen der Verantwortung: Der *individuellen Verantwortlichkeit* jedes Menschen, der *Organisationsverantwortung* der Unternehmen und öffentlichen Verwaltungen und der

---

[2] Keynes (2002) 323.
[3] Vgl. Fichte (1995) 172f. [§ 15, Corollaria 3].

institutionelle Verantwortung des Gesetzgebers in einer Wettbewerbswirtschaft. Eine *Verantwortungsethik* im Sinne von M. Weber (1864-1920), die auch unter der Bezeichnung ,*teleologische Ethik*' oder ,*materiale Wertethik*' bekannt ist, bildet Basis der normativ-ethischen Argumentation.

Auf der Grundlage der relevanten Aspekte der Anthropologie und der Forderungen einer Verantwortungsethik im Rahmen einer funktionierenden Wettbewerbswirtschaft ist der abschließende dritte Abschnitt der Diskussion der grundlegenden methodischen Fragen einer **Organisationsverantwortung** gewidmet. Exemplarisch soll aufgezeigt werden, wie durch das Konzept einer *Balanced Scorecard* eine Unternehmensführung auf der Basis des *moral point of view* realisiert werden kann.

1.   Anthropologie und Metaethik

Mit ‚Anthropologie' ist in diesem Zusammenhang die theologische und philosophische Anthropologie gemeint, insofern sie von den empirischen Anthropologien abgesetzt wird. Sie stellt sich die Fragen: Was macht den Menschen zum Menschen? Und was ist ein gutes menschliches Leben? Die philosophische Anthropologie bleibt deshalb nicht bei der rein äußerlichen Betrachtung des Menschen stehen. Sie schaut in das Innere des Menschen, dessen *Ich* sich gleichsam in drei Instanzen gliedert: In ein *einsichtiges* Ich aus praktischer und theoretischer Vernunft, das zum **kritischen Denken** befähigt, in ein *freies* Ich zur **moralischen Selbstbestimmung** und schließlich in ein *spontanes* Ich, das den nicht-vernünftigen Teil der Gesamtpersönlichkeit des Menschen ausmacht. Das *spontane Ich* besteht zum einem aus den Gefühlen, Wünschen und Antrieben und zum anderen aus dem nach S. Freud (1856-1939) so genannten *Über-Ich*. Die Stimme des Über-Ichs ist die Stimme einer internalisierten äußeren Autorität, die zum **intuitiven Denken** befähigt und alle übernommenen Einsichten, Normen und Urteile abgespeichert.

1.1   Das Gewissen in der Auseinandersetzung mit dem Über-Ich

E. Fromm (1900-1980) nennt die Stimme des *Über-Ichs* im Menschen das ‚*autoritäre Gewissen'*, die er von der Stimme des *einsichtigen Ichs* – dem Urteil der praktischen und theoretischen Vernunft des Menschen – oder in seiner Terminologie der Stimme des ‚*humanistischen Gewissens'* abgrenzt.[4] Das entspricht in der Tradition der Katholischen Moraltheologie dem *Naturrecht* als *Vernunftrecht*. Bereits Thomas von Aquin (1224/5-1274) sagt in der *Summa theologiae* I-II q. 19 a.5: „*conscientia sit quodammodo dictamen rationis.* "[5] Der Gewissensspruch ist ein Spruch der eigenen praktischen und theoretischen Vernunft. Die praktische Vernunft ist für das intuitive, unmittelbare Erkennen von Werten und Übeln zuständig. Dieses sittliche Erkenntnisvermögen wird in Anschluss an Aristoteles in der ethischen Tradition auch ‚*orthos logos'*, ‚*recta ratio'* oder ‚*synderesis'* genannt. In Abgrenzung zum Gewissensspruch des *einsichtigen Ichs* (= ‚*conscientia'* oder ‚Situationsgewissen') wird die praktische Vernunft als sittliches Erkenntnisvermögen auch ‚Urgewissen' genannt. Bezüglich der grundlegenden Werte und Übel haben die Philosophen des Idealismus, I. Kant (1724-1804) und J.G. Fichte (1762–1814), eine Unfehlbarkeit der praktischen Vernunft angenommen. Die Werterkenntnis der praktischen Vernunft wird in einem *synthetischen Urteil a priori* zum Ausdruck gebracht und die theoretische Vernunft erkennt, durch welche konkreten Handlungen ein Wert verwirklicht oder ein Übel vermieden werden kann.

Während nach E. Fromm ein Mensch mit einem **autoritären Charakter** sich an autoritären Vorgaben hält, die er im Über-Ich abgespeichert, handelt ein Mensch mit einem **produktiven Charakter** gemäß der eigenen Einsicht. Der Schriftsteller St. Zweig (1881-1942) skizziert im Sinn von E. Fromm den französischen Marschall Grouchy (1766-1847) als einen Menschen mit einen autoritären Charakter, der sich am Tag der Schlacht von Waterloo weigert, gegen den Befehl des Kaisers zu handeln und ohne dessen Ordre

---

[4] Siehe Fromm (1954) 155-187; und ders. (2003) 105-129.
[5] Thomas von Aquin (2001) 102f.

ihm im Kampf gegen die Engländer zur Hilfe zu eilen. Stattdessen verfolgt er befehlsgemäß weiter die Preußen: „Könnte Grouchy jetzt Mut fassen, kühn sein, ungehorsam der Ordre aus Glauben an sich und das sichtbare Zeichen, so wäre Frankreich gerettet. Aber der subalterne Mensch gehorcht immer dem Vorgeschriebenen und nie dem Aufruf des Schicksals."[6] Das autoritäre Gewissen bleibt – selbst wenn der Kanonendonner von Waterloo zu hören ist – für rationale Argumente taub.

Ganz anderes handelt dagegen Huckleberry Finn bei M. Twain (1835-1910), der kritisch überlegt, ob er dem entlaufenen farbigen Sklaven Jim zur Flucht verhelfen soll oder nicht. Am Ende gehorcht Huck nicht der gebieterischen Stimme seines Über-Ichs, das ihm verbietet, einer armen alten Frau, die ihm nie etwas Böses getan hat, ihren farbigen Sklaven zu rauben, obwohl das Über-Ich – als internalisierte Stimme der Sklavenhaltergesellschaft der Südstaaten – sogar jedem Fluchthelfer mit der Hölle droht. Huck folgt stattdessen der leisen Stimme seines humanistischen Gewissens, der Stimme seines eigenen *einsichtigen Ichs*, mit dem er die Würde des Menschen Jim und dem Wert der Freiheit für Jim richtig erfasst, und sich mit den Worten *„Na schön, dann komm ich eben in die Hölle!"* für die Freiheit des entlaufenen Sklaven entscheidet.

Das *Über-Ich* wird durch Erziehung und Ausbildung geprägt. Es steht normalerweise im Dienst des Gewissens. Falls jedoch das Über-Ich das humanistische Gewissen ganz oder teilweise ausschaltet, wird es zur Ideologie. So urteilt J.G Fichte zu Recht: „Wer auf Autorität hin handelt, handelt sonach notwendig gewissenlos."[7] *Intuitives Denken* greift ausschließlich auf das *Über-Ich* sowie auf die Antriebe und Gefühle im *spontanen Ich* des Menschen zurück. *Kritisches Denken* stützt sich allein auf das *einsichtige Ich*. Das *Über-Ich* lässt sich durch kritisches Denken auf seine Richtigkeit hin überprüfen.

Aus der **Abbildung 1** wird ersichtlich, dass der Mensch mit Hilfe des *einsichtigen Ichs* prinzipiell einer Selbstgesetzgebung fähig ist. Er muss sich nicht von den Antrieben, Wünschen und Gefühlen des *spontanen Ichs* beherrschen lassen, sondern besitzt mit dem *einsichtigen* und *freien Ich* die Gabe der Selbstbeherrschung. Diese Fähigkeit, als ein freies Wesen den *moral point of view* einzunehmen und mit Hilfe der praktische Vernunft Werte und Übel wahrzunehmen, unterscheidet ihn von anderen Lebewesen und macht seine Würde aus.

Tiere besitzen auch in gewissem Ausmaß eine theoretische Vernunft zum Denken und können mithin auch erlernte Verhaltensweisen und Erkenntnisse in Ihrem Über-Ich abspeichern, aber Tiere haben weder ein *freies Ich* noch eine praktische Vernunft. Sie werden von Ihren angeborenen Antrieben beherrscht, welche unter Umständen auf die theoretische Vernunft und die im Über-Ich abgespeicherten Kenntnisse zurückgreifen können.

Die Werturteile und Normen, bei denen ein Gewissensirrtum unmöglich ist, werden in der ethischen Tradition zu dem – irrtumsfreien – **primären Naturrecht** gerechnet. So kann der Mensch bezüglich der Uralternative zwischen gut und böse, d.h. zwischen dem sittlichen Wert eines Lebens gemäß dem *moral point of view* und dem sittlichen Unwert einer entgegen gesetzten Lebensführung nicht irren. Jeder Mensch weiß *notwendi-*

---

[6] Zweig (1997) 116.
[7] Fichte (1995) 172 [§15 Corollaria 3].

gerweise um seine Bestimmung zum sittlich guten Leben. Zum primären Naturrecht zählen wir heute vielleicht am ehesten die *Charta der Menschenrechte*. Daneben gibt es ein *sekundäres Naturrecht*. Es handelt sich hierbei auch um ein *Vernunftrecht*, allerdings kann es auch Irrtümer enthalten und muss deshalb für eine permanente Kritik offen gehalten werden. Dazu gehört die Wirtschafts- und Sozialordnung des Staates ebenso wie die Unternehmensethik, die zwar rational begründet sein soll, jedoch Irrtümer nicht ausschließen kann.

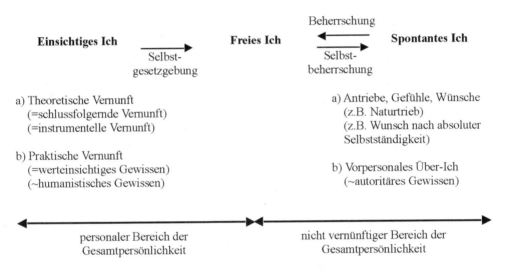

Abbildung 1: „Wer auf Autorität hin handelt, handelt sonach notwendig gewissenlos. "

2.   Objektive Werte und Übel oder subjektive Präferenzen?

Normativ-ethisch ergibt sich auf dieser Basis des primären und sekundären Naturrechts eine *materiale Wertethik* im Sinne von M. Scheler (1874-1928): Jedes Sollen ist in einem Wert begründet. Man spricht in diesem Zusammenhang vom *gerundivischen Charakter* der Wertprädikationen, der sich der vernehmenden Vernunft des Menschen erschließt. Denn Werte und Übel sind keine empirisch vorzeigbaren Tatsachen. Das war der Fehler der naturalistischen Ethik.[1] Werte und Übel sind nachfolgende, konsekutive Eigenschaften – W.D. Ross (1877-1973) spricht von *consequential properties* –, die auf bestimmten deskriptiven Eigenschaften notwendigerweise aufruhen und mittels der praktischen Vernunft des Menschen unmittelbar erkannt werden können. So schreiben wir der menschlichen Gesundheit einen Wert zu, während wir mit der Krankheit eines Menschen intuitiv ein Übel verbinden. Ebenso kommt der Lebensfreude ein Wert zu und die Schmerzen, unter denen ein Mensch oder ein Tier leidet, bilden ein Übel. Wenn der Mensch einen Wert beziehungsweise ein Übel wahrnimmt, dann weiß er sich zugleich aufgefordert, den Wert anzuerkennen und zu bejahen sowie das Übel zu bedauern und abzulehnen.

Das klassische Naturrecht als Vernunftrecht ist eine metaethische Theorie, die in der philosophischen Ethik früher auch ,*Intuitionismus*' geheißen hat und heute auch ,*Kognitivismus*', ,metaethischer Objektivismus' oder ,autonome Moral' genannt wird. Ein *Wert-Kognitivismus*, der für die Objektivität von Werten und Übeln eintritt, ist mit zwei objektiven Werttheorien vereinbar. Für den *Hedonismus* ist ausschließlich die *Lebensfreude* ist ein Wert an sich und der *Schmerz* ein Übel an sich. Diese Position geht zurück auf den antiken Philosophen Epikur (341-275). Auf dieser hedonistischen Wertbasis ist der klassische Utilitarismus konzipiert. Die englischen Utilitaristen J. Bentham (1748-1832), J.St. Mill (1806-1873), H. Sidgwick (1838-1900) sind sämtlich Hedonisten, ebenso wie der neoklassische Ökonom W.St. Jevons (1835-1882), der prägnant im Sinne des Hedonismus formuliert, „die Freude auf ein Maximum zu bringen, ist die Aufgabe der Wirtschaft."[2] Der hedonistische Utilitarismus wird erst durch den *idealen Utilitarismus* (= *ideal utilitarianism*) von H. Rashdall (1858-1924) und G.E. Moore (1873-1958) und die Verbreitung seines Werkes *Principia Ethica* überwunden: Nicht nur Lebensfreude ist ein Wert an sich, sondern es gibt einen Pluralismus von Werten. Es gibt Werte erster Ordnung – z.B. Gesundheit – und Werte zweiter Ordnung – z.B. Lebensfreude –, die eine Reaktion auf die Verwirklichung anderer Werte darstellen. Jedoch hat der eine *sittliche Wert* der Moralität des Menschen stets den Vorrang vor den vielen *nicht-sittlichen Werten*, die unter anderem das Wohl der Menschen ausmachen.

Die österreichischen neoklassischen Nationalökonomen haben sich aus den werttheoretischen Streitigkeiten lieber herausgehalten. In den Augen von E. von Böhm-Bawerk (1851-1914) ist der Hedonismus bereits zu Beginn des 20. Jahrhunderts antiquiert, und er distanziert sich ausdrücklich von dieser Werttheorie. Die ökonomische Werttheorie arbeitete mit Hilfe von ,Wirkungswerten' (= Nutzwerte) zu dessen Gebiet auch wirtschaftliche Wert von Gütern und Dienstleistungen gehört: „Wir schätzen und lieben ... die Güter

---

[1] Moore (1970) kommt der Verdienst zu, die *naturalistische Ethik*, die auf dem *naturalistischen Fehlschluss* aufbaut, widerlegt zu haben.
[2] Jevons (1924) 36.

nicht um ihrer selbst willen, sondern wegen der Förderung, die wir von ihnen für unsere Zwecke erwarten. Alle Güterschätzung ist nichts als ein Widerschein einer ursprünglichen Schätzung, die wir den Lebens- und Wohlfahrtszwecken entgegenbringen, zu deren Erreichung die Güter uns dienen."[3] Die *Lebens- und Wohlfahrtszwecke* bilden die ‚Eigenwerte' (= Selbstwerte), die es verdienen um ihrer selbst willen geliebt zu werden. Der Ökonom ist demnach für die Entwicklung einer Theorie der Eigenwerte nicht kompetent. Er hat lediglich ihre Existenz zu unterstellen. Die Frage, ob es nun lediglich einen Wert – die Lebensfreude, die es zu verwirklichen –, und nur ein Übel – den Schmerz, den es zu vermeiden gilt –, oder ob es eine Vielzahl von Eigenwerten und Übeln gibt, darf der Ökonom getrost den Moralphilosophen zur Klärung überlassen.

In den Sozial- und Wirtschaftswissenschaften hat sich nunmehr im Zuge des Werturteilstreits eine non-kognitivistische Position, der *Dezisionismus*, durchgesetzt. Für M. Weber (1864-1920) gibt es keine objektiven Werte und Übel.[4] Das alles sind Hirngespinste der Theologen. Dem Menschen steht auch keine praktische Vernunft zur Verfügung, die intuitiv Werte erkennen kann, sondern der Mensch muss angesichts der Fakten und der Logik frei über seine subjektiven Präferenzen, seine Interessen entscheiden. Objektive Wertsachverhalte werden ersetzt durch subjektive Präferenzen der Menschen. Der Philosoph R.M. Hare (1919-2002) hat in diesem Sinn ein Buch mit dem programmatischen Titel *Freiheit und Vernunft* schreiben können. Zuerst entscheidet der Mensch frei, was er als Wert oder Unwert ansehen will. Anschließend – wenn die persönlichen Präferenzen feststehen – setzt die theoretische Vernunft ein, um auf dieser subjektiven Basis normativ-ethisch zu argumentieren.

Dieser *Präferenzutilitarismus* (= *preference utilitarianism*), wie er von J.C. Harsanyi (1920-2000) und R.M. Hare vertreten wird, verlangt von *moral point of view* aus das unparteiische Abwägen der moralischen, d.h. der im Angesicht der Fakten und der Logik getroffenen *Interessen* (= *Präferenzen*) aller der von der Handlung betroffenen Menschen. Insofern in der Ökonomie angenommen wird, dass die Präferenzen der Menschen tendenziell gleich und auf Dauer stabil sind, ergibt sich eine zwar subjektivistische aber dennoch *quasi-kognitivistische Werttheorie*. Im Folgenden wird daher *sprachlich* von einer kognitivistischen Position aus argumentiert, die *sachlich* zugleich für eine quasi-kognitivistische Position gültig ist.

---

[3] Böhm-Bawerk (1921) 159.
[4] Siehe Weber (1968).

3.   Der Umgang mit Rationalität und mit Gefühlen

In der neoklassischen Ökonomie wird für einen richtigen Umgang mit der Rationalität im Wirtschaftsleben das Modell des *homo oeconomicus* angewendet. Jedoch ist der *homo oeconomicus* ein Mensch ohne Gefühle, so dass die relevante kognitive Dimension von Gefühlen für die Wahlhandlungen des *homo oeconomicus* weitgehend ausgeblendet wird. Diese neoklassische Sicht des Menschen muss nicht völlig verworfen werden, sondern lediglich geweitet werden. Jeder Mensch muss den richtigen Umgang mit Rationalität (= *einsichtiges Ich*) und mit Gefühlen (= *spontanes Ich*) im Laufe seines Lebens erlernen. Die diesbezügliche *Aufgabe der Moral* ist es, jedem Mensch zu helfen, das bestmögliche Leben zu führen, zu dem er aufgrund seines *einsichtigen* und seines *spontanen Ichs* fähig ist.

Die Philosophin M.C. Nussbaum macht in diesem Zusammenhang zu Recht darauf aufmerksam, dass die traditionelle empirische These seit den Tagen von Aristoteles – der Mann sei bezüglich der intellektuellen Fähigkeiten des *einsichtigen Ichs* der Frau überlegen und umgekehrt zeige die Frau im Vergleich zum Mann mehr Gefühlsregungen und lasse sich mehr durch das *spontane Ich* beherrschen – faktisch zum Ausschluss der Frauen von wissenschaftlichen und politischen Fragen geführt hat. Der philosophische Einwand gegen die Berücksichtigung der Gefühle, für welche die Frauen besonders empfänglich seien, lautet: Die geheimnisvolle und private Welt der Liebe erweise sich für das gesellschaftliche Denken als ausgesprochen schädlich. Frauen seien gefährliche Verführerinnen, die unglückliche Männer ins Verderben stürzen, denn der Zauber der Frauen schalte die rationalen Kräfte der Männer vorübergehend aus: „um den Niedergang der Moral zu verhindern ... sollten sie [die Frauen] nicht dort verkehren, wo Männer sich versammeln." – So Th. Jefferson.[5] Dagegen ist mit M.C. Nussbaum zu betonen, dass bezüglich der *Fähigkeit zum kritischen Denken* kein Unterschied zwischen Männern und Frauen besteht. Die faktisch feststellbaren Unterschiede sind größtenteils das Ergebnis der Erziehung. Jungen werden bezüglich ihrer intellektuellen Fähigkeiten in vielen Gesellschaften immer noch mehr gefördert als Mädchen, während bei der Erziehung von Mädchen in vielen Gesellschaften immer noch mehr Wert auf die Entwicklung von emotionalen und anderen nicht-intellektueller Fähigkeiten und Begabungen, die im *spontanen Ich* des Menschen verankert sind, gelegt wird.

Ausgangspunkt jeder ethischen Argumentation ist nun das *Unparteilichkeitsprinzip* im Verständnis der *Goldenen Regel* – wie sie in Deutschland von dem Philosophen H. Reiner und dem katholischen Moraltheologen B. Schüller in die wissenschaftliche Diskussion eingeführt wurde – oder im Sinne der *Universalisierungsregel* von R.M. Hare (1919-2002). In sittlichen Urteilen dürfen – wie in Gesetzestexten – nur Allgemeinbegriffe und keine Individualbegriffe vorkommen. Dies entspricht I. Kants Formulierung des kategorischen Imperativs als Formel des allgemeinen Gesetzes: „Der kategorische Imperativ ist also nur ein einziger und zwar dieser: Handle nur nach derjenigen Maxime, durch die du zugleich wollen kannst, dass sie ein allgemeines Gesetz werde."[6] Das *Unparteilichkeitsprinzip* ist der deskriptive Kern des *moral point of view* und verlangt, für

---

[5] Zitiert nach Nussbaum (1999) 176.
[6] Kant (1911) 421.

die sittliche Bestimmung von Handlungen als richtig oder falsch vier Stufen der Universalisierung zu beachten:

1. Stufe: Sich selbst und sein Urteil in allen relevant ähnlichen Situationen prüfen.

2. Stufe: Sich vorstellen, alle würden nach dem eigenen Handlungsprinzip vorgehen.

Für die erste und zweite Stufe der Universalisierung zieht R.M. Hare den Vergleich zum Falsifikationstest von K. Popper (1902-1994): „Genauso wie die Wissenschaft, wenn sie ernst betrieben wird, ein Suchen nach Hypothesen und ein Testen dieser Hypothesen durch Falsifikationsversuche ihrer einzelnen Konsequenzen ist, genauso besteht die Moral, wenn man sie ernst nimmt, in der Suche nach Grundsätzen und im Testen dieser Grundsätze durch ihre Anwendung auf einzelne Fälle. Jede rationale Tätigkeit hat ihr eigenes Verfahren, und dies ist das Verfahren des moralischen Denkens: Teste die moralischen Grundsätze, die sich dir anbieten, indem du auf ihre Konsequenzen schließt und dann nachsiehst, ob du diese akzeptieren kannst."[7]

3. Stufe: Sich in die Lage der von der Handlung Betroffenen versetzen: Die *Goldene Regel* als Einfühlungsregel im Sinne von A. Smith (1723-1790).

Die *Goldene Regel* fordert dazu auf, sich in die Situation des jeweils anderen hineinzuversetzen und von dort aus die Dinge zu betrachten. In diesem Sinne versteht auch A. Smith die **Goldene Regel als Einfühlungsregel**. Mittels der ihm von der Natur aus mitgegebenen Sympathie kann sich der Mensch in die Lage eines anderen Menschen hineinversetzen. Deshalb kann sich der Mensch den Standpunkt eines unparteiischen Zuschauers zu Eigen machen. Jenes „Tribunal des vorgestellten unparteiischen und wohlunterrichteten Zuschauers" ist für A. Smith das Gericht des eigenen Gewissens, das die „ursprünglichen egoistischen Affekte der menschlichen Natur"[8] überwindet. Der unparteiische Zuschauer macht sich den *moral point of view* zu Eigen und abstrahiert von seinen persönlichen Wünschen, Antrieben und Gefühlen, die dem *spontanen Ich* angehören. Sie sollen das *freie Ich* nicht beherrschen – wie dies bei Tieren der Fall ist –sondern umgekehrt mit Hilfe des *einsichtigen Ichs* soll der Mensch seine Gefühle, Antriebe und Wünsche in seine Gesamtpersönlichkeit integrieren und ihn mithin zur *Selbstbeherrschung* befähigen.

Ein Mensch, der nicht in der Lage ist, diese 3. Stufe der Universalisierung zu erreichen, läuft Gefahr, sich von seinem *spontanen Ich* beherrschen zu lassen. Nach J.G. Fichte wird der Mensch auf der untersten Stufe des Bewusstseins sich zunächst seines Naturtriebes bewusst, der mit der Lust als Triebfeder auf Genuss ausgeht. Der Mensch setzt seine theoretische Vernunft nur dazu sein, die Handlungen aufgrund dieses hedonistischen Kriteriums als geeignet oder ungeeignet zu bestimmen. Der Mensch handelt wie ein verständiges Tier gemäß der Maxime der eigenen Glückseligkeit. Auf der nächsten Stufe des Bewusstseins wird sich der Mensch des Triebes nach absoluter Selbständigkeit

---

[7] Hare (1973) 111.
[8] Smith (2004) 194 und 200. Zur Goldenen Regel als *Einfühlungsregel* und zum *unparteiischen Zuschauer* siehe ebenda 25 und 440-442.

bewusst. Wiederum setzt der Mensch seine theoretische Vernunft nur dazu ein, um mit Hilfe dieses neuen Kriteriums Handlung als zu diesem Zweck geeignet oder ungeeignet zu sortieren. Der Mensch handelt nach der Maxime der unbeschränkten Oberherrschaft über alles außer ihm. Auf beiden Stufen des Bewusstseins macht der Mensch von seiner praktischen Vernunft keinen Gebrauch.

Erst auf der dritten Stufe des Bewusstseins wird der blinde Trieb nach Selbsttätigkeit durch die bloße Reflexion der praktischen Vernunft beschränkt, welche den *moral point of view* und alle anderen Werte und Übel intuitiv wahrnimmt. Mit der Beschränkung des Triebs nach Selbständigkeit ist die praktische Erkenntnis mitgegeben, den Mitmenschen als Selbstzweck und seine Freiheit zu achten. Der Mensch erkennt das Konstitutionsgesetz aller Moral, das verlangt, sich selbst ein Gesetz zu geben, indem man sich mittels des *einsichtigen Ichs* überzeugt, welche Handlung richtig oder falsch ist. So wird auch der Naturtrieb des Menschen durch Reflexion des *einsichtigen Ichs* geordnet: „Das Gewissen tritt hinzu, indem es diesen Naturtrieb zugleich heiligt, und beschränket."[9]

Die Antriebe des Menschen werden nicht unterdrückt, sondern vernünftig auf der Basis des *moral point of view* in die Gesamtpersönlichkeit eingeordnet. Dazu helfen im positiven Sinn das Gefühl der Sympathie – die Fähigkeit mit einem Menschen mitfühlen und mitleiden zu können – und die eigene Kreativität und Phantasie, sich in die Situation eines anderen Menschen zu versetzen, die auch im *spontanen Ich* des Menschen vorhanden sind.

4. Stufe: Die unterschiedlichen Wünsche, Interessen und Ideale anderer berücksichtigen.

Aufgrund der unterschiedlichen Antriebe, Wünsche und Gefühle, die im *spontanen Ich* den Menschen bestimmen, kann man gewahr werden, dass die Menschen auch recht unterschiedliche Vorstellungen von ihrer Wohlfahrt haben und ihre unterschiedlichen Vorlieben relevante Sachverhalte bilden, die vielfach eine Ungleichbehandlung der Menschen nahe legen. Der Philosoph J.L. Mackie (1917-1981) zitiert in diesem Zusammenhang G.B. Shaws' (1856-1950) Kommentar zur Goldenen Regel aus seinen *Maxims for Revolutionists*: „Behandle andere nicht so, wie du von ihnen behandelt werden möchtest; denn ihre Vorlieben könnten andere sein."[10]

Für die Philosophin M.C. Nussbaum sind diese unterschiedlichen Gefühle der Menschen – bei kognitiver Auffassung – ein wertvoller Bestand der Fähigkeiten eines guten Menschen und Staatsbürgers und nicht mehr Ausdruck blinder animalischer Kräfte. Gefühle müssen durch die praktische Vernunft bewertet werden, indem die hinter den Gefühlen stehenden relevanten Überzeugungen bzw. Urteile als richtig oder falsch und auf der Grundlage guter Anhaltspunkte als rational oder irrational bewertet werden. Diese bewerteten Gefühle sind dann mit bestimmten rationalen Überzeugungen in Bezug auf ihren Gegenstand verbunden oder sind sogar mit rationalen Überzeugungen und Urteilen iden-

---

[9] Fichte (2000) 99f.

[10] Mackie (1983) 113. Vgl. Shaw (2004) 251: „Do not do unto others as you would that they should do unto you. Their tastes may not be the same. ... Do not love your neighbour as yourself. If you are on good terms with yourself it is an impertinence: if on bad, an injury."

tisch. M.C. Nussbaum verweist auf J.-J. Rousseau (1712-1778), der bemerkt, dass das Fehlen von Mitgefühl und Mitleiden, d.h. der Überzeugung, dass man prinzipiell in die gleiche Lage wie der leidende Mensch kommen kann, zu sozialer Gefühllosigkeit und Grausamkeit führt. Daraus lässt sich folgern, dass Gefühle wesentliche Elemente einer richtigen Reflexion über die Frage nach dem guten Leben sind. Eine Welt ohne Gefühle ist eine verarmte Welt. Eine solche Welt anzustreben, ist selber nicht rational.

4.   Eine universale Konzeption vom Menschen

Was ist das nun das bestmögliche Leben, das ein Mensch führen kann? Zunächst sind die Voraussetzungen für ein **universales gutes menschliche Leben** zu bestimmen, welche die Basis für ein individuelles bestmögliches Leben bilden mit der Entfaltung all der Fähigkeiten und Begabungen, die im *einsichtigen* und *spontanen Ich* des jeweiligen Menschen vorhanden sind. Im Vordergrund steht zunächst das gemeinsame *Menschsein* von Mann und Frau. Für eine anthropologische Konzeption des Menschen sind die zentralen menschlichen Fähigkeiten wichtig:

* Die **personale Identität** eines Menschen ist mit dem *freien Ich* und der zentralen *Fähigkeit zum kritischen Denken* mit Hilfe der Vernunft gegeben.

* Um das menschliche Leben als ein **gutes menschliches Leben** anzuerkennen, müssen die Fähigkeiten der praktischen und theoretischen Vernunft sowie die Fähigkeiten, die mit den Antrieben, Wünschen und Gefühlen, die im *spontanen Ich* des Menschen angelegt sind, zur Entfaltung kommen.

M.C. Nussbaum hat zur Ermittlung der **notwendigen Lebensqualität eines Landes** eine universal einschlägige Prüfliste mit elf verschiedenen Fähigkeiten der Menschen vorgelegt. Falls eine der angeführten Fähigkeit fehlt, handelt es sich nicht um ein gutes menschliches Leben. Im Einzelnen führt sie auf:

1. Die Fähigkeit, ein Leben von normaler Länge zu leben.

2. Die Fähigkeit, sich guter Gesundheit zu erfreuen, sich angemessen zu ernähren, eine angemessene Unterkunft zu haben; sodann Möglichkeiten zur sexuellen Befriedigung und eine ausreichende Mobilität besitzen

3. Die Fähigkeit, unnötigen Schmerz zu vermeiden und freudvolle Erlebnisse zu haben.

4. Die Fähigkeit, seine Sinne und Phantasie zu gebrauchen, zu denken und zu urteilen. Der politische Schutz dieser Fähigkeiten verlangt neben einem Bildungssystem auch gesetzliche Garantien für Meinungs- und Religionsfreiheit.

5. Die Fähigkeit, zu Dingen und Menschen tiefere Beziehungen einzugehen und sie zu lieben. Diese Fähigkeiten zu unterstützen bedeutet Formen des menschlichen Miteinanders zu unterstützen, die eine große Bedeutung für die menschliche Entwicklung haben.

6. Die Fähigkeit, eine Vorstellung vom Guten zu entwickeln und kritisch Überlegungen zur eigenen Lebensplanung anzustellen.

7. Die Fähigkeit, mit anderen und für andere zu leben. Diese Fähigkeiten zu unterstützen, bedeutet sowohl Institutionen des menschlichen Miteinanders als auch die Versammlungs- und Redefreiheit zu schützen.

8. Die Fähigkeit, in Verbundenheit mit Tieren, Pflanzen und der ganzen Natur zu leben.

9. Die Fähigkeit zu lachen, zu spielen und sich an erholsamen Tätigkeiten zu erfreuen.

10. Die Fähigkeit, sein eigenes Leben und nicht das eines anderen zu leben. Das verlangt staatliche Garantien für persönlichkeitsbestimmende Entscheidungen wie Heiraten, sexuelle Präferenzen und Arbeit.

11. Die Fähigkeit, sein Leben in seiner eigenen Umgebung zu führen. Das verlangt staatliche Garantien gegen ungerechtfertigte Durchsuchungen und Verhaftungen und Garantien für Versammlungsfreiheit, Unantastbarkeit des persönlichen Eigentums.[11]

Diese Auflistung stellt auf der Basis eines *idealen Utilitarismus* eine mögliche Konkretisierung der *Lebens- und Wohlfahrtszwecke* von E. von Böhm-Bawerk dar. Im Sinne des *Präferenzutilitarismus* sind dies die moralischen Präferenzen eines freien und vernünftigen Menschen. Die von M.C. Nussbaum angeführten menschlichen Fähigkeiten können daher *ausnahmslos* von allen Menschen dieser Erde als Beschreibung eines *guten menschlichen Lebens* akzeptiert werden, denn sie dürfen eine universale Geltung für jeden Menschen unabhängig von seinem Geschlecht, seinen biologischen oder psychischen Anlagen und seiner Herkunft beanspruchen. Diese Liste lässt sich mithin dem primären Naturrecht zurechnen.

Der moral point of view gesteht auf der Basis dieser Anthropologie jedem Menschen auf der Welt – gemäß dem Unparteilichkeitsprinzip – das gleiche Recht auf ein derartiges gutes menschliches Leben zu. Aufgabe der Moralerziehung ist es, diese Fähigkeiten von Kindesbeinen an sinnvoll zu fördern und zu entwickeln. Aber allein durch das Zusammenwirken von wahrgenommener institutioneller Verantwortung, von Organisationsverantwortung und von individueller Verantwortlichkeit kann dieser Traum eines guten menschlichen Lebens für alle Menschen Wirklichkeit werden.

---

[11] Vgl. Nussbaum (1999) 200-202.

5. Die kommunitaristische Position in Ethik und Anthropologie

M.C. Nussbaum vertritt offen eine *universalistische Konzeption* in der Ethik und Anthropologie. Ihre Gegner sind Denker, die von der *Differenz* unter den Menschen mit ihren verschiedenen Kulturen und religiösen Gemeinschaften ausgehen und ethische Normen mit *lokalem* statt *universalem* Bezug suchen. So bietet sich der **Kommunitarismus** als Alternative zum Universalismus an.

In seiner *extrem subjektivistischen Form* besagt der Kommunitarismus: Die Menschen werden in verschiedenen religiösen, ethischen oder sonstigen Traditionen groß, die jeweils ein eigenes Normensystem entwickeln, das für ihre Mitglieder verpflichtend ist, nicht aber für Außenstehende. Eine Kritik des Normensystems ist von außen nicht möglich und von innen her in der Regel nicht erwünscht. Es besteht die Tendenz zur Immunisierung der ethischen Theorie vor jeglicher Kritik und die Tendenz zur Bildung einer Ideologie. Als ein wichtiger Vertreter dieser Richtung ist A. McIntyre anzusehen.

In seiner *gemäßigten Form* sagt der Kommunitarismus: Es gibt die Möglichkeit, sich über Traditionsgrenzen hinweg über moralische und rechtliche Normen zu verständigen. Die eigenen ethischen Überzeugungen müssen der Kritik ausgesetzt werden. Es gibt *moral strangers* (= moralische Fremde), mit denen man sich über eine **dünne Moral** verständigt, und *moral friends* (= moralische Freunde) innerhalb einer Tradition, mit denen man fest über eine **dichte Moral** verbunden ist. Wichtige Vertreter sind M. Walzer, J. Stout und der konvertierte orthodoxe Christ H.Tr. Engelhardt Jr.

Die *relativistische Position* in seiner extrem subjektivistischen Form kann nach Meinung von M.C. Nussbaum zum Beispiel besorgniserregende Auswirkungen auf das Leben von Frauen haben. Beispielsweise können die relativistischen Thesen der Erhaltung der traditionellen Lebensformen in den ländlichen Gebieten Indiens dienen. Unter der Flagge einer modischen Opposition gegen den Universalismus *„versammeln sich alte religiöse Tabus, die Bequemlichkeit des verwöhnten Ehemannes, Unwissenheit, ungleiche medizinische Versorgung und vorzeitiger Tod."*[12]

Die zentralen Werte ihrer Liste sind auch dann erstrebenswert, wenn die lokale Tradition ihnen keine Bedeutung beimisst. Während auf der Ebene der institutionellen Verantwortung die Politiker mit einer Konzeption mit hohen Allgemeinheitsgrad arbeitet, haben die Bürger einen beträchtlichen Spielraum für vielfältige Spezifikationen gemäß lokaler Tradition und individueller Vorlieben. Es bedarf bei der Umsetzung gemäß der **vierten Stufe der Universalisierung** einer großen Sensibilität gegenüber dem lokalen Kontext. Die konkrete Spezifikation der Liste geschieht am besten durch einen partizipatorischen Dialog. Im Sinne des gemäßigten Kommunitarismus gehört die Liste von M.C. Nussbaum zur **dünnen Moral**, die alle Menschen miteinander verbindet.

---

[12] Nussbaum (1999) 181.

5.1.   Anleitung zu einem korrekten Argumentieren

Wer den *moral point of view* einnimmt, der hält nur die notwendige Bedingung für die sittliche Richtigkeit einer Handlung ein, nämlich die *Unparteilichkeit* bei der Verwirklichung von Werten und Übeln. Es ist dadurch aber keineswegs sicher gestellt, dass er auch immer sittlich richtig handelt, das heißt, dass er die richtigen Werte, d.h. die *richtigen Ziele* mit den *richtigen Mitteln* verwirklicht.

Aufgabe der normativen Ethik als wissenschaftliche Methode ist es, hinreichende Bedingungen für die Verwirklichung der richtigen Werte durch die richtigen Mittel zu bestimmen. Die geeignete wissenschaftliche Methode, die hier vertreten wird, heißt *,teleologische Ethik'*, etymologisch von dem griechischen Wort ,Telos' – das Ziel – abgeleitet. Ihr gegenüber steht kontradiktorisch die *,deontologische Ethik'* gegenüber, deren Bezeichnung etymologisch von dem griechischen Wort ,Deon' – Pflicht – abgeleitet wird. Im Mittelpunkt der Teleologischen Ethik steht die Wertverwirklichung, so dass sie auch *,agathologische Ethik'* oder *,materiale Wertethik'* genannt wird. Einen Ehrennamen hat sie durch M. Weber erhalten, der sie *,Verantwortungsethik'* nennt. Im Mittelpunkt einer deontologischen Ethik steht dagegen der deontische Charakter, d.h. der Verpflichtungscharakter einer Handlung, der sich zwar in den meisten Fällen aus dem Wertcharakter ergeben wird, aber nicht muss.

1.   Der gute und der schlechte Unternehmer

Es war der Arzt Bernhard (de) Mandeville (1670-1733), der mit seiner *Bienenfabel* auf den wichtigen Unterschied zwischen der *guten oder schlechten Gesinnung* eines Menschen auf der einen Seite und seinen *richtigen oder falschen Handlungen* auf der anderen Seite aufmerksam gemacht hat. Die gute oder schlechte Gesinnung geht allein aus der individuellen Entscheidung für oder gegen den *moral point of view* hervor. Ein Schurke, der „anderen tut, was er sich selbst nicht gefallen lassen möchte", handelt bewusst gegen die Goldene Regel und mithin schlecht. Der Tugendhafte, dessen Handeln „aus einem vernünftigen Bestreben heraus, gut zu sein" entspringt, verdient unter sittlichem Aspekt, das heißt, wenn die Menschen nach ihren Motiven und ihrer Gesinnung und nicht nach den Folgen für das Wohl und Weh der Gesellschaft beurteilt werden, unbedingt den Vorzug.

Das Kriterium für die Charakterisierung einer Handlung als richtig oder falsch bilden dagegen *allein* die Folgen der Handlungen für die Wertverwirklichung zum Wohl der von der Handlung betroffenen Menschen. B. Mandeville stellt das Gedankenexperiment an, was alles passieren kann, wenn sich eine Gesellschaft schlechter Menschen gleichsam über Nacht zu einer Gesellschaft guter Menschen wandeln würde. Ganz in seiner satirischen Absicht, die er dem Leser im Vorwort zur Bienenfabel offenbart, beschreibt B. Mandeville den zwiespältigen Erfolg dieser Gesinnungsreform. Die Pointe der *Bienenfabel* besteht darin, dass schlechte Menschen, die in Bezug auf die nationale Größe und die ökonomische Wohlfahrt aller richtig und vernünftig handeln, sich zu guten Menschen bekehren, in dieser Beziehung völlig falsch und unsinnig handeln.

Dies ist genau das seltsame Paradoxon der Bienenfabel, dass „der Allerschlechteste sogar fürs Allgemeinwohl tätig war."[13] Es entspricht der neoklassischen „Idee *unintendierter positiver* Folgen egoistischen individuellen Handelns für Kollektive."[14] Am Ende der Fabel heißt es: „Mit der Tugend bloß kommt man nicht weit; wer wünscht, dass eine goldene Zeit zurückkehrt, sollte nicht vergessen: Man musste damals Eicheln essen."[15] Das paradox anmutende Ergebnis beruht auf drei Annahmen:

1. Negative Nebenwirkungen der Wohlfahrtsgesellschaft werden vernachlässigt, ohne dass ihre Relevanz für das Wohlergehen der Menschen geleugnet wird.

2. B. Mandeville sieht es als möglich an, das egoistische Eigeninteresse aller Menschen mit dem wohlverstandenen Gesamtinteresse der Gesellschaft in Einklang zu bringen. Eine Aufgabe, die seiner Meinung nach die ganze Geschicklichkeit und Tüchtigkeit der Politiker verlangt und auf den Versuch hinausläuft, ein Regelsystem auf der Grundlage eines *aufgeklärten Egoismus* aufzubauen.

3. B. Mandeville stellt den guten Menschen als einen äußerst genügsamen Menschen vor, dem asketisches Leben in einer friedlichen Gemeinschaft lieber ist als ökonomische Wohlfahrt und Bequemlichkeit in der Gesellschaft und der mithin wesentlich an der Verfolgung und Verwirklichung anderer nicht-materieller Werte interessiert ist. Ein derartiger ,guter' Mensch handelt folglich – wenn es um die äußere Macht und das Ansehen des Staates sowie den materiellen Reichtum geht – nicht zweckmäßig.

B. Mandeville versucht auf den Unterschied zwischen *guter und schlechter Gesinnung* auf der einen und *richtiger und falscher Tat* auf der anderen Seite aufmerksam zu machen. Von seinem Leser der Bienenfabel nimmt B. Mandeville mit den Worten Abschied: „In der Hoffnung, der meine Eitelkeit sich hier hingibt, verlasse ich ihn mit Bedauern und schließe mit der Wiederholung des scheinbaren Paradoxons, dessen Grundgedanke auf dem Titelblatt angesprochen ist: nämlich dass die privaten Laster durch das geschickte Vorgehen eines tüchtigen Politikers in öffentliche Vorteile umgewandelt werden können."[16]

Wenn wir vernachlässigen, dass Unternehmen ein soziales Gebilde sind, und annehmen, dass ein Unternehmer bzw. eine Unternehmerin als natürliche Person für das Unternehmen handelt, dann können wir die *Aufgabe der Wirtschafts- und Unternehmensethik* folgendermaßen bestimmen: Sie soll den sittlich *guten Unternehmer* unterstützen, in unparteiischer Weise für die identifizierten Stakeholder die richtigen Werte zu verwirklichen und die relevanten Übel zu vermeiden. Und sie soll einen sittlich *schlechten Unternehmer* über negative Anreize daran zu hindern, gewichtige Übel für die identifizierten Stakeholder und die Schöpfung zu verursachen. Überdies sollen positive Anreize dafür sorgen, dass schlechte Unternehmer aus dem wohlverstandenen Eigeninteresse heraus dennoch die richtigen Werte für ihre Stakeholder verwirklichen und deren Wohl-

---

[13] Mandeville (1980) 110, 292 und 84 mit 134 und 419
[14] So Grossekettler (1980) 25 mit Verweis auf A. Smith und B. Mandeville.
[15] Mandeville (1980) 92.
[16] Mandeville (1980) 400.

fahrt fördern. Daraus ergeben sich idealtypisch für einen Unternehmer bzw. eine Unternehmerin vier mögliche Kombinationen:

1.   Der *schlechte* Unternehmer handelt dennoch *richtig*.

Der Unternehmer verfolgt zwar *falsche Ziele* – die egoistische Förderung seiner eigenen Wohlfahrt –, aber er wählt die *richtigen Mittel*. Er agiert erfolgreich am Markt und fördert indirekt die Wohlfahrt seiner Stakeholder. Es ist für ihn eine *egoistische Klugheitsmaxime*, den *moral point of view* hypothetisch einzunehmen.

2.   Der *gute* Unternehmer handelt dennoch *falsch*.

Der Unternehmer verfolgt zwar *gute Ziele* – die unparteiische Förderung der Wohlfahrt seiner Stakeholder –, aber er wählt irrtümlich die *falschen Mittel* und führt sein Unternehmen unter Umständen in den Ruin oder verursacht vermeidbare Übel für seine Stakeholder.

3.   Der *gute* Unternehmer handelt zugleich *richtig*.

Der Unternehmer verfolgt *gute Ziele* – die unparteiische Förderung der Wohlfahrt aller seiner Stakeholder –, und er wählt dafür auch die *richtigen Mittel*. Der tugendhafte Mensch wird zugleich zum Wohltäter der Menschheit.

4.   Der *schlechte* Unternehmer handelt zugleich *falsch*.

Der Unternehmer verfolgt die *falschen Ziele* – die egoistische Förderung seiner eigenen Wohlfahrt –, und wählt dafür – zwar zum eigenen Nutzen – aber zum Schaden seiner Stakeholder die *falschen Mittel*.

In der **Theorie der Unternehmensethik** muss der *moral point of view* zumindest *hypothetisch* zum Ausgangspunkt der Argumentation für das Unternehmen als soziales Gebilde gemacht werden. Das Management und die Mitarbeiter und Mitarbeiterinnen haben den *moral point of view* entweder freiwillig verinnerlicht oder sie akzeptieren ihn als eine egoistische Klugheitsmaxime, falls in der Rahmenordnung der Wirtschaft entsprechende Anreize gesetzt werden. Ein Blick auf die amerikanische Business Ethics-Bewegung bestätigt diese Auffassung.

Alle relevanten Ansätze einer praktizierten Unternehmensethik greifen auf eine Formulierung des *moral point of view* zurück:[17]

Erster Ansatz: Die *Principles for Business des Caux Round Table* gehen aus von zwei grundlegenden ethischen Konzepten, die beide den *moral point of view* ausdrücken: Zum einen das japanische Konzept *kyosei*, das zu einem gemeinsamen Leben und Arbeiten für das Beste der Allgemeinheit verpflichtet, zum anderen das abendländische Konzept der menschlichen Würde. Der Mensch wird gemäß I. Kant als Zweck an sich selbst betrachtet.

---

[17] Siehe Behnam (1998) 103-121, und die entsprechende Literatur im Literaturverzeichnis.

Zweiter Ansatz: Die *Integrative Social Contracts Theory* von Th. Donaldson und Th. W. Dunfee bildet die aristotelische Mitte zwischen einem (normativ-ethischen) *Relativismus* und einem (normativ-ethischen) *Universalismus*. Dieser Ansatz wird auch als *'Pluralismus'* bezeichnet. Universale übergeordnete Normen (= *hypernorms*) sind für alle lokalen ökonomischen Gemeinschaften verbindlich und stecken den 'moralfreien Bereich' (= *moral free space)* ab, in der die Gemeinschaften eigene Normen entwickeln können. Dieser Ansatz ähnelt dem Kommunitarismus in einer gemäßigten Form. In Sinne einer universalen Ethik besitzt das Unternehmen unter Beachtung der Rechtsnormen einen eigenen moralischen Gestaltungsspielraum, um das gute menschliche Leben ihrer Stakeholder zu sichern und zu fördern.

Dritter Ansatz: Der Ansatz *Management of values* von Ch.S. McCoy setzt bei der Analyse der Wertvorstellungen und Ziele aller Stakeholder an. Sodann entwickeln Management und Arbeitnehmer gemeinsam die *'Corporate Ethics'*.

Vierter Ansatz: Die *Ethics of Organization* von K.E. Goodpaster verlangen ein *moral reasoning* auf Grundlage eines *moral point of view*. Er unterscheidet dabei den *moral commen sense* (= das intuitives Denken) von einem *critical thinking* und versucht eine Institutionalisierung von ethischen Normen in der Unternehmungsführung.

Fünfter Ansatz: Der Ansatz von Manuel G. Velasquez befähigt zu einem *moral reasoning* und einem *ethical decision-making* auf der Grundlage erstens des *utilitarian standard*, zweitens des *moral right standard* und drittens des *standard of justice*.

Die Unternehmen agieren nicht völlig frei auf der Basis des *moral point of view*, sondern bieten als Teil des Wirtschaftssystems Güter und Dienstleistungen auf dem Markt an und üben innerhalb dieses Systems als Organisation eine bestimmte Funktion aus, um die Leistungsfähigkeit und die Wertverwirklichung durch das System zu sichern.

2. Systemwelt und die Lebenswelt: Funktionieren und Gestalten

Innerhalb einer ausdifferenzierten und arbeitsteiligen Gesellschaft im Sinne von N. Luhmann (1927-1998) üben die Menschen und Organisationen in den gesellschaftlichen Systemen bestimmte **Funktionen** aus. Wie in **Abbildung 2** ersichtlich, sollen die einzelnen Systeme, die auch noch Subsysteme ausbilden können, mithelfen, bestimmte Werte für die Menschen zu sichern. Das **Rechtssystem** soll gesteuert durch den Corpus von Gesetzen und Verordnungen über die Rechtsprechung der Gerichte Sicherheit hervorbringen. Das **Wissenschaftssystem** soll gesteuert durch wissenschaftliche Methoden wahre Erkenntnisse und Wissen fördern und das **politische System** soll gesteuert durch die politischen Parteiprogramme über kollektive Entscheidungen die allgemeine Wohlfahrt im Staat sichern. Inwieweit 'Moral' – verstanden als Moralpredigt und sittliche Mahnrede (= Paränese) – und **Religion** sich auch als eigene gesellschaftliche Systeme interpretieren lassen, ist umstritten. 'Moral' im Sinne von N. Luhmann muss eher als ein Störfaktor für das reibungslose und sinnvolle Funktionieren der anderen Systeme angesehen werden, insofern hier lediglich auf der Ebene des **intuitiven Denkens** an gesellschaftliche Vorstellungen, die im *Über-Ich* abgespeichert sind, appelliert wird. **Metaethik** und **normative**

Ethik – wie sie im vorliegenden Beitrag ausgeübt werden – gehören dem Wissenschafts-system an. Denn sie fördern durch *kritisches Denken* die wahre Erkenntnis von Werten und Übeln und ihre Verwirklichung bzw. Vermeidung auf den drei Ebenen des Handelns. Mit der Aufnahme eines *‚Religionssystems'* im Sinne von N. Luhmann wird anerkannt, dass die Kirchen und Religionsgemeinschaften auch aus soziologischer Sicht eine positi-ve gesellschaftliche Funktion ausüben.

Das *Wirtschaftssystem* soll für alle Menschen materiellen Wohlstand produzieren. Wie bereits A. Smith (1723-1790) erkannt hat, ist der Konsum der in einer Volkswirtschaft produzierten privaten wie öffentlichen Güter der eigentliche Zweck des Wirtschafts-systems. Gemäß der moralphilosophischen Vorzugsregel, *primum vivere deinde philo-sophari*, die auch mit einer Sentenz von B. Brecht (1898-1956) – *erst das Fressen, dann die Moral* – wiedergegeben werden kann, hat gemäß dem Philosophen N. Hartmann (1882-1950) die Verwirklichung der niederen, d.h. der fundierenden beziehungsweise der elementaren Werte den Vorrang vor der Verwirklichung der höheren, d.h. der fundierten und bedingten Werte.[18] Die Verwirklichung der elementaren Werte bildet gleichsam die Grundlage für das gute Leben eines Menschen. Mit dem Ökonomen A.C. Pigou (1877-1959) lässt sich diese Grundlage für das gute Leben auch als *‚ökonomische Wohlfahrt'* bezeichnen. Hierbei geht es um den Teil der menschlichen Wohlfahrt, der in irgendeiner Weise zugleich in Geldeinheiten ausdrücken lässt.

Die individuelle Wohlfahrt eines privaten Haushaltes kann mit der Höhe des Geldein-kommens angegeben werden, das dem Haushalt für seine Konsumgüterkäufe zur Ver-fügung steht. Die Kommunikation zu den nicht-finanziellen Unternehmen, den Banken und öffentlichen Verwaltungen erfolgt in der Logik des Wirtschaftssystems mit dem *Kommunikationsmedium* Geld über den *Code Zahlen* oder *Nicht-Zahlen* für ein privates oder öffentliches Gut. Private Güter und Dienstleistungen werden dem privaten Haushalt von den Unternehmen bereitgestellt. Die Bereitstellung von öffentlichen Gütern wird durch die öffentlichen Verwaltungen organisiert.

Bei aller Effizienz der gesellschaftlichen Systeme besteht dennoch die Gefahr der Me-diatisierung von Verantwortung. Bei langen Handlungsketten verteilt sich die Verant-wortung bezüglich der Auswirkungen des Leistungssystems auf Werte und Übel über verschiedene Organisationen und in ihnen tätige Individuen, die sich alle möglicherweise nur als eine verantwortungsfreie System- oder Organisationsfunktion begreifen. Es bedarf hier des *kritischen Denkens* der Menschen, um die eigene Mitverantwortung für die Sys-tem- oder Organisationswirkungen zu erkennen. Dies gilt insbesondere, falls das System oder die Organisation statt Werte gravierende Übel hervorbringt.

Ein *politisches System*, das sich zu einem Unrechtssystem entwickelt, stellt die Staats-bürger vor die Wahl, entweder in dem Regime weiterzuwirken, um noch schlimmere Übel zu verhindern, oder jede Kooperation mit dem politischen System zu vermeiden und gegebenenfalls Widerstand zu leisten. Die erste Alternative hat zur Zeit der Nazi-Herrschaft in Deutschland Dr. Eduard Wirth gewählt. Er war SS-Arzt in Auschwitz vom September 1942 bis zur Evakuierung des Lagers im Januar 1945. Auf den Rat eines ihm

---

[18] Vgl. Hartmann (1962) bes. 602.

bekannten Geistlichen, es sei seine Pflicht, im KZ weiterzuarbeiten und dort Gutes zu wirken – soweit dies in einer Macht stünde –, sowie auf dringliche Bitten der Häftlinge hin, bleibt E. Wirth im Auschwitz tätig. Indem er Zehntausende in die Gaskammern schickt, gelingt es ihm, Tausenden, die er als arbeitsfähig aussonderte, das Leben zu retten.[19] Er schreibt: „Wenn ich durch menschliche Unzulänglichkeit und mangelnde Verstandesklarheit nicht das wahre Gesicht der Zeit rechtzeitig habe erkennen können, so war auch das vielleicht gottgewollt, da ich später bei den mir gestellten übermenschlich schweren Aufgaben mit meiner Kraft helfen und retten sollte, was ich nur konnte, um es der Vernichtung zu entreißen."[20] Jeder Betroffene muss aufgrund der eigenen Fähigkeiten urteilen, welcher der beiden Alternativen für ihn die sittlich richtige ist. Der Philosoph und Soziologe Z. Bauman zeigt anhand des Holocaust auf, dass in arbeitsteiligen und in Systeme und Subsysteme differenzierten Gesellschaften die Menschen tendenziell einen dritten und unzulässigen Weg bevorzugen. Indem der Mensch sich lediglich als eine *machtlose Systemfunktion* begreift, fällt es ihm offensichtlich psychisch leicht, die eigene denkerische Verantwortung für die grausamen Taten, die ein politisches oder auch wirtschaftliches System hervorbringt, zu verdrängen.

Ähnlich denkt G. Kirsch über das *Wirtschaftssystem*. Die Marktwirtschaft ist zwar eine Ordnung der *Menschlichkeit*, aber keine Ordnung der *Mitmenschlichkeit*. Das im Wirtschaftssystem agierende Individuum zählt nicht als sittliches Subjekt mit individueller Verantwortlichkeit sondern als *Systemfunktion*. Die Person wird zum Appendix seines Geldscheins: „man [muss] befürchten, dass dieser Ansatz im Ergebnis dazu führt, dass in der Gesellschaft der Einzelne sich jeder Verantwortung ledig wähnt; an die Stelle des verantworteten Handelns tritt das reibungslose Funktionieren".[21] Für die System- und Organisationswelten gilt allgemein:

*   Der Mensch als *System- oder als Organisationsfunktion* hat in der Wettbewerbswirtschaft ausschließlich reibungslos zu funktionieren, damit der Wert materieller Wohlstand für alle hervorgebracht wird.

*   Der Mensch fühlt sich psychologisch in der Regel jeglicher Verantwortung für die Werte und Übel, die das Wirtschaftssystems oder das Unternehmens hervorbringt, enthoben.

---

[19] Vgl. Langbein (1987) 411-432.
[20] Zitiert nach Langbein (1987) 432.
[21] Kirsch (2004) 52.

Funktions-system	Leistung	Kommunikations-medium	Leitdifferenz / Code	Programme	Organisations-systeme
Politik	Entscheidungen	Macht	Besitz von (politischer) Macht **oder** Nicht-Besitz von Macht (=Ohnmacht)	Wettbewerbsdemokratie Politische Programme (von Parteien)	Politische Parteien
Wirtschaft	Zahlungsfähigkeit Güterproduktion	Geld	Zahlen **oder** Nicht-Zahlen	Wettbewerb Preise	Unternehmen
Recht	Rechtssicherheit	Rechtsprechung	Legal (=Recht) **oder** Illegal (=Unrecht)	Corpus von Gesetzen und Verordnungen	Gerichte
Wissenschaft	Erkenntnisse	Wahrheit	Wahr **oder** Unwahr	Wissenschaftliche Methoden	Universitäten
Moral ?	Paränese (= ethische Mahnrede)	Mensch-Sein	Achtung der Person durch die Gesellschaft **oder** Mißachtung der Person durch die Gesellschaft	Diffus umlaufende moralische Vorstellungen in der Gesellschaft	NGOs
Religion ?	Bestimmbarkeit der Welt durch einen Zweitsinn	Glaube	Immanenz (=diesseitige Welt) **oder** Transzendenz (=jenseitige Welt)	Heilige Schrift (Relgiöse Lehren, Glaubenssätze und Theologien)	Religions-gemeinschaften Kirchen

Abbildung 2: Die Funktionssysteme der modernen Gesellschaft nach Niklas Luhmann (1927-1998)

*   *Intuitives Denken* verlangt von der Person ethisch lediglich ein richtiges Funktio-nieren im Sinne der Wettbewerbswirtschaft, das über das Über-Ich gesteuert wird.

*   Verantwortung gibt es für den Menschen nur auf der institutionellen Ebene und vielleicht noch auf der Ebene der Organisationen.

*   Die Einheit des Menschen geht in den System- und Organisationswelten verloren. Der Mensch wird funktional zergliedert.

*   Die *persönliche Lebenswelt* des Menschen ist von den Systemwelten der Gesell-schaft entkoppelt. Die persönliche Lebenswelt kann nach Meinung von G. Kirsch zur *Insel der Agape* werden, wo der zergliederte Mensch wieder zu einem Ganzen integriert wird und Gemeinschaft mit Mensch und Natur erfahren kann.[1]

*   *Intuitives Denken* verlangt über das Über-Ich lediglich, dass jeder Mensch als Person die volle Verantwortlichkeit für seine eigene Lebensführung und für die Ausgestaltung seiner persönlichen Lebenswelt übernimmt.

---

[1] Vgl. Kirsch (1990) 171-186; und ders. (2004) 45-53 [Exkurs: Individuen – Systemfunktionen, nicht aber Menschen].

Auf der Ebene des *kritischen Denkens* wird vom Menschen als **Person** und *sittliches*
Subjekt mehr verlangt: Er trägt entsprechend seinen Fähigkeiten und Möglichkeiten *Mit-*
verantwortung für die richtige Ausübung der institutionellen Verantwortung auf staatlicher Ebene und für die richtige Ausübung der Organisationsverantwortung auf der Ebene
der Unternehmen und öffentlichen Verwaltungen. *Mitverantwortung* heißt nicht, sich als
eigentlicher Urheber der Übel und Werte zu betrachten, sondern heißt die *Übel* und *Wer-*
te wirklich wahrnehmen und kritisch zu überlegen, wie man mithelfen kann in Systemen
und Organisationen *Werte* zu schaffen und *Übeln* entgegenzuwirken. In diesem Sinn charakterisiert auch M. Weber die *Verantwortungsethik*: „du sollst dem Übel gewaltsam
widerstehen, sonst bist du für seine Überhandnahme verantwortlich."[2] Für A.O. Hirschman gibt es in Systemen und Organisationen, die Übel produzieren, immer nur zwei
richtige Arten zu reagieren: Entweder Abwanderung (= *exit*) oder mit Widerspruch (=
voice) in dem System bzw. in der Organisation zu bleiben.

Kritiker einer Verantwortungsethik haben den Vorwurf erhoben, dass eine derartig konzi-
pierte Verantwortungsethik den Menschen hoffnungslos überfordere. Dieser Vorwurf ist
nicht ganz unberechtigt. Jedoch kann man mit R.M. Hare's Bild von dem *Erzengel* und
dem *Proleten* auf die berechtigte Unterscheidung von zwei Ebenen des Denkens verweisen.[3] Der *Erzengel*, der über unbegrenzte Geisteskräfte und Kenntnisse verfügt, bedarf
nicht eines intuitiven Denkens des Über-Ichs. Er wird nur von *kritischem Denken* Gebrauch machen. Der *Prolet* dagegen, der über solche Fähigkeiten nicht verfügt und des
kritischen Denkens nicht fähig ist, verlässt sich lieber auf seine Intuitionen und Grundsätze, die er durch die Erziehung oder durch Nachahmung sich angeeignet und im Über-Ich
abgespeichert hat. Jeder Mensch wird deshalb entsprechend seiner geistigen und charak-
terlichen Fähigkeiten zur Lösung von Wertekonkurrenzen und zur Verwirklichung von
Werten und Vermeidung von Übeln entweder auf *intuitives* oder *kritisches Denken* zurückgreifen.

3.   Die wissenschaftliche Methode: Die Verantwortungsethik

Die meisten Diskussionen in der Ethik drehen sich nicht um den *moral point of view* oder
um die Abwägung von *Werten* und *Übeln*, mithin um *Zielkonflikte*. Es genügt völlig, sich
für die Lösung von Zielkonflikten in der Wirtschafts- und Unternehmensethik die wichtigsten Wertvorzugsregeln in Erinnerung zu rufen, die durch *kritisches Denken* ableitbar
sind – und im Über-Ich eines jeden Menschen abgespeichert und daher durch *intuitives*
Denken abrufbar sind. Dafür seien zwei einfache Beispiele genannt.

Unumstritten ist zum einen die Vorzugsregel auf der Ebene der institutionellen Verant-
wortung **Gemeinwohl vor Eigenwohl** bzw. das *Wohl der Vielen hat Vorrang vor dem*
Wohl der Wenigen, **falls** Werte gleicher Ordnung auf dem Spiel stehen. Zum anderen ist
die Vorzugsregel, dass aufgrund des Kriteriums der Dringlichkeit dem fundamentaleren
Wert der Vorrang vor dem abhängigen und höheren Wert zukommt, allgemein anerkannt.
Auf dieser Vorzugsregel **Primum vivere deinde philosophari** beruht ja die elementare

---

[2] Weber (1958) 539.
[3] Vgl. Hare (1992) 91-114.

Bedeutung des Wirtschaftsystems und der Vorrang der ökonomischen Wohlfahrt vor der nicht-ökonomischen Wohlfahrt, die nicht in Geldeinheiten messbar ist – wie Freundschaft, Liebe und Philosophie. Bedeutung hat diese Vorzugsregel für die Frage der persönlichen Einkommensverteilung und spiegelt sich auf der Ebene der institutionellen Verantwortung in dem Verspechen eines Wohlfahrtstaates wider, dass jedem Bürger ein *sozio-kulturelles Existenzminimum* garantiert werden soll.

Die zweite und ungleich schwierigere Aufgabe der Wirtschafts- und Unternehmensethik besteht darin, mit Hilfe der theoretischen Vernunft die *richtigen Mittel* für die Verwirklichung der mit dem Wirtschaftssystem angestrebten *Lebens- und Wohlfahrtszwecke* im Sinne von E. von Böhm-Bawerk zu bestimmen. Damit ist die empirische Frage gemeint, durch welche Gesetze und Rechtsvorschriften auf der Ebene des Staates oder durch welche strategischen und taktischen Maßnahmen auf der Organisationsebene eines Unternehmens und schließlich durch welche Handlungen oder Unterlassungen eines Individuums können die relevanten Werte tatsächlich verwirklicht und die relevanten Übel tatsächlich vermieden werden? Dies ist die eigentliche Fragestellung einer *Verantwortungsethik*.

Dass es sich bei der Begründung von Normen in der Regel um einen Streit über *Tatsachenfragen* und nicht über *Wertfragen* handelt, sei am Beispiel der Bestimmung der Ausübung der Autorität in der Ehe bei dem katholischen Moraltheologen V. Cathrein (1845-1931) illustriert. Der Argumentationsduktus lässt sich wie folgt wiedergeben:[4]

Wertende Prämisse: Für das Wohl der Ehegatten und der Familie ist es sittlich richtig, wenn die Autorität bei dem Ehepartner liegt, der *durchschnittlich* dafür besser geeignet ist.

Beschreibende Prämisse: Der Mann ist der Frau körperlich und an geistigen Eigenschaften überlegen. Die Frau bedarf eines Beschützers und Ernährers.

Gültige Folgerung:

a)   Der Mann soll die Autorität in der Ehe ausüben.

b)   Die Gleichberechtigung beider Geschlechter in der Ehe widerspricht der Vernunft.

Nachträgliche Bestätigung:

a)   Der Schriftbezug auf den Epheserbrief 5, 22.

b)   Die Tradition der Kirche

Die wertende Prämisse setzt sich das beiderseitige Wohl der Ehepartner zum Ziel. Die Folgerung, dass der Mann die Autorität in der Ehe ausüben soll, beruht aber allein auf der beschreibenden Prämisse, die empirisch eine Überlegenheit des Mannes gegenüber der Frau postuliert. Diese empirische Erkenntnis entstammt vermutlich dem intuitiven Denken seiner Zeit, das aber einer heutigen kritischen Überprüfung durch die theoretische Vernunft nicht Stand hält. Die naturrechtliche Begründung von Normen, die dem sekundären Naturrecht angehören, verlangt aber, dass die sittliche Richtigkeit einer Norm durch

---

[4] Cathrein (1924) Bd. 2, 442 f. und 412f..

den Aufweis eines inneren Geltungsgrundes rational einsichtig gemacht werden kann. Dieser innere Geltungsgrund ist nicht mehr gegeben und mithin würde auch V. Cathrein sofort anerkennen, dass seine Norm nicht mehr einschlägig ist. In vorbildlicher Weise hat V. Cathrein auch den Schriftbezug und den Verweis auf die Tradition der Kirche nicht als Argument verwendet, sondern lediglich als eine nachträgliche Bestätigung einer Norm, die bereits als richtig nachgewiesen ist.

Denn sittliche Normen sind gemäß dem Naturrecht als Vernunftrecht niemals eine Sache des Glaubens sondern stets eine Sache der Vernunft, d.h. des einsichtigen Ichs. Beispiele für eine Glaubensethik finden sich allerdings heute noch in der jüdischen und islamischen Ethik, insofern man für die Gültigkeit einer Norm auf die Bibel beziehungsweise auf den Koran verweist. Vertreter einer Glaubensethik neigen zu einer extrem subjektivistischen Form des Kommunitarismus, die für eine universale Ethik als Vernunftethik im Sinne des klassischen Naturrechts nicht akzeptabel ist. Als Beispiel sei auf das derzeit gültige Eherecht in der islamischen Republik Iran auf der Basis des Korans verwiesen, oder die Einschätzung vieler jüdischer Ethiker, dass Embryonen kein menschliches Leben darstellen, da Gott ihnen nach Auskunft der Bibel frühestens nach vierzig Tagen seinen Lebensatem einhauche.

Den Ansprüchen einer naturrechtlichen Begründung genügen auch alle Ansätze einer streng deontologischen Normierung nicht. Die beiden traditionellen Schlussfiguren „unerlaubt, weil unberechtigt" oder „unerlaubt, weil naturwidrig" haben mit ihrer Berufung auf die offenbarte Weisheit Gottes – die der Mensch mit seiner Vernunft erkennen kann – und auf die verborgene Weisheit Gottes den Rest eines theonomen Moralpositivismus bewahrt.

So gibt es in der islamischen Wirtschafts- und Unternehmensethik entsprechend der Schlussfigur „unerlaubt, weil unberechtigt" ein Verbot für islamische Banken, Zinsen zu nehmen. Eine Variante zu dieser Schlussfigur findet sich in der absoluten Straftheorie von I. Kant (1724-1804). Gemäß der streng deontologisch interpretierten Gerechtigkeit kommt einem Mörder ein absolutes Recht zu hingerichtet zu werden. Niemand darf ihm dieses Recht nehmen. Eine Begnadigung ist nicht statthaft: „denn, wenn die Gerechtigkeit untergeht, so hat es keinen Wert mehr, dass Menschen auf Erden leben."[5] Während die relative Straftheorie zum Grundsatz steht punit, ne peccetur, vertritt die absolute Straftheorie den Grundsatz punit, quia peccatum est. In ähnlicher Weise werden vom Standpunkt dieser streng deontologischen Gerechtigkeitstheorie in der Vertragstheorie des orthodoxen Liberalismus – aus der so genannten libertarian view – absolute Rechte der Staatsbürger legitimiert, in die der Staat nicht eingreifen darf. Das klassische Beispiel für die libertarian view ist der Minimalstaat von R. Nozick (1938-2002).

Ein Beispiel für die Schlussfigur „unerlaubt, weil naturwidrig" liefert I. Kants Auffassung von der Unzulässigkeit einer Falschaussage. Mit ‚naturwidrig' ist in dieser Schlussfigur ‚zweckwidrig' gemeint. Der Zweck der Sprache ist die wahre Mitteilung. Eine Falschaussage ist mithin „unerlaubt, weil sprachwidrig". Der Zweck der Sprache ist von Gott in seiner offenbarten Weisheit zum Wohl der Menschen so festgelegt worden, und Gott wird

---

[5] Kant (1914) 332

dafür sorgen, dass aus der Befolgung dieses Verbots, die Sprache mittels einer Falschaussage sprachwidrig zu gebrauchen, keine gravierenden Übel für die Menschheit entstehen werden. I. Kant illustriert seine Position an folgender Begebenheit. Ein potentieller Mörder steht vor meiner Haustür und fragt nach seinem Opfer, dem ich in meinem Haus Unterschlupf gewährt habe. Sollte ich versucht sein zu lügen, so urteilt I. Kant: „Hast Du nämlich einen eben jetzt mit Mordsucht Umgehenden durch eine Lüge an der Tat verhindert, so bist du für alle Folgen, die daraus entspringen mögen, auf rechtliche Art verantwortlich." Wenn also das Opfer ohne mein Wissen das Haus inzwischen verlassen hat und unbeabsichtigt seinem Mörder in die Hände läuft und getötet wird, kann ich „mit Recht als Urheber des Todes desselben angeklagt werden." Wer aber bei der Wahrheit bleibt, legt die Verantwortung in andere Hände. Wiederum I. Kant: „Denn hättest Du die Wahrheit, so gut du sie wusstest, gesagt: so wäre vielleicht der Mörder über dem Nachsuchen seines Feindes im Hause von herbeilaufenden Nachbarn ergriffen und die Tat verhindert worden."[6] I. Kants Position, die auch von J.G. Fichte (1762-1814) übernommen worden ist, kann nicht überzeugen. Jeder Mensch bleibt stets mitverantwortlich für das Wohl und Wehe seiner Mitmenschen und kann diese Verantwortung nicht einfach an die verborgene Weisheit Gott zurückgeben.

Auch in der Wirtschaftsethik wird die Schlussfigur „unerlaubt, weil naturwidrig" angewandt. In seinem Buch über den Wohlstand der Nationen spricht A. Smith von „einsichtigen und einfachen System der natürlichen Freiheit".[7] Daraus ergibt sich folgendes streng deontologische Argument für die Grenzen der Staatstätigkeit:

* Das System der natürlichen Freiheit ist gemäß der offenbarten Weisheit Gottes eine naturgegebene und naturgemäße Ordnung, die der Mensch mit seiner Vernunft erkennen kann.

* Unter Berufung auf die verborgene Weisheit Gottes ist ein Eingriff in die naturgemäße Ordnung unerlaubt, weil naturwidrig – selbst wenn der Staat durch kritisches Denken meine, dass er durch einen Eingriff gewisse Übel vermeiden könne.

Kritik an der Auffassung der natürlichen Ordnung der Wirtschaft äußern von Seiten der Katholischen Soziallehre H. Pesch SJ (1854-1926), O. von Nell-Breuning SJ (1890-1991) und Edgar Nawroth OP (geb. 1912). Im Ordoliberalismus wird eine derartige Auffassung als ‚Paläoliberalismus' gleichfalls abgelehnt. Auch in der Debatte um die Mitbestimmung wird von O. von Nell-Breuning SJ das streng deontologische Verbot der Mitbestimmung aufgrund der natürlichen Ordnung des Eigentums zurückgewiesen:

* In einer streng deontologische Begründung wird das private Eigentum als eine naturnotwendige Institution angesehen, die dem Eigentümer das alleinige Verfügungsrecht zusichert, in das nicht eingegriffen werden darf.

* O. von Nell-Breuning SJ argumentiert: „unter unseren heutigen Verhältnissen [ist] die fortschrittliche Verwirklichung des Mitbestimmungsrechts der Arbeit auf sozialem, personalem und wirtschaftlichem Gebiet auch in den Betrieben tatsäch-

---

[6] Kant (1923) 424-430, hier 427.
[7] Smith (1974) 582

lich ein Erfordernis des Gemeinwohls. Ist sie aber das, dann ist es ein Gebot des
Naturrechts, diesem Erfordernis Rechnung zu tragen."[8]

Dagegen befindet sich die milde Variante der Deontologie in grundsätzlicher Überein-
stimmung mit der teleologischen Ethik. Für beide hat sich deshalb auch die Bezeichnung
‚Konsequentialismus' eingebürgert. So geht der Ethiker W.K. Frankena (1908-1994)
davon aus, dass das jüdisch-christliche Gebot Liebe deinen Nächsten, wie dich selbst
zwei oberste Grundsätze enthält: Die Liebe und die Gerechtigkeit bilden zusammen als
zwei partikuläre Moralprinzipien ein universales Moralprinzip.

4.   Moralerziehung: Die Befähigung zum kritischen und kreativen Denken

Aufgabe der wissenschaftlichen Ethik ist es nach dem Ethiker A. Weston, die Menschen
zu eigenständigem kritischen Denken (= *thinking for yourself*) zu erziehen.[9] In der Moralentwicklung werden nach L. Kohlberg (1927-1987) drei Niveaus, die in Abbildung 3
wiedergegeben sind, unterschieden:

*   Das *vorkonventionelle Niveau mit den Stufen 1 und 2*, das kein eigenständiges
    moralisches Denken kennt.

*   Das *konventionelle Niveau mit den Stufen 3 und 4*, das ausschließlich *intuitives
    Denken* nach Maßgabe des Über-Ichs erlaubt.

*   Das *postkonventionelle Niveau mit den Stufen 5 und 6*, das ein *kritisches Denken*
    durch das *einsichtige Ich* ermöglicht.

Für die Unternehmensethik vertritt K. Homann die Position, dass Unternehmen eine ordnungspolitische Verantwortung nur bei Defiziten in der Rahmenordnung haben. Im Nor-
malfall ist vom Management eines Unternehmens lediglich ein *intuitives Denken* zu verlangen, dass die Stufe 4 erreicht. Erst bei Defiziten in der Rahmenordnung, die das Management durch *kritisches Denken* erkennt, muss es sich moralisch auf die Stufen 5 und 6
hoch bewegen. Es muss die relevanten *Stakeholder identifizieren* und als Ersatz und Ergänzung zur institutionellen Verantwortung *durch kritisches Denken* bewusst Mitverantwortung für ihr Wohlergehen übernehmen.

---

[8] Nell-Breuning (1957) 130f.
[9] Siehe Weston (2002) 17-32.

Vorkonventionelles Niveau (ca. 3 - 12 Jahre): Kein eigenständiges moralisches Denken

1. Stufe

Ich	Richtig ist der blinde Gehorsam gegenüber Vorschriften und Autoritäten.	Egozentrische Perspektive, die sich am Standpunkt der Autorität orientiert.

2. Stufe

Ich und Du	Richtig ist es, im Sinne des konkreten Austauschs fair miteinander umzugehen.	Gegenseitige Instrumentalisierung zur individuellen Bedürfnisbedriedigung hier und jetzt.

Konventionelles Niveau (ca. 8 - 18 Jahre): intuitives Denken

3. Stufe

Ich, Du und unsere Gruppe	Richtig ist der blinde Gehorsam gegenüber Vorschriften und Autoritäten.	Egozentrische Perspektive, die sich am Standpunkt der Autorität orientiert.

3. Stufe

Ich und Du	Richtig ist es, im Sinne des konkreten Austauschs fair miteinander umzugehen.	Gegenseitige Instrumentalisierung zur individuellen Bedürfnisbedriedigung hier und jetzt.

Postkonventionelles Niveau (ca. ab 16 Jahren): kritisches Denken

5. Stufe

Wir alle und auch ich	Richtig ist es, grundsätzliche Rechte und Pflichten in Staat und Gesellschaft anzuerkennen, *wenn* sie dem Wohl der Menschen dienen.	Perspektive eines Menschen, der sich in einem Vertrag mit anderen Menschen zum Zwecke der Sicherung des Wohles aller in einem sozialen und demokratischen Rechtsstaat zusammenschließt.

6. Stufe

Alle Menschen	Richtig ist es, sich in unparteiischer Weise und im Rahmen der gesellschaftlichen Aufgabenverteilung für das Wohl aller Menschen einzusetzen.	Die moralische Argumentation setzt beim *moral point of view* ein und versucht durch kritisches Denken die richtige Lösung zu finden.

Abbildung 3: Moralentwicklung und Moralerziehung nach Lawrence Kohlberg [1927-1987]

Vorkonventionelles Niveau

1. Stufe: Orientierung an Strafen
Eine Bank handelt stets zum eigenen Vortail sogar gesetzwidrig, wenn die Gefahr, entdeckt und bestraft zu werden, vom Management als niedrig eingeschätzt wird. Nur was faktisch Strafen nach sich zieht, ist verboten und **immer** falsch.

2. Stufe: Orientierung an gegenseitiger Instrumentalisierung
Im Fall einer Überweisung darf die Empfängerbank die Wertstellung verzögern, um einen Zinsvorteil auf Kosten des Bankkunden für sich zu erzielen, wenn das die Banken untereinander dulden und jede Bank einmal dran ist. Was Banken sich gegenseitig zugestehen, ist erlaubt und **immer** richtig.

Konventionelles Niveau

3. Stufe: Orientierung an moralischen Erwartungen, Beziehungen und an Konformität
Die Bank verhält sich auf der Ebene des **intuitiven Denkens** im Sinne von J. M. Keynes wie ein *Sklave eines verblichenen Ökonomens*. Sie macht, was von der Finanzmarktaufsichtsbehörde erwartet oder von einer ökonomischen Theorie nahe gelegt wird. Die ökonomische Theorie empfiehlt u.a. bei Shareholder-Druck eine Politik des Kostenmanagements.

4. Stufe: Orientierung an der Erhaltung gesellschaftlicher Systeme
Die Bank bleibt auch auf der 4. Stufe *Sklave eines verblichenen Ökonomens* und rät auf der Ebene des **intuitiven Denkens** zum Beispiel einem Kunden von einer Verschuldung ab - obwohl keine gesetzliche Verpflichtung besteht und der Abschlußss von Verbraucherkrediten vielleicht im *kurzfristigen* Interesse der Bank liegt -, wenn dies nicht nur im objektiven Interesse des Kunden liegt, sondern auch das Kreditsystem *langfristig* stabilisiert.

Postkonventionelles Niveau

5. Stufe: Orientierung an einem gesellschaftlichen Sozialvertrag
Eine Bank überprüft auf der Ebene des **kritischen Denkens**, ob ihre derzeitig Geschäftsstrategie und Produktpolitik zugleich im langfristigen und wohlverstandenen Interesse ihrer Kunden ist.

6. Stufe: Autonome Orientierung an universalen ethischen Prinzipien
Vom *moral point of view* aus versucht die Bank sich gemäß den vier Stufen der Universalisierung auf der Ebene des **kritischen Denkens** in die Situaiton ihrer Kunden zu versetzen und beispielsweise mittels einer Balanced Scorecard die *richtige Strategie* konkret zu entwickeln und umzusetzen: "Financial serce agents need to vew themselves as agents who bring value to their clients' lives."[38]

Abbildung 4: Das moralische Verhalten einer Bank

In **Abbildung 4** wird das Modell exemplarisch auf das moralische Handeln einer Bank angewandt. Die Banken haben weltweit den Shareholder-Value-Druck in den 1990er Jahren zu spüren bekommen, so dass die verantwortlichen Bankmanager in den frühen neunziger Jahren in Nordamerika und in Europa in den letzten Jahren angefangen haben, ein Kostenmanagement zu betreiben, um die Interessen ihrer Shareholder zu wahren. Die Hauptlast hat dabei der Personalabbau getragen. Da selbst auf der Ebene des *intuitiven Denkens* ein reines Kostenmanagement auf Dauer unzureichend ist, erfordert die Übernahme von Organisationsverantwortung im Bereich des *commercial banking* wie im Bereich des *investment banking prima facie* eine verbesserte Kundenorientierung, die sowohl von dem Management als auch von allen Mitarbeitern und Mitarbeiterinnen zu verinnerlichen ist.

Auf der *Stufe 6* wird vom Bankmanagement verlangt, *kritisch* und *unparteiisch* darüber nachzudenken, zu welchen Serviceleistungen und Finanzprodukten welche Kunden und zu welchen Kunden welche Serviceleistungen und Finanzprodukte gehören. Die Bankmitarbeiterinnen sollen befähigt sein, zu einer guten Problemlöserin für ihre Kunden zu werden und die vorhandenen Informationen, die in den Kunden- und Kontendaten der Bank gespeichert sind, für einen intelligenten Vertrieb des richtigen Bankproduktes und der richtigen Serviceleistungen für den richtigen Kunden zu verwenden.[10] Das verlangt vom Management, für eine ständige Weiterentwicklung der Service- und Verkaufsfähigkeiten der Bankmitarbeiterinnen Sorge zu tragen.

---

[10] Siehe Pape (2004).

6. Corporate Social Responsibility in einer Wettbewerbswirtschaft

‚Organisationsverantwortung' meint zum einen die Verantwortung des einzelnen Stakeholders für den Erfolg des Unternehmens und zum anderen die korporative Verantwortung des Unternehmens als Ganzes für das Wohl aller betroffenen Stakeholder. Sie wird wahrgenommen im Rahmen einer Wirtschafts- und Sozialordnung, die der Staat schafft.

1.   Die Ebene der institutionelle Verantwortung: Die Ordnungspolitik

Die Voraussetzungen für *funktionierende gesellschaftliche Systeme* zu schaffen, in denen Organisationen und Individuen eigenverantwortlich agieren können, ist die ordnungspolitische Aufgabe des Staates und der supranationalen Organisationen wie der Europäischen Union und der UNO. Jedes gesellschaftliche System birgt in sich seine eigenen *Chancen für Wertverwirklichung* und zugleich seine *Risiken von Übeln*. Diese Chancen und Risiken fair auf die betroffenen Menschen zu verteilen, ist die Verantwortung der Politiker. Ein funktionierendes Wirtschaftssystem bringt Wohlstand, aber auch schmerzlichen Strukturwandel und zumindest kurzfristig Verlierer hervor.

Die Verantwortung der Politiker besteht darin, *ex ante* – unter der Prämisse von bestimmten Verhalternsannahmen der in dem System agierenden Akteure – die richtige institutionelle Ausgestaltung der Systeme zum unparteiischen Wohle aller betroffenen Menschen und zum Schutz der ganzen Schöpfung zu durchdenken. Die Wahrnehmung der institutionellen Verantwortung lässt sich gut *im Paradigma der Vertragstheorie* darstellen. In der normativen Ordnungspolitik werden vier Ansätze diskutiert:

Erster Ansatz: Von dem *Standpunkt eines aufgeklärten Egoismus* aus ergibt sich im Paradigma der Vertragstheorie ein Regelsystem egoistischer Klugheitsmaximen:

*   Der Exeget R. Bultmann (1884-1976) erkennt in der Formulierung der Goldenen Regel bei Mt 7,12 eine egoistische Klugheitsregel: „denn ob positiv oder negativ enthält das Wort, als Einzelwort genommen, die Moral eines naiven Egoismus."[11]

*   B. Barry untersucht in seinem Werk *Theories of Justice* die Theorie des aufgeklärten Egoismus unter der Bezeichnung *justice as mutual advantage*.   Davon setzt B. Barry den Ansatz *justice as impartiality* ab, der erst eine ethische Theorie, wie sie von dem Standpunkt des ethischen Egoismus und des Utilitarismus bejaht wird, begründet.

Zweiter Ansatz: Von dem *Standpunkt eines ethischen Egoismus* ergibt sich im Paradigma der Vertragstheorie ein Regelsystem, das durch freiwillige Tauschhandlungen eine gegenseitige Besserstellung ermöglicht. So wird in der funktionierenden Marktgesellschaft das Prinzip eines *negativen Utilitarismus*: *Neminem laedere* (= Schade bzw. verletzt niemanden) angewandt. Das Zusammenleben in dieser *Wirtschaftsgesellschaft* beruht auf einer *Interessenssolidarität*:

*   Jedes Gesellschaftsmitglied hat zwar prinzipiell das gleiche Recht auf Wohlergehen, trägt aber ausschließlich Sorge für sein eigenes Wohl.

---

[11] Bultmann (1967) 107

* Die faktisch existierende Ausstattung der Gesellschaftsmitglieder mit **Geld-, Sach-** und **Humankapital** wird von allen akzeptiert und nicht korrigiert.

* Fundamentale Verzichte ohne Aussicht auf Kompensation werden abgelehnt. Eine staatlich verordnete ‚**Zwangssolidarität'** wird in der Regel abgelehnt.

* Der Marktpreis ist bei vollständiger Konkurrenz ein gerechter Preis. Es herrscht Tauschgerechtigkeit, so dass die Wohlfahrt zweier Tauschpartner gefördert wird.

* Die so verstandene ‚**Gesellschaft'** bildet den Hintergrund für das Forschungsprogramm der **Ökonomik**: „Ökonomik befasst sich mit Möglichkeiten und Problemen der gesellschaftlichen Zusammenarbeit zum gegenseitigen Vorteil."[12]

Beispiele für eine Vertragstheorie auf der Basis des ethischen Egoismus sind die *Paretianische Wohlfahrtsökonomie*, die *ökonomische Vertragstheorie* von J.M. Buchanan und die *ökonomische Theorie der Moral* von K. Homann.

Dritter Ansatz: Vom **moral point of view** ergibt sich im Paradigma der Vertragstheorie ein gesellschaftliches System, das von den einzelnen Gesellschaftsmitgliedern auch **Verzichte und Opfer** zugunsten anderer bedürftiger Gesellschaftsmitglieder verlangt:

* Das Forschungsprogramm der Ökonomik wird grundsätzlich als richtig akzeptiert. Es werden lediglich zwei Ergänzungen vorgenommen.

* *Erste Ergänzung:* Der Staat darf über sein Steuer- und Ausgabensystem in die Kapitalausstattung der Gesellschaftsmitglieder eingreifen und korrigieren – *falls* unter Berücksichtigung des Subsidiaritätsprinzips gute Gründe dafür vorliegen.

* *Zweite Ergänzung:* Der Staat darf eine Zwangssolidarität organisieren – *falls* unter Berücksichtigung des Subsidiaritätsprinzips gute Gründe dafür vorliegen.

Beispiele für eine Vertragstheorie auf dem *moral point of view* sind die *Alte Wohlfahrtsökonomik* mit dem Gesetz vom abnehmenden Grenznutzen des Geldes, die *Theorie der Gerechtigkeit* von J. Rawls (1921-2002), und die ordoliberale Konzeption der sozialen Marktwirtschaft in Deutschland.

Vierter Ansatz: Vom **Standpunkt einer streng deontologischen Gerechtigkeitstheorie** im Sinne von R. Nozick werden in einer Vertragstheorie absolute Rechte der Bürger legitimiert, in die der Staat nicht eingreifen darf. Eine staatliche Korrektur der Kapitalausstattung der Gesellschaftsmitglieder wird prinzipiell abgelehnt.

* Viele soziale Aufgaben, die im Wohlfahrtsstaat auf staatlicher Ebene wahrgenommen werden, müssen verschiedene Organisationen freiwillig übernehmen.

* Der Staat setzt auf *freiwillige Solidarität* innerhalb von bestimmten Gemeinschaften, die sich zur gegenseitigen Solidarität verpflichtet fühlen.

* Der Staat nimmt sich zulasten der individuellen Verantwortlichkeit sowie zulasten der Verantwortung von Unternehmen und von Organisationen zurück.

---

[12] Homann u. Suchanek (2005) 4.

Beispiel für eine Vertragstheorie auf der Basis der *libertarian view* – kombiniert mit einer *communitarian view* – ist die Prinzipienethik von H.T. Engelhardt Jr., die für das Gesundheitssystem mehr Organisationsverantwortung der Kirchen verlangt.

Was folgt daraus für die *Wirtschaftsordnungspolitik?* Seit der Zeit von A. Smith (1723-1790) hat sich eine marktwirtschaftliche Ordnung immer wieder als die richtige Ordnung zur Bereitstellung von privaten Gütern erwiesen. Ein funktionierender Wettbewerb auf den Märkten lässt sich im Rahmen des *zweiten Ansatzes* in der Ordnungspolitik als ein solidarischer Prozess im Interesse aller Menschen beschreiben. Die Wettbewerbswirtschaft kann als ein System fairer Kooperation zwischen freien und gleichen Personen zum gegenseitigen Vorteil aufgefasst werden. Mit K. Homann darf gesagt werden, dass die Marktwirtschaft „das beste bisher bekannte Mittel zur Verwirklichung der Solidarität aller Menschen darstellt".[13] Das Handeln der Unternehmen und der Individuen wird durch den Wettbewerb in unparteiischer Weise prinzipiell richtig gelenkt. Der Münsteraner Finanzwissenschaftler H. Grossekettler spricht vom *kategorischen Imperativ der Wettbewerbswirtschaft*.[14] Die von I. Kant geforderte Universalisierung und Unparteilichkeit der Handlung wird in der Wettbewerbsordnung institutionell verankert. Wer *prima facie* seine wirtschaftlichen Tätigkeiten im Sinn der Wettbewerbsordnung ausübt, handelt mit Blick auf die *Lebens- und Wohlfahrtszwecke* der Menschen in der Regel richtig. Die Wettbewerbsordnung hilft dem Menschen mithin *durch intuitives Denken* zu erkennen, welche Handlung im Interesse der Wertverwirklichung von ihm gefordert ist. Aber er bleibt bei *intuitivem Denken* natürlich im Sinne von J.M. Keynes *Sklave eines verblichenen Ökonomens* und überlässt die Verantwortung für das Ganze dem Staat.

Ein funktionierender Wettbewerb ist gleichfalls im Rahmen des *ersten Ansatzes* in der Ordnungspolitik als auch für aufgeklärte Egoisten vorteilhaft dazustellen, solange durch die richtige Politik die *egoistischen Kooperationsinteressen* der Unternehmen und der privaten Haushalte ihre *egoistischen Machtinteressen* zügeln können. Denn das Wirken der „unsichtbaren Hand" Gottes, die alles zum Guten führt, ist für A. Smith auf den Märkten nur wirksam, wenn ausreichend Wettbewerb herrscht.[15] Im Rahmen des *vierten Ansatzes* in der Ordnungspolitik lässt sich die *Wettbewerbsordnung* als eine *natürliche Ordnung* beschreiben, die der Staat zu verwirklichen und zu schützen hat.

Im Rahmen des *dritten Ansatzes* der Ordnungspolitik ist die *Sozialordnung* ein integraler Bestandteil der *Wirtschaftsordnung*. In den anderen ordnungspolitischen Ansätzen ist die Berechtigung einer staatlichen Sozialordnung argumentativ weitaus schwieriger zu begründen und ihre Ausgestaltung fällt bescheidener aus. Für die Bestimmung der Staatsaufgaben wird im Folgenden von einer *sozialen Marktwirtschaft* ausgegangen mit punktuellen Abgrenzungen zu alternativen ordnungspolitischen Ansätzen.

---

[13] Homann (1993) 1292.
[14] Vgl. Grossekettler (1987) 14f.
[15] Siehe Smith (2004) 316; und ders. (1974) 371.

2. Die zwei Aufgaben des Staates in einer Wettbewerbswirtschaft

Es ist der *starke Staat* – so eine Formulierung von dem Ordoliberalen W. Röpke (1899-1966) –, dem im Rahmen der sozialen Marktwirtschaft die Kompetenz bei der *Gestaltung der Wirtschafts- und Sozialordnung* zufällt. W. Röpke denkt dabei an den Nationalstaat. Mittlerweile ist der ,*starke Staat*' nicht mehr so stark, weil er auf verschiedenen innerstaatlichen und überstaatlichen Ebenen seine Verantwortung wahrnehmen muss, wenn er für eine funktionierende Wettbewerbswirtschaft sorgen will:

* *innerstaatlich* auf der kommunalen Ebene, auf der Ebene von Bundesländer bei einem föderalen Staatsaufbau und auf der Ebene des Nationalstaates,

* *überstaatlich* auf der europäischer Ebene – z.B. im Rahmen der EU – und auf der Weltebene durch Politikkoordination.

Mit der *World Trade Organisation* (= WTO) und mit der *EU-Kartellbehörde* in Brüssel haben die Nationalstaaten zumal eigene öffentliche Organisationen zur Sicherung eines funktionsfähigen globalen Wettbewerbs geschaffen. Denn auch eine **globale Wettbewerbswirtschaft** ist mit dem *moral point of view* vereinbar. Dabei ist in erster Linie an die Leistung des Wettbewerbs als Such- und Entdeckungsverfahren gemäß F.A. von Hayek (1899-1992) und als ein Prozess schöpferischer Zerstörung gemäß dem österreichischen Nationalökonomen J.A. Schumpeter (1883-1950) zu erinnern. Ökonomisch fällt der Beweis für die grundsätzlich wohlfahrtsfördernden Wirkungen der globalen Wettbewerbswirtschaft mit dem Nachweis der Vorteile des globalen Freihandels zusammen. Globalisierung bedeutet die globale Geltung des *kategorischen Imperativs* unter unparteiischer Berücksichtigung der *Lebens- und Wohlfahrtszwecke* aller Menschen weltweit. Protektionismus oder der Ausschluss von einzelnen Ländern von der Globalisierung sind als Verstöße gegen die Geltung des *kategorischen Imperativs* einer globalen Wettbewerbswirtschaft zu ahnden, da sie eine Bevorzugung partikularer Interessen nationaler Volkswirtschaften im Sinn haben. Durch die sieben Verhandlungs- und Zollsenkungsrunden des GATT von 1949 bis 1993 ist man zwar dem Ziel eines weltweiten Freihandels näher gekommen, aber es existiert bis heute weder eine **gerechte Weltwirtschaftsordnung** noch eine **gerechte europäische** bzw. **nationale Wirtschafts- und Sozialordnung**. Auf allen Ebenen ist eine permanente Überprüfung der bestehenden Rechtsordnungen durch *kritisches Denken* erforderlich.

Der *starke Staat* im Sinne des Ordoliberalismus ist im Rahmen aller ordnungspolitischer Ansätze – ohne dies weiter ausführen zu können – weiterhin für die Bereitstellung von öffentlichen Gütern zuständig. Bei den öffentlichen Gütern gibt es neben den *Errichtungs-* auch *Schutzgüter*. Mithin ist die nachhaltige Sicherung der natürlichen Lebensgrundlagen auch eine öffentliche Aufgabe. Auf die negativen und positiven externen Effekten durch die Produktion und den Konsum von Gütern auf die Umwelt und auf die menschliche Wohlfahrt hat bereits der A.C. Pigou (1877-1959) in einen *Economics of Welfare* aufmerksam gemacht. Es sind besonders zwei Problemfelder zu beachten:

* Es bedarf zur Sicherung von vielen **globalen Schutzgütern** der Erde einer Politikkoordination auf der Weltebene.

*   Das Ausmaß der Versorgung mit *öffentlichen Gütern* sowie die Frage der Not-
         wendigkeit einer *Sozialisierung von an sich privaten Gütern* zu öffentlichen Gü-
         tern – wie z.B. medizinische Leistungen – wird in den vier ordnungspolitischen
         Ansätzen unterschiedlich beantwortet.

Haben sich die Nationalstaaten im Rahmen ihrer ordnungspolitischen Verantwortung auf
eine **gerechte Weltwirtschaftsordnung** geeinigt und diese in der Praxis umgesetzt, verlangt der **kategorische Imperativ der Wettbewerbswirtschaft** auf der Ebene des **intuitiven
Denkens** von den Nationalstaaten, sich im Interesse einer unparteiischen Förderung der
ökonomischen Wohlfahrt aller Menschen weltweit dem globalen Wettbewerb zu stellen.
Der Strukturwandel ist *fair* im Sinne der **Systemerhaltung** und **Systemstabilisierung** einer gerechten Weltwirtschaftsordnung zu gestalten. Zwar stößt der **Prozess schöpferischer Zerstörung** in den Industriestaaten auf heftigen Widerstand, aber der *Protektionismus* als Reaktion mancher Nationalstaaten ist mitverantwortlich für die Armut in großen Teilen der Entwicklungsländer.[16]

Neben der ordnungspolitischen Aufgabe des Nationalstaates tritt die Aufgabe hinzu, als
Wettbewerber im globalen Wettbewerb aufzutreten. Die Nationalstaaten bieten auf einem
globalen Markt für Standorte den Unternehmen und Individuen unterschiedliche Steuer-
Leistungs-Pakete an. Neben der Struktur- und Regionalpolitik – in Europa auch mit Unterstützung der EU – können die Nationalstaaten durch ihre Sozial- und Bildungspolitik
den Strukturwandel, dem die Volkswirtschaft unterliegt, sozial abfedern. Längerfristig
gewinnen zwar alle von dem globalen Wettbewerb, kurzfristig gibt es aber auch Verlierer, denen der Nationalstaat durch ein **System der sozialen Sicherung** sowie durch ein
Bildungssystem helfen muss:

*   Zum einen kann durch die Förderung von Investitionen in Humankapital versucht
         werden, die Anzahl der potentiellen Globalisierungsverlierer einzugrenzen.

*   Zum anderen kann es eine Aufgabe der Bildungs- und Sozialpolitik sein, den
         aktuellen Globalisierungsverlierern wirksame Hilfen zukommen zu lassen. Zu be-
         rücksichtigen sind in Industriestaaten die Arbeitslosen, die als ungelernte oder
         angelernte Erwerbstätige aus dem Industriesektor entlassen werden.

3. Das Corporate-Governance-Konzept

Im Rahmen eines Corporate-Governance-Konzeptes übernehmen die Stakeholder im
Unternehmen eine organisatorische Verantwortung für die gemeinsame Zielsetzung der
Unternehmung. Von den Mitgliedern des Aufsichtsrates, des Managements und auch von
der Arbeitnehmerschaft wird erwartet, dass sie neben ihrem Human- und Sozialkapital
auch ihr kritisches Denken der Unternehmung zur Verfügung stellen und Verantwortung
für die gemeinsame Zielsetzung übernehmen. Der Unternehmensethiker P. Ulrich nennt
dies die organisatorische Verantwortung des Menschen als Organisationsbürger, die er-

---

[16] Zur Armut in den Entwicklungsländern siehe Krugman u. Obstfeld (2006) 779-830; und Prahalad
(2006).

gänzt wird durch die ethische Verantwortung als Wirtschaftsbürger. Das ist für ihn eine „prinzipiell unbegrenzte Verantwortung für alle Folgen eigenen Handelns",[17] die in diesem Beitrag als individuelle Verantwortlichkeit gekennzeichnet wird.

Wenn folglich mit der Tätigkeit in einer Organisation von einem Stakeholder mehr als die Erfüllung von festgelegten Handlungen als Rechtspflichten verlangt wird, dann wird denkerische Verantwortung durch kritisches Denken gefordert. Nach dem Soziologen F.-X. Kaufmann wird in diesem Fall der Arbeitsmarkt zu einem Verantwortungsmarkt, an dem Menschen ihre Bereitschaft erklären – bei einem angemessenen internen Anreiz-Beitrags-System des Unternehmens – für die Verwirklichung bestimmter Organisationsziele eines Unternehmens Verantwortung zu übernehmen.[18]

Dem Management eines Unternehmens muss es folglich daran gelegen ein, den Stake-holder-Ansatz in den Shareholder-Value-Ansatz zu integrieren, um zu einem balanced shareholder value des Unternehmens zu gelangen. Die gemeinsame Zielvorstellung eines Unternehmens muss anhand dieses Konzeptes eines balanced shareholder value erarbeitet werden.[19] Dieses Konzeptes ermöglicht es, ein Unternehmen nicht nur unter Berücksichtigung von Finanzdaten – welche die Shareholder interessieren – sondern auch unter Einbeziehung von zusätzlichen Faktoren, die für andere Stakeholder von Interesse sind, wie Anzahl der Beschäftigten, an den Staat abgeführte Steuern, Managementqualität, Kundenzufriedenheit, verfügbare Technologien, Innovationsfähigkeit, Reputation und anderes auf der Basis des kritischen Denkens ethisch umfassend zu beurteilen. Innerhalb einer Integrativen Wirtschaftsethik scheint P. Ulrich sogar daran zu denken, sämtlichen Stakeholdern einer Unternehmung bestimmte juristische Rechte zuzugestehen, was jedoch grundsätzlich die kapitalistische Unternehmensverfassung des Wirtschaftssystems und mithin seine Funktionsfähigkeit in Frage stellen würde.

Durch die nach außen hin glaubwürdig dokumentierte Wahrnehmung korporativer Verantwortung von einem Unternehmen mit einer guten Corporate Governance wird für alle Stakeholder – und vor allem für mögliche Geldkapitalgeber – Reputation und Transparenz geschaffen. Eine gute Corporate Governance verbessert die Wettbewerbsfähigkeit des Unternehmens und wird in der Regel mit einem guten Rating belohnt und verbessert die Möglichkeit, auf den Finanzmärkten Geldkapital zu erhalten.[20]

---

[17] Ulrich (2002) 118.
[18] Kaufmann (1992) 74f. u. 111.
[19] Siehe dazu Kyrer (2001) 98-102; und Crane u. Matten (2004) bes. 183-221.
[20] Zu den Finanzmärkten aus ethischer Sicht siehe Hagel (2005).

4. Die korporative Organisationsverantwortung des Unternehmens (= CSR) bei intakter Rahmenordnung

Für das intuitive Denken eines Wirtschaftssubjektes darf von der Prämisse ausgegangen werden: Der kategorische Imperativ der Wettbewerbswirtschaft ermöglicht Wirtschaftssubjekten eine unparteiische Wertorientierung im wirtschaftlichen Handeln. Daraus ergeben sich drei wichtige Präsumtionen für die Unternehmensführung bei intakter Rahmenordnung.

Damit ergibt sich für das Unternehmen als erste Präsumtion, dass es prima facie für das Unternehmen richtig ist es, sich am shareholder value zu orientieren. In diesem Sinn schreibt auch M. Friedman im Jahr 1970 den Artikel: The Social Responsibility of Business Is to Increase Its Profits. Das Management hat prima facie eine primäre Verantwortung für funktionierende Kapitalmärkte und für das Wohl seiner Shareholder, die in der Regel ein Interesse an einer wertorientierten Unternehmenspolitik haben, die langfristig zu einer Verbesserung ihrer Einkommens- und Vermögensposition führt.

Weniger Beachtung findet da schon die *zweite Präsumtion* des intuitiven Denkens für die Unternehmensführung: Seit den 90iger Jahren bekommen viele Aktiengesellschaften einen zunehmenden *Shareholder-Value-Druck* zu spüren, der eine höhere Rendite für die Shareholder verlangt. Wie soll das Management mit dieser Versuchung, permanent die Unternehmensgewinne zu steigern, richtig umgehen? Um die Shareholder-Value-Falle eines reinen Kostenmanagement zu vermeiden, ist vermutlich ein Mix von Kostenmanagement und Innovation für das Unternehmen optimal und richtig.[21] Denn eine konsequent wertorientierte Unternehmenspolitik kann bei entsprechendem *Shareholder-Value-Druck* in die *Shareholder-Value-Falle* eines verstärkten und reinen Kostenmanagements mit Personal- und Sozialabbau führen. Sinnvolles Kostenmanagement ist vergleichbar mit Abnehmen bei Übergewicht. Wenn das Abnehmen aber zur Magersucht führt, wird es gefährlich. Deshalb ist gegen ein reines Kostenmanagement als *zweite Präsumtion* für die Unternehmensführung festzuhalten, dass *prima facie* ein Mix von Kostenmanagement- und Innovationsstrategien durch nachhaltiges Wachstum, Förderung der Mitarbeiterinnen und Forschung & Entwicklung für ein Unternehmen und eine wertorientierte Unternehmenspolitik langfristig richtig ist. Bedrohlich wird das Ganze, wenn der *Shareholder-Value-Druck* schließlich dazu führt, dass grundlegende unternehmensethische Prinzipien über Bord geworfen werden, und Verstöße gegen einen fairen Wettbewerb und gegen eine ordnungsgemäße Rechnungslegung sich bis hin zu kriminellen Betrugsdelikten in die Unternehmensführung einschleichen.

Mit einem ‚guten' Unternehmen ist auf der *Ebene des intuitiven Denkens* mithin ein Unternehmen gemeint, dass – bei intakter Rahmenordnung und funktionierendem Wettbewerb – gemessen am Kriterium des *balanced shareholder value* erfolgreich am Markt agiert und seine korporative Verantwortung durch eine gute *Corporate Governance* wahrnimmt. Um ein hohes Maß an Transparenz für alle Stakeholder des Unternehmens zu erreichen, ist nicht nur in Deutschland, sondern im Jahr 2002 auch für die österrei-

---

[21] Vgl. Kyrer (2001) 98-102.

chischen Aktiengesellschaften von dem Österreichischen Arbeitskreis für *Corporate Governance* ein *Austrian Code of Corporate Governance* vorgelegt worden. Für jedes Unternehmen kann durch freiwillige Selbstverpflichtung der Kodex Geltung gewinnen, um dadurch den Willen des Managements zur Übernahme von Unternehmensverantwortung zu dokumentieren.

Als *dritte Präsumtion* für die Unternehmensführung ist mit dem Unternehmensethiker Ch. Handy an die grundlegende Bedeutung des *Prinzips der Unterstützung von Treu und Glauben* in der Unternehmensführung zu erinnern. Worauf können sich alle Stakeholder des Unternehmens zu jeder Zeit sicher verlassen? Die korporative Verantwortung der Unternehmen verlangt vom *moral point of view* aus eine Art *„Hippokratischen Eides"* der Unternehmensführung, keine internalisierungsbedürftigen Übel zu bewirken und somit niemandem unberechtigterweise zu schaden. *The new vision of the purpose of business* in ethischer Hinsicht ist nicht die Gewinnerzielung oder die wertorientierte Unternehmenspolitik an sich, sondern das Ziel mitzuhelfen, Werte für Menschen zu verwirklichen, und auf diese Art und Weise zur Förderung der ökonomischen Wohlfahrt beizutragen.[22]

5. Die korporative Organisationsverantwortung des Unternehmens (= CSR) als Ersatz für nicht wahrgenommene institutionelle Verantwortung

Wenn man davon ausgehen darf, dass in vielen Teilen der Erde Unternehmensethik primär als Ersatz für eine defizitäre Ordnungspolitik dient dann muss die *Corporate Social Responsibility* von Unternehmen die nicht wahrgenommene institutionelle Verantwortung des Staates – so gut es geht – subsidiär ersetzen. Die Mängel können alle Teile der *Wirtschafts- oder Sozialordnung* betreffen. Anhand der oben angeführten Liste vom M.C. Nussbaum ist es beispielsweise jedem global agierenden Unternehmen relativ leicht möglich festzustellen, ob die Lebensverhältnisse ihrer Mitarbeiterinnen und Mitarbeiter in den Schwellen- und Entwicklungsländern in irgendeinem Punkt mit Hilfe des Unternehmens verbessert werden können. Zwei *Prima-facie-Pflichten* des intuitiven Denkens sind in diesem Fall der defizitären Rahmenordnung für die Unternehmen einschlägig:

* Die Einhaltung von *grundlegenden Sozialstandards* – vor allem die Achtung von Menschenrechten – ist durch das Unternehmen zu garantieren.

* Die Einhaltung von *grundlegenden Umweltstandards* ist durch das Unternehmen zu garantieren.

Global agierende Unternehmen können auf die Dauer mit unterschiedlichen staatlichen Rechtsordnungen, die unterschiedliche Sozial- und Umweltstandards setzen, nicht vernünftig geführt werden. Globale Unternehmen werden deshalb ihre Mitverantwortung für die Lebensverhältnisse ihrer Mitarbeiterinnen und Mitarbeiter im wohl verstandenen Eigeninteresse wahrnehmen wollen. Auch müssen globale Unternehmen ständig damit rechnen, für irgendein Fehlverhalten von bestimmten Nicht-Regierungs-Organisationen öffentlich kritisiert zu werden. *Auf der Ebene des kritischen Denkens* muss das Unter-

---

[22] Vgl. Handy (2002) und Takala (2006).

nehmen geeignete Instrumente zur Wahrnehmung der Organisationsverantwortung bestimmen und umsetzen. Der Wirtschaftsethiker A. Suchanek schlägt bei einer defizitären Rahmenordnung Investitionen in die Verbesserung der Rahmenordnung des Wettbewerbs vor:[23]

*   durch Kooperation mit konkurrierenden Unternehmen in Form von kollektiven Selbstbindungen als freiwilliger Selbstverpflichtung,

*   oder durch öffentliche Hinweise auf die Mängel der wirtschaftlichen und sozialen Ordnung und durch Einsatz für eine bessere Ausgestaltung der Rahmenordnung.

Das Unternehmen kann nach A. Suchanek weiterhin Investitionen tätigen:

*   in das Produkt – z.B. durch Ökologisierung,

*   in die Produktivität der Mitarbeiterinnen bzw. in die Unternehmenskultur,

*   in die Reputation – indem sie z.B. ihr Image als sittlicher Akteur fördert,

*   in die Standortbedingungen – z.B. durch die Förderung der Lebensqualität am Standort,

*   in Beziehungen durch Aufbau von sinnvollem Sozialkapital und

*   in wirtschafts- und unternehmensethische Aufklärung.

Dabei darf nicht übersehen werden, dass das Unternehmen einer geeigneten *Corporate Governance* bedarf, um diese korporative Verantwortung überhaupt wahrzunehmen. Die Einhaltung von grundlegenden Sozial- und Umweltstandards muss in die gemeinsame Zielvorstellung aller Stakeholder des Unternehmens eingehen.

6. Die Implementierung von core values mittels einer Balanced Scorecard

Falls das Unternehmen bei der Wahrnehmung seiner Verantwortung sich nicht auf ewig mit einem *intuitiven Denken* begnügen möchte, um – in den Worten von J.M. Keynes – *Sklave irgendeines verblichenen Ökonomens* zu bleiben, dessen Stimme im autoritären Gewissen, dem Über-Ich der Top-Managerinnen abgespeichert ist und die ihnen immer sagt, *was* im Unternehmen *wie* zu tun ist, dann muss das Unternehmen durch **kritisches Denken** Verantwortung für das Ganze übernehmen und neue Wege beschreiten.

So kann das Unternehmen in Wahrnehmung seiner korporativen Verantwortung und zur Profilierung gegenüber konkurrierenden Unternehmen auf der *Ebene des kritischen Denkens* eigene *core values* (= Grundwerte) als die **charakteristischen Fähigkeiten zur Wertverwirklichung** vorlegen. In einem *Top-Down-Ansatz* muss das Top-Management für eine konsequente Ausrichtung der Unternehmenspolitik an diesen *core values* Sorge tragen. Bei einer guten *Corporate Governance* haben alle Mitarbeiter und Mitarbeiterinnen die *core values* des Unternehmens verinnerlicht und sind freiwillig bereit, befähigt und motiviert, für ihre Anwendung in der Praxis Verantwortung zu übernehmen. Die

---

[23] Vgl. Suchanek (2001) 96-120 [Unternehmen].

Anwendung der *core values* wird in den **obersten Unternehmensgrundsätzen** schriftlich niedergeschrieben.

Für die Auswahl von zweckmäßigen Unternehmensgrundsätzen ist es sinnvoll sich an die Mahnung von P.M. Lencioni zu halten: *Make your values mean something*. Denn bei der Einführung eines Leitbildes, das die obersten Unternehmensgrundsätze nach außen hin transparent macht, ist an die beiden institutionellen Sollensansprüche des **Prinzips von Treu und Glauben** zu erinnern: Das Unternehmen soll erstens in seinem Leitbild die Anwendung seiner *core values* nur **aufrichtig** versprechen und zweitens in der Praxis das Versprechen nachprüfbar **einhalten**. *Core values* sind diejenigen Fähigkeiten zur Wertverwirklichung, durch welche das Unternehmen sich von anderen Unternehmen erkennbar absetzt. *Core values* sind strikt zu trennen von

*   *aspirational values* – das sind Fähigkeiten zur Wertverwirklichung, die angestrebt, aber noch nicht verwirklicht sind. So macht es keinen Sinn, wenn eine Eisenbahngesellschaft im Leitbild angibt, sie *bemühe sich* künftig pünktlich zu sein.

*   *permission-to-play value* – das sind Fähigkeiten zur Wertverwirklichung, die zur notwendigen Grundausstattung des Unternehmens gehören: Von einer Bäckerei darf man erwarten, dass sie zum Frühstücksglück ihrer Kunden durch gute Semmeln beiträgt.

*   *accidental values* – das sind Fähigkeiten zur Wertverwirklichung, die in keinem unmittelbaren Zusammenhang mit dem Kerngeschäft des Unternehmens stehen.

Sie dürfen inhaltlich auch nicht auf ethische Selbstverständlichkeiten (= *motherhood-and-apple-pie values*) oder Allerweltsprinzipien (= *cookie-cutter values*) hinauslaufen, die auch alle anderen Unternehmen einer Brache stehen könnten.

Die Implementierung von **core values** in die gesamte Unternehmensführung kann auf der Basis des *moral point of view* in einer *Balanced Scorecard* (=BSC) durchgeführt werden. Diese betriebswirtschaftliche Methode hat den Vorteil, dass sie auf einem allgemeinen Konsens aufruht, der alle vom Top-Management als relevant identifizierten Stakeholder des Unternehmens zwingt, auf der Basis der *core values* über eine gemeinsame **Vision, Mission** und **Strategie** nachzudenken und zu verständigen. Die *core values* stehen für das Selbstverständnis und die Identität des Unternehmens und prägen die eigene Vision und Mission (= das Leitbild). Die BSC verlangt vom Top-Management und allen Mitarbeiterinnen und Mitarbeitern auf der Basis des *moral point of view* ein **kritisches Denken** zur Verwirklichung des Leitbildes.

Bei einer kirchlichen Organisation entsprechen die Fähigkeiten zur Wertverwirklichung ihrer Spiritualität. Alle Mitarbeiter und Mitarbeiterinnen können in dem Unternehmen nur dann sinnvoll tätig werden, wenn sie diese *core values* miteinander leben. Das **Prinzip von Treu und Glauben** verlangt in diesem Zusammenhang, sich von Mitarbeitern und Mitarbeiterinnen, die diese *core values* nicht ausüben, zu trennen.

Die Idee einer BSC entstand in der Praxis der Unternehmensberatung in den USA Anfang der 90iger Jahre aufgrund eines Managementproblems, das man mit folgenden Worten umreißen kann: *Wir wissen vielleicht, wo wir hinwollen, aber nicht, wie wir hinkommen.* Das Problem beginnt mit den *Visionen* und *Strategien* in den Köpfen des Top-Managements. Und dort bleiben die *Visionen* und *Strategien* häufig auch. Im Detail kann das Top-Management folgende Probleme haben:

*   ***The Vision Barrier***: Das Top-Management hat vielleicht eine Idee, da aber diese Idee mit Widerspruch und mit internen Auseinandersetzungen verbunden ist, scheut man vor einer offenen Strategiediskussion zurück und wartet mit der Umsetzung der Idee immer wieder aufs Neue. Man betreibt ein ***Management by Planierraupe***, indem man die Probleme und Aufgaben vor sich her schiebt.

*   ***The People Barrier***: Die Umsetzung der Unternehmensstrategie ist nicht organisiert, da es keine Verknüpfung mit den Zielvorgaben für die Mitarbeiter und Mitarbeiterinnen gibt. Bei der Festlegung der Strategie neigt das Top-Management vielleicht zu einem ***Management by Champignons***: Lasse die Mitarbeiter und Mitarbeiterinnen weitgehend im Dunkeln, überschütte sie ab und zu mit Mist und wenn eine oder einer den Kopf raus steckt, schneide ihn ab.

*   ***The Ressource Barrier:*** Es gibt keine Verbindung zwischen der Unternehmensstrategie und der kurz- und langfristigen Ressourcenallokation.

*   ***The Management Barrier:*** Das Management erhält von identifizierten relevanten Stakeholdern nur ein *taktisches* anstelle eines *strategischen* Feedbacks.

Die BSC ist ein Instrument, um diese vier Probleme aufzulösen. Die Diskussion über strategische Ziele soll vom Top-Management initiiert und in einem kommunikativen und lebendigen Prozess, der die ganze Unternehmung erfasst, permanent fortentwickelt werden. Die Struktur der strategischen BSC ist für Nonprofit-Organisationen und für die öffentliche Verwaltung modifiziert worden. Bei der Einführung der BSC wird in der Regel ein ***Einstieg durch ein Pilotprojekt*** empfohlen. Der Einstieg durch ein Pilotprojekt kann in vier Schritten erfolgen.

1. Schritt: Die Formulierung von *Vision, Mission* und *konsensfähiger Strategie.*

Ausgehend von den *core values* formuliert das Top-Management ***schriftlich*** eine *Vision* und eine *Mission*, die zu einer *konsensfähigen Strategie* hinführen soll unter Verzicht eines ***Management by Alligators*** – erst das Maul weit aufreißen und wenn es brenzlig wird, abtauchen. Aufgrund einer SWOT-Analyse ist eine realistische Vision und *Mission* zu entwickeln:

S	=	Strenghts	=	Stärken
W	=	Weaknesses	=	Schwächen
O	=	Opportunities	=	Chancen
T	=	Threats	=	Gefahren

Im Blick auf die Chancen, empfiehlt sich ein *Zero-Base-Denken*: Das Unternehmen fängt mit einem Projekt neu an. Es fragt nicht *intuitiv*, was es bisher mit wem gemacht hat, sondern es fragt *kritisch*, welche Erwartungen die identifizierten Stakeholder vom Unternehmen mit diesem Projekt verbinden. Das verlangt gemäß den vier Stufen der Universalisierung *sich in die Situation der Stakeholder hineinzuversetzen*. Die *Vision* und *Mission* beschreibt die *richtigen Dinge*, die mit Hilfe der *Strategie* in einem umsetzungsfähigen Projekt *richtig getan* werden sollen.

Visionen sind der Antrieb zum Handeln, die auf den *core values*, für die das Unternehmen steht, lebt und arbeitet, aufruhen. Eine *Vision* soll verbal kurz und einprägsam formuliert werden, damit aus ihr heraus eine *Strategie* formuliert werden kann. Während die *Vision* in erster Linie an die eigenen Mitarbeiter und Mitarbeiterinnen gerichtet ist, will die *Mission* eine Außenwirkung erreichen und richtet sich an alle identifizierten Stakeholder. Die *Mission* muss prägnant sein und darf nicht verschwommen wirken. Mit Blick auf die Mitarbeiterinnen und Mitarbeiter, die für eine spätere Umsetzung der Vision in dem Projekt sorgen sollen, muss geprüft werden, ob die eigenen Ressourcen ausreichen und auf Dauer frei zur Verfügung stehen, so dass ein *fundamentum in re* für die *Vision* vorhanden ist. Nach der Formulierung der *Vision* und der *Mission* sind die **Strategien** der Ausgangspunkt für die Erstellung einer Scorecard. „*Strategien zu entwickeln'* bedeutet **Grundsatzentscheidungen** zu treffen, die entweder sämtliche Unternehmensbereiche oder nur einen Geschäftsbereich oder nur einen Funktionsbereich tangieren. Durch Strategien werden wesentliche unternehmerische Absichten in die Realität umgesetzt. Falls das Unternehmen die BSC im Anfang für ein *Pilotprojekt* entwickelt, bedeutet dies, nicht eine *Strategie* für das gesamte Unternehmen zu entwickeln, sondern lediglich eine *Normstrategie* (= strategische Handlungsempfehlungen) für einen Geschäftsbereich festzulegen, die für den Geschäftsbereich folgende Voraussetzungen erfüllen soll:

*   Es muss ersichtlich sein, in welcher Weise die *Strategie* zur Erfüllung der formulierten *Vision* und der *Mission* dient.

*   Die *Strategie* für das Projekt muss realistisch und problembezogen entwickelt und präzise formuliert sein.

*   Die einzelnen Elemente der *Strategie* für das Projekt müssen deutlich ersichtlich, unverwechselbar und allen identifizierten Stakeholdern vermittelbar sein.

Die klassischen *Management-by-Konzepte* können bei dieser ersten Formulierung der *Strategie* durch das Top-Management Berücksichtigung finden. Sie nutzen die Fähigkeit der Mitarbeiter und Mitarbeiterinnen des Unternehmens zum **kritischen Denken**:

*   **Management by Exception**: Die Mitarbeiterinnen im Projekt entscheiden innerhalb eines vorgegebenen Rahmens selbstständig. Das Top-Management greift nur im Ausnahmefall ein, wenn bestimmte Vorgaben überschritten werden.

*   **Management by Delegation**: Die Mitarbeiterinnen im Projekt erhalten weitgehende Kompetenzen und Entscheidungsspielräume. Sie können selbstständig agieren, solange die in der Unternehmensverfassung festgelegten Befugnisse des Top-Managements nicht tangiert werden.

*   **Management by Objectivs:** Die Mitarbeiterinnen im Projekt wirken auf der Basis von strategischen Zielen. Diese werden entweder von Top-Management vorgegeben oder von den Mitarbeitern mit lokalen Entscheidungsträgern vereinbart.

* **Management by Participation**: Die Mitarbeiterinnen im Projekt werden an der Entwicklung von strategischen Zielen beteiligt, wenn sie diese Ziele erfüllen sollen.

* **Management by Results**: Die Erfüllung von strategischen Zielen steht im Vordergrund, der Weg dazu wird weitgehend in das Ermessen der Mitarbeiterinnen im Projekt gestellt.

* **Management by Information**: Die permanente und ausführliche Information *aller* Mitarbeiterinnen steht im Vordergrund.

Wenn es darauf ankommt, *core values* in einem Unternehmen zu implementieren, sind nach dem Modell eines **Quiet leadership** von J.L. Badaracco drei lautlose Tugenden von einer Managerin unbedingt zu fordern: Erstens **Zurückhaltung**, zweitens **Bescheidenheit** und drittens **Beharrlichkeit**. Denn die Verwirklichung von Werten und die Vermeidung von Übeln verlangt immer eine Zusammenarbeit und ist niemals die Tat eines einzelnen Menschen. J.L. Badaracco warnt die Manager ausdrücklich vor dem **heroischen Führungsmodell**. Die Managerin bemühe sich in diesem Fall um einen heroischen Tugendgrad. Sie glaubt der Retter der Welt zu sein und fühlt sich allein für die Verwirklichung aller Werte und die Vermeidung aller Übel verantwortlich. Sie plagt das klassische Heiligensyndrom. In der Tradition der Katholischen Moraltheologie spricht man von den **Werken der Übergebühr** (= *opus supererogatorium*), zu deren Übernahme ein Mensch nicht verpflichtet, sondern nur geraten werden kann, falls er sich zur Heiligkeit berufen fühlt. Das Modell der BSC will dagegen ein Modell sein, das *für alle* Manager und *für alle* Unternehmen bei ihrer Wertverwirklichung hilfreich sein kann und die Managerin, Mitarbeiter und Mitarbeiterinnen ethisch nicht überfordert.

2. Schritt: *Kommunizieren* und *Verbinden* der Strategie mit strategischen Zielen und Verknüpfen mit *Leistungskennzahlen*

In einer zweiten Diskussionsphase muss das Topmanagement versuchen, die *formulierte und konsensfähige Strategie* in bestimmte strategische Ziele für bestimmte **Perspektiven** zu übersetzten, die sich nach den identifizierten Stakeholdern richtet und deshalb *für jedes Unternehmen entsprechend modifiziert und angepasst* werden müssen. Die Väter der BSC haben die Unternehmung aus vier verschiedenen Perspektiven betrachtet, denen sie strategische Ziele zuordnet:

* Ziele der Finanzperspektive,

* Ziele der Kundenperspektive,

* Ziele der internen Prozessperspektive,

* und Ziele der Lern- und Entwicklungsperspektive.

Diese *Perspektiven*, aus denen das Unternehmen betrachtet wird, müssen vernetzt werden und sich ergänzen. Sie sollen ausgewogen berücksichtigt werden, d.h. sie müssen ausbalanciert – d.h. *balanced* – sein. Zu berücksichtigen ist, dass es *komplementäre*, *konkurrierende* und *indifferente* Zielbeziehungen geben kann und man soll sich auf strategisch wichtige Ziele konzentrieren, die sich folgendermaßen charakterisieren lassen:

* Strategische Ziele in der BSC sind spezifische, individuelle und nicht austauschbare Ziele in Bezug auf das Unternehmen bzw. das konkrete Pilotprojekt.

* Strategische Ziele überführen die *Strategie* in aktionsorientierte Aussagen für die vier Perspektiven.

* Strategische Ziele gliedern die *Strategie* in ihre Bestandteile auf.

Sind vom Top-Management die strategischen Ziele in den Perspektiven gesetzt, ist weiter zu überlegen, mit welchen **Indikatoren** sich der Zielerreichungsgrad der strategischen Ziele objektiv messen lässt. Dieser Indikator muss das Problem widerspiegeln. Es gilt die Vermutung: *If you can't measure it, you can't manage it.* Auch die schwer messbaren qualitativen Faktoren müssen irgendwie quantifiziert, d.h. gepunktet werden. ‚Score' ist im Sport die Bezeichnung für ‚Punkt'.

Die *hard facts* einer finanzwirtschaftlichen Perspektive lassen sich immer relativ leicht in eine Kennzahl überführen. Die Kunst besteht darin, für die so genannten *soft facts* eine Kennzahl zu finden, damit Probleme operationalisierbar werden. Priorität hat die Auflistung der zu quantifizieren Ziele, für die es eine Methode zu finden gilt. Falls im Moment keine geeignete Methode gefunden wird, bleibt der Platz in der BSC zunächst frei, bis vielleicht zu einem späteren Zeitpunkt eine **geeignete Kennzahl** gefunden wird. Folgende Probleme können sich an dieser Stelle ergeben:

* Ein strategisches Ziel ist eigentlich recht eindeutig quantifizierbar, diese Quantifizierung erfolgt aber nicht.

* Ein strategisches Ziel ist zwar grundsätzlich quantifizierbar, aber rechenbare Daten sind nur schwer oder annähernd zu ermitteln. Es geht nur mit Hilfe von Prognosen und Tendenzen.

* Ein strategisches Ziel ist zwar grundsätzlich messbar, es stehen aber rechtliche oder organisatorische Bedingungen dagegen.

* Ein strategisches Ziel wird als nicht quantifizierbar eingeschätzt.

3. Schritt: *Planung* und *Vorgaben* zur Abstimmung der strategischen Maßnahmen und der Ressourcenverteilung

Sind die bisherigen Aufgaben zur Zufriedenheit des Top-Managements gelöst worden, stellt sich eine dritte Aufgabe: Das Topmanagement überträgt die weitere Koordinierung der Planung und der Entwicklung von Vorgaben einem **Projektleiter,** der durch ein **Projektteam** und durch verschiedene **Arbeitsgruppen** unterstützt werden kann. Findet sich allerdings im Unternehmen kein Projektleiter **mit den erforderlichen Fähigkeiten des einsichtigen und spontanen Ichs** kann das Projekt nicht weitergeführt werden. Deshalb soll dieser Aspekt bereits bei der Formulierung der *Vision*, der *Mission* und der *Strategie* stets im Auge behalten werden. Es muss jemanden geben, der genau diese *Strategie* aus eigener Motivation und den intellektuellen und sonstigen Fähigkeiten heraus umsetzen möchte. Die konkrete **Grundsatzentscheidung** für das Projekt ist festgehalten in der Formulierung der *Vision*, der *Mission* und der *Strategie*, die in *strategische Ziele* übersetzt und mit **Kennzahlen** verbunden wurde.

Der Projektleiter, das Projektteam und die Arbeitsgruppen machen sich Gedanken über die Abstimmung der *strategischen Maßnahmen* für die Verwirklichung der strategischen Ziele in den Perspektiven. Sie arbeiten *Vorschläge zur Ressourcenverteilung* aus. Für die Verwirklichung jeder strategischen Maßnahme wird ein Zeithorizont festgelegt und ein Verantwortlicher benannt:

Strategische Ziele	Messgrößen	Vorgaben	Strategische Maßnahmen / Ressourcen-allokation	Zeithorizont	Verantwortlich

Das Projektteam und die Arbeitsgruppen sollen mit den relevanten **Stakeholdern** des Unternehmens in Kontakt treten und können eine externe Projektunterstützung – z.B. eine externe Beratung – in Anspruch nehmen. Die vorgeschlagenen strategischen Maßnahmen werden in die BSC eingefügt.

4. Schritt: *Strategisches Feedback* und *Lernen*, um gegebenenfalls die Vision, die Mission und die konsensfähigen Strategie zu reformulieren.

Am Ende soll bei allen Perspektiven ein Erfolgsfaktor stehen. Ein strategisches Feedback ermöglicht einen Lernprozess und kann gegebenenfalls zu einer Reformulierung von Vision, Mission und der Strategie führen. Im Idealfall werden am Ende alle identifizierten Stakeholder **bezüglich der Wertverwirklichung zufrieden** sein. Allerdings ist das ledig-lich eine Idealvorstellung, Da eine BSC vom *moral point of view* systematisch auf Har-monie angelegt ist, die sich nicht immer verwirklichen lässt, wird das Top-Management in vielen Fälle nicht darum herumkommen, eindeutige Festlegungen vorzunehmen und vermutlich im Sinne des *balanced shareholder value* eine Hierarchisierung der strategi-schen Ziele unter Priorität des *shareholder values* vornehmen.[24] Ein planmäßiger Ablauf zur Einführung einer BSC ist der **Abbildung 5** zu entnehmen.

---

[24] Zur kritischen Beurteilung der BSC aus betriebswirtschaftlicher Sich siehe Ehrmann (2006) 206f.

Schluss

Wissenschaftliche Ethik will im Rahmen der Unternehmensethik dem Top-Management eines Unternehmens helfen, dass es aus Selbstverpflichtung heraus – und ohne Sklave irgendeines verblichenen Ökonomens zu werden – ihre core values und ihre relevanten Stakeholder durch kritisches Denken bestimmt und auf der Basis des moral point of view für ihr Kerngeschäft mittels eines betriebswirtschaftlich vernünftigen Konzepts – wie zum Beispiel einer BSC – eine ethisch vertretbare Strategie entwickelt, die von den identifizierten Stakeholdern weitgehend mitgetragen werden kann, um bei intakter wie defizitärer staatlicher Rahmenordnung des Wettbewerbs die Corporate Social Responsibility des Unternehmens zur Zufriedenheit aller Stakeholder wahrzunehmen.

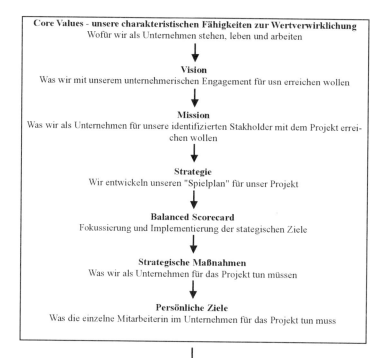

Core Values - unsere charakteristischen Fähigkeiten zur Wertverwirklichung
Wofür wir als Unternehmen stehen, leben und arbeiten

Vision
Was wir mit unserem unternehmerischen Engagement für usn erreichen wollen

Mission
Was wir als Unternehmen für unsere identifizierten Stakholder mit dem Projekt erreichen wollen

Strategie
Wir entwickeln unseren "Spielplan" für unser Projekt

Balanced Scorecard
Fokussierung und Implementierung der stategischen Ziele

Strategische Maßnahmen
Was wir als Unternehmen für das Projekt tun müssen

Persönliche Ziele
Was die einzelne Mitarbeiterin im Unternehmen für das Projekt tun muss

Strategische Erfolgsfaktoren			
Finanz-, Entwicklungs-perspektive:	Kundenperspektive:	Interne Prozess-perspektive:	Lernperspektive:
Zufriedene und motivierte Shareholder	Begeisterte Kunden	Effektive Prozesse im Unternehmen	Hoch geschulte Mitarbeiterinnen und Mitarbeiter
Zufriedene Fremdkapital-geber	Wohlwollende Öffentlichkeit und Presse		

Abbildung 5: Die Entwicklung einer ethisch vertretbaren Strategie mit der BSC

Literatur

Literatur zur Unternehmensethik

Albach, Horst (2005): Betriebswirtschaftslehre ohne Unternehmensethik!, in: Zeitschrift für Betriebswirtschaft 75 (2005) 809-831.

- (2006): Unternehmensethik und globale Märkte [= ZfB Special Issue 1/2006], Wiesbaden.

- (Hrsg.; 2006): Unternehmensethik und Unternehmenspraxis, Wiesbaden.

Attas, Daniel (2004): A Moral Stakeholder Theory of the Firm, in: Zeitschrift für Wirtschafts- und Unternehmensethik 5 (2004) 312-318.

Badaracco, Joseph L. (1998): Managing the Gray Areas, in: Harvard Business Review, 3-5.

- (2001): We Don't Need Another Hero, in: Harvard Business Review, Sept., 121-126.

- (2002): Lautlos führen. Richtig entscheiden im Tagesgeschäft, Wiesbaden.

Behnam, Michael (1998): Strategische Unternehmensplanung und ethische Reflexion (=Schriftenreihe Unternehmensführung, 17), Sternenfels Berlin.

Beschorner, Thomas, Schmidt, Matthias (Hrsg.; 2006): Unternehmerische Verantwortung in Zeiten kulturellen Wandels [= sfwu; Bd. 15], München Mering.

Bowie, Norman E. (Hrsg.; 2002): The Blackwell Guide to Business Ethics, Oxford Malden (Mass.).

Bruton, James (2005): Bankenethik: Bedeutung, Implementierung und Management, in: U. Aichhorn (Hrsg..; 2005): Geld und Kreditwesen im Spiegel der Wissenschaft, Wien New York, 95-121.

Büchele, Manfred, Mildner, Thomas, Murschitz, Katharina, Roth, Günter H., Wörle, Ulrike (2006): Corporate Governance in Deutschland und Österreich (= AUSTRIA Forschung und Wissenschaft – Rechtswissenschaft, Bd. 1), Wien Münster.

Cappelen, Alexander W. (2004): Two Approaches to Stakeholder Identification, in: Zeitschrift für Wirtschafts- und Unternehmensethik 5 (2004) 319-325.

Crane, Andrew, Matten, Dirk (Hrsg.; 2004): Business Ethics: A European Perspective. Managing Corporate Citizenship and Sustainability in the Age of Globalization, Oxford New York u.a.

Donaldson, Thomas, Dunfee, Thomas W. (1999): Ties That Bind. A Social Contracts Approach to Business Ethics, Harvard Business School, Boston Massachusetts.

Donaldson, Thomas, Werhane, Patricia H., Cording, Margaret (Hrsg.; 2002): Ethical Issues in Business. A Philosophical Approach, 7. Aufl., New Jersey u.a.

Duska, Ronald F., Clarke, James J. (2002): Ethical Issues in Financial Services, in: N.E. Bowie (Hrsg.; 2002) 206-224.

Fetzer, Joachim (2002): Die Verantwortung der Unternehmung, in: Zeitschrift für Wirtschafts- und Unternehmensethik 3 (2001) 267-281.

Frederick, Robert E. (2002): A Companion to Business Ethics, Oxford Malden (Mass.).

Freeman, R. Edward (2004): The Stakeholder Approach Revisited, in: Zeitschrift für Wirtschafts- und Unternehmensethik 5 (2004) 228-241.

Friedman, Milton (2002): The Social Responsibility of Business Is to Increase Its Profits [New York Times Magazine, 13.09.1970], in: Donaldson, Werhane u. Cording (Hrsg.; 2002) 33-48.

Garriga, Elisabet, Melé, Domènec (2004): Corporate Social Responsibility Theories: Mapping the Territory, in: Journal of Business Ethics 53 (2004) 51-71.

Göbel, Elisabeth (2006): Unternehmensethik. Grundlagen und praktische Umsetzung, Stuttgart.

Goodpaster, Kenneth E, Matthew, John B. Jr. (2003): Can a Corporation Have a Conscience, in: Harvard Business Review (Hrsg.; 2003) 131-155.

Goodpaster, Kenneth E. (1987): Ethics in Management, Harvard Business Scholl – Division of Research, Course Module Series/Teacher's Manual, Boston.

-        (2002a): Business Ethics and Stakeholder Analysis, in: Donaldson u.a. (Hrsg.; 2002) 61-71.

-        (2002b): Teaching and Learning Ethics by the Case Method, in: Bowie (Hrsg.; 2002) 117-141.

Handy, Charles (2002): What's a Business For?, in: Harvard Business Review, Dec. 49-55 [wiederabgedruckt in: Harvard Business Review (Hrsg.; 2003) 65-82].

Harvard Business Review (Hrsg.; 2003): Harvard Business Review on Corporate Responsibility (= The Harvard business review paperback series), Boston.

Heeg, Andreas (2002): Ethische Verantwortung in der globalisierten Ökonomie: Kritische Rekonstruktion der Unternehmensethikansätze von H. Steinmann, P. Ulrich, K. Homann und J. Wieland (= Moderne-Kulturen-Relationen; Bd. 2), Frankfurt a.M. u.a.

Kaku, Ryuzaburo (2003): The Path of Kyosei, in: Harvard Business Review (Hrsg.; 2003) 105-129.

Knobloch, Ulrike (2002): Ideen des Guten in der integrativen Wirtschaftsethik – Hinführung und Weiterentwicklung, in: Zeitschrift für Wirtschafts- und Unternehmensethik 3 (2002) 9-23.

Köppl, Peter, Neureiter, Martin (Hrsg.; 2004): Corporate Social Responsibility. Leitlinien und Konzepte im Management der gesellschaftlichen Verantwortung von Unternehmen, Wien.

Küpper, Hans-Ulrich (2006): Unternehmensethik. Hintergründe, Konzepte, Anwendungsbereiche, Stuttgart.

Lencioni, Patrick, M. (2002): Make Your Values Mean Something, in: Harvard Business Review, July 113-117.

McCoy, Charles S. (1985): Management of Values. The Ethical Difference in Corporate Policy and Performance, New York u.a.

Pape, Christoph (2004): Zukunft der Banken – Banking der Zukunft, in: O. Everling u. K.-H. Goedeckemeyer (Hrsg.; 2004): Bankenrating. Kreditinstitute auf dem Prüfstand, 3-21.

Takala, Tuomo (2006): Editorial: An ethical enterprise – What is it? In: Journal of Business Ethics and Organization studies 11 (2006) 4.

Velasquez, Manuel G. (1992): Business Ethics. Concepts and Cases, 3. rev. Aufl., Englewood Cliffs.

-       (2002): Moral Reasoning, in: Bowie (Hrsg.; 2002) 102-116.

Wallacher, Johannes, Reder, Michael, Karcher, Tobias (Hrsg.; 2006): Unternehmensethik im Spannungsfeld der Kulturen und Religionen [= Globale Solidarität – Schritte zu einer Neuen Weltkultur; Bd. 14], Stuttgart.

Wieland, Josef (2005a): Die Ethik der Governance (= Institutionelle und Evolutorische Ökonomik; Bd. 9), 4. Aufl., Marburg.

-       (2005b): Normativität und Governance, Marburg.

-       (2006): Die Tugend der Governance, Marburg.

Literatur zur Betriebswirtschaftslehre und zur BSC

Ehrmann, Harald (2003): Kompakt-Training Balanced Scorecard, 3. Aufl., Ludwigshafen.

Ehrmann, Thomas (2006): Strategische Planung. Methoden und Praxisanwendungen, Berlin Heidelberg New York.

Friedag, Herwig R., Schmidt, Walter (2004): My Balanced Scorecard. Das Praxishandbuch für Ihre individuelle Lösung, 3. Aufl., Freiburg u.a.

Kaplan, Robert S., Norton, David (1997): Balanced Scorecard. Strategien erfolgreich umsetzen. Aus dem Amerikanischen von P. Horvath, Stuttgart.

Macharzina, Klaus, Wolf, Joachim (2005): Unternehmensführung. Das internationale Managementwissen. Konzepte – Methoden – Praxis, 5. gründl. überarb. Aufl., Wiesbaden.

Müller, Armin (2005): Strategisches Management mit der Balanced Scorecard, 2. Aufl., Stuttgart.

Probst, Hans-Jürgen (2001): Balanced Scorecard leicht gemacht. Warum sollten Sie nicht mit weichen Faktoren hart rechnen? Frankfurt Wien.

Literatur zum Wirtschaftssystem

Böhm-Bawerk, Eugen von (1921): Kapital und Kapitalzins, Zweite Abteilung: Positive Theorie des Kapitals, Erster und zweiter Band (Exkurse) [1888[1]], 4. Aufl., Jena.

Grossekettler, Heinz (1980): Zur wirtschaftspolitischen Relevanz neoklassischer und verhaltenstheoretischer Ansätze der Volkswirtschaftslehre, in: W. Rippe u. H.-P. Haarland (Hrsg.): Wirtschaftstheorie als Verhaltenstheorie. Beiträge zu einem Symposion der Forschungsstelle für empirische Sozialökonomik (Prof. Dr. G. Schmölders) e.V. am 28. u. 29. Sept. 1978, Berlin, 11-57.

-          (1987): Der Beitrag der Freiburger Schule zur Theorie der Gestaltung von Wirtschaftssystemen (= WWU-Münster; Volkswirtschaftliche Diskussionsbeiträge 90), Münster.

-          (1997): Die Wirtschaftsordnung als Gestaltungsaufgabe. Entstehungsgeschichte und Entwicklungsperspektiven des Ordoliberalismus nach 50 Jahren Sozialer Marktwirtschaft, Münster.

Hayek, Friedrich A. (1968): Der Wettbewerb als Entdeckungsverfahren, Kiel [wiederabgedruckt in: K.R. Leube (Hrsg.; 1996): Die Österreichische Schule der Nationalökonomie. Texte - Bd. 2: von Hayek bis White, Wien (= FAZ Buch 1999) 117-137].

Hirschman, Albert O. (1974): Abwanderung und Widerspruch, Tübingen.

Homann, Karl (1993): Wirtschaftsethik, in: G. Enderle u.a. (Hrsg.; 1993): Lexikon der Wirtschaftsethik, Freiburg Basel Wien, 286-1296.

-          (2002): Vorteile und Anreize. Zur Grundlegung einer Ethik der Zukunft. Hrsg. v. Ch. Lütge, Tübingen.

Homann, Karl, Suchanek, Andreas (2005): Ökonomik. Eine Einführung (= Neue Ökonomische Grundrisse), 2. Aufl., Tübingen

Jevons, William St. (1924): Die Theorie der Politischen Ökonomie [engl. Orig.-Ausg. 1871, 1911], Jena.

Keynes, John Maynard (2002): Allgemeine Theorie der Beschäftigung, des Zinses und des Geldes, In der Übers. V. F. Waeger, 9. Aufl., Berlin.

Kirsch, Guy (1990): Das freie Individuum und der dividierte Mensch. Der Individualismus – Von der Norm zum Problem, Baden-Baden.

-          (2004): Neue Politische Ökonomie, 5. Aufl., Stuttgart

Krugman, Paul R., Obstfeld, Maurice (2006): Internationale Wirtschaft. Theorie und Politik der Außenwirtschaft, 7. Aufl., München u.a.

Kyrer, Alfred (2001): Neue Politische Ökonomie 2005, München Wien.

Luhmann, Niklas (1994): Soziale Systeme. Grundriss einer allgemeinen Theorie, 5. Aufl. [1987; Taschenbuch 1984], Frankfurt a.M.

Pies, Ingo, Sardison (2005): Wirtschaftsethik, in: N. Knoepffler, P. Kunzmann, I. Pies, A. Siegetsleitner (Hrsg.; 2005): Einführung in die angewandte Ethik, Freiburg München, 267-298.

Prahalad, C.K. (2006): Der Reichtum der Dritten Welt. Armut bekämpfen. Wohlstand fördern. Würde bewahren, München.

Röpke, Wilhelm (1994): Die Lehre von der Wirtschaft [1937], 13. Aufl., Bern Stuttgart Wien.

Schumpeter, Joseph A. (1993): Kapitalismus, Sozialismus und Demokratie. Einf. v. E.K. Seifert [engl. Orig.-Ausg. 1942, deutsch 1950], 7. erw. Aufl., Tübingen.

Smith, Adam (1974): Der Wohlstand der Nationen. Eine Untersuchung seiner Ursachen [= Taschenbuch 1978; engl. Orig.-Ausg. 1776, 1789], München.

Suchanek, Andreas (2001): Ökonomische Ethik (= UTB für Wissenschaft; Bd. 2195), Tübingen.

Ulrich, Peter (2001): Integrative Wirtschaftsethik. Grundlagen einer lebensdienlichen Ökonomie. 3. rev. Aufl., Bern Stuttgart Wien.

-        (2005): Zivilisierte Marktwirtschaft. Eine wirtschaftsethische Orientierung (= akt. Neuausgabe von *Der entzauberte Markt* 2002), Freiburg Basel Wien.

Literatur zur Ethik:

Barry, Brian M. (1989): Theories of Justice (= A Treatise on Social Justice; I), London Sydney Tokyo.

Bauman, Zygmunt (1994): Dialektik der Ordnung. Die Moderne und der Holocaust, 2. Aufl., Hamburg

Cathrein, Victor (1924): Moralphilosophie. Eine wissenschaftliche Darlegung der sittlichen, einschließlich der rechtlichen Ordnung, 6. neu durchgearb. Aufl., 1. u. 2. Bd., Leipzig.

Engelhardt, H. Tristram (2000): The Foundations of Christian Bioethics, Lisse Abingdon Exton Tokyo.

Fichte, Johann Gottlieb (1995): Das System der Sittenlehre nach den Prinzipien der Wissenschaftslehre [1798]. Einl. v. H. Verweyen, 1. Aufl., mit neuer Einl. u. bibliogr. Hinweisen, Hamburg.

Frankena, William K. (1994): Analytische Ethik. Eine Einführung [1972[1]; engl. Orig.-Ausg.: Ethics 1963[1] 1973[2] Englewood Cliffs], 5. Aufl., München.

Fromm, Erich (1954). Psychoanalyse und Ethik [= Man for himself], Zürich.

-        (2003): Man for Himself. An inquiry into the psychology of ethics [1947[1]]. With a new introduction by Dr. R. Funk, London New York.

Ginters, Rudolf (1982): Werte und Normen. Einführung in die philosophische und theologische Ethik, Göttingen Düsseldorf.

Hagel, Joachim (2003): „Wer auf Autorität hin handelt, handelt sonach notwendig gewissenlos." Der Beitrag von J.G. Fichte für eine Unterscheidung eines einsichtigen, eines freien und eines spontanen Ichs, in: Theologie und Glaube 93 (2003) 60-73.

- Die Funktionsweise monetärer Märkte in ethischer Perspektive, in: U. Aichhorn (Hrsg..; 2005): Geld und Kreditwesen im Spiegel der Wissenschaft, Wien New York, 53-93.

Hare, Richard M. (1983): Freiheit und Vernunft [engl. Orig.-Ausg. 1962, deutsch 1973 Düsseldorf], Frankfurt.

- (1992): Moralisches Denken: seine Ebenen, seine Methode, sein Witz [= Moral Thinking 1981]. Übers. v. C. Fehige u. G. Meggle, Frankfurt.

Hartmann, Nikolai (1962): Ethik, 4. Aufl., Berlin.

Kant, Immanuel (1911): Grundlegung zur Metaphysik der Sitten [1785], in: Kant's gesammelte Schriften 4 (Ak. Ausgabe), Berlin, 385-463.

- (1914): Die Metaphysik der Sitten [1797], in: Kant's gesammelte Schriften 6 (Ak. Ausgabe), Berlin, 203-493.

- (1923): Über ein vermeintliches Recht aus Menschenliebe zu lügen, in: Kant's gesammelte Schriften 8 (Ak.-Ausg.), Berlin Leipzig, 424-430.

Kaufmann, Franz-Xaver (1992): Der Ruf nach Verantwortung, Freiburg Basel Wien.

Kohlberg, Lawrence (1996): Die Psychologie der Moralentwicklung, Frankfurt a.M.

Mackie, John L. (1983): Ethik. Auf der Suche nach dem Richtigen und Falschen [1981], durchges. u. verb. Ausg., Stuttgart.

Mandeville, Bernard (1980): Die Bienen Fabel oder Private Laster öffentliche Vorteile. Mit e. Einl. v. W. Euchner [engl. Orig.-Ausg. 1714, 1724], Frankfurt.

Moore, George E. (1970): Principia Ethica [engl. Orig.-Ausg. 1903, deutsch 1922], Stuttgart.

Nell-Breuning, Oswald von (1957): Wirtschaft und Gesellschaft heute II. Zeitfragen, Freiburg.

Nussbaum, Martha C. (1999): Gerechtigkeit oder Das gute Leben, hrsg. v. H. Pauer-Studer, Frankfurt.

Reiner, Hans (1974): Die Goldene Regel. Die Bedeutung einer sittlichen Grundformel der Menschheit [Zeitschrift für philosophische Forschung III (1948) 74-105], in: ders. (1974): Die Grundlagen der Sittlichkeit, 2. Aufl. Meisenheim am Glan, 348-379.

- (1977): Die Goldene Regel und das Naturrecht [= Text eines Vortrages vom 14.11.1970], in: Studia Leibnitiana IX/2 (1977) 231-254.

Schüller, Bruno (1987): Die Begründung sittlicher Urteile: Typen ethischer Argumentation in der Moraltheologie [1973], 3. Aufl., Düsseldorf.

Smith, Adam (2004): Theorie der ethischen Gefühle [engl. Orig.-Ausg. 1759, 1790, Nachdruck der Ausg. Leipzig 1927, hrsg. v. W. Eckstein. Mit akt. bibliograph. Nachträgen], Hamburg.

Weber, Max (1958): Politik als Beruf, in: ders. (1958): Gesammelte Politische Schriften, 2. Aufl., Tübingen, 493-548.

-        (1968): Gesammelte Aufsätze zur Wissenschaftslehre, 3. Aufl., Tübingen.

Weston, Anthony (1999): Einladung zum ethischen Denken. Die richtigen Fragen stellen, kreative Lösungen finden, Freiburg.

-        (2002): A Practical Companion to Ethics, 2. Aufl, Oxford New York u.a.

Sonstige Literatur:

Bultmann, Rudolf (1967): Die Geschichte der synoptischen Tradition, 7. Aufl., Göttingen.

Langbein, Hermann (1987): Menschen in Auschwitz, [Nachdruck der Ausg. von 1972], Wien.

Shaw, Bernard (2000): Maxims for Revolutionists, in: ders. (2009): Man and Superman. A Comedy and a Philosophy [1903[1]], London.

Twain, Mark (2004): Huckleberry Finn, Erftstadt.

Zweig, Stefan (2001): Sternstunden der Menschheit [Leipzig 1929], 4. Aufl., Frankfurt.

Nachwort

Die vorliegenden Artikel befassen sich mit den Grundlagen von Forschung und Lehre am Institut für Kirche, Management und Spiritualität in Münster. Das Institut für Kirche, Management und Spiritualität (IKMS) ist ein Institut der Philosophisch-Theologischen Hochschule (PTH) in Münster in freier Trägerschaft der Rheinisch-Westfälischen Kapuzinerprovinz. Neben dem IKMS besteht an der PTH Münster seit bereits 20 Jahren das Institut für Spiritualität. Die Theologie der Spiritualität bildet traditionell den Schwerpunkt in der Forschung und Lehre der PTH Münster. Die Betonung der Theologie der Spiritualität, vor allem auch im Angebot der Lehre, ist im Rahmen der deutschsprachigen Fakultäten und Ordenshochschulen einzigartig.

Das IKMS ist bewusst an der Schnittstelle zwischen Theologie, insbesondere Theologie der Spiritualität, und Ökonomie angesiedelt und bezieht Impulse aus beiden Bereichen, wie es auch in beide Bereiche hineinwirkt. Dies spiegelt sich im personellen Aufbau im Vorstand, im Beirat und besonders bei den Dozierenden wider. Einige der Dozierenden haben dankenswerterweise durch ihre Mitarbeit an dieser Veröffentlichung dazu beigetragen, die Grundlagen der wissenschaftlichen Arbeit des Instituts in einer Veröffentlichung zusammenzufassen.

Aufgrund des inhaltlichen Schwerpunktes des IKMS und der aktuellen Entwicklungen in Kirche, Wirtschaft und Gesellschaft insgesamt entstand die Idee, spirituell-theologische und ökonomische Inhalte in einen konstruktiven Dialog zu bringen. Neben dem gesellschaftspolitischen Auftrag, dem die Hochschule damit nachkommt, sollen drei Ziele verfolgt werden:

1. Aktuelle Entwicklungen in der Ökonomie, besonders im Hinblick auf Fragen des Human Ressource und des Change-Managements, sollen vor dem Hintergrund theologischer, insbesondere spiritueller Erkenntnis untersucht und kritisch gewürdigt werden. Dabei steht die Frage im Mittelpunkt, wie sich das organisationale Handeln auf das Individuum als ganzheitliches Wesen auswirkt.

2. Die Möglichkeit der Übernahme bzw. Adaption von Instrumenten des modernen Human-Ressource- bzw. Change-Managements sowie anderer Managementbereiche auf den kirchlichen Bereich soll geprüft und in der Lehre anwendungsorientiert vermittelt werden. Damit soll kirchliche Arbeit in Zukunft, insbesondere auch auf dem Hintergrund der Spiritualität, weiter professionalisiert werden.

3. Ökonomische und wirtschaftliche sowie spiritualitätstheologische Erkenntnisse sollen auf wissenschaftlicher Ebene miteinander ins Gespräch gebracht werden.

Die Studierenden des Instituts können von dieser Zusammenarbeit verschiedener Forschungsbereiche profitieren. So werden Module mit folgenden Inhalten angeboten:

I. Grundlagenmodul: Kirche, Management und Spiritualität

Um innerhalb eines Studiums Managementtheorien und Spiritualität miteinander verbinden zu können, müssen zunächst grundsätzliche Fragen geklärt werden: Was ist Spiritualität? Welche Spiritualität lebe ich? Was zeichnet die wissenschaftliche Dimension der Theologie der Spiritualität aus? Wie gehören Mystik und Askese in den Bereich der Spiritualität? Von welchem Managementkonzept geht das Institut aus? Was heißt Kirche, welche Kirchenbilder gibt es? Welche Verbindungslinien gibt es zwischen diesen drei Bereichen? Welche Trennschärfen sind zu ziehen?

Ein weiterer Inhalt dieses Moduls ist die Wirtschaftsethik. Welche Impulse kann wirtschaftliches Handeln aus den Grundsätzen theologischer Erkenntnis gewinnen?

Inhalte

- Verbindung und Vernetzung
- Grundlagenmodelle von:
  - Management,
  - Spiritualität
  - Kirche
  - Wirtschaftsethik

Darüber hinaus bietet dieses Modul die Gesamteinordnung der Studieninhalte und Lernziele während des gesamten Studienverlaufs.

II. Erneuerungspotenziale entdecken

Innovation ist eines der Schlagworte in der gesamtgesellschaftlichen Diskussion über die Zukunftsfähigkeit Deutschlands geworden. Dabei ist der Begriff vielschichtig und keineswegs selbsterklärend. Auch sollte Innovation nicht unkritisch oder gar naiv bewertet werden.

Die unterschiedlichen Dimensionen von Innovation, die Erarbeitung von innovativen Ansätzen, ihre Sichtung und Bewertung stehen im Focus dieses Moduls.

Daneben wird Innovation ebenso wie die innovatorische Kraft verschiedener spiritueller Schulen als spirituelle Handlungskategorie aufgezeigt. Denn Innovation zieht sich durch die Geschichte einer jeden Organisation, insbesondere auch der Kirche. Es sollen innovative Ansätze der Kirchen- und Spiritualitätsgeschichte vorgestellt und in Bezug zu modernem Innovationsmanagement gesetzt werden.

Inhalte:

- Erneuerung als spirituelle Handlungskategorie / Grundlagen des Innovationsmanagements

- Erarbeitung grundsätzlicher Lösungsrichtungen, Ideenmanagement / Christlich-spirituelle Richtungen als Schulen der Erneuerung

- Risiko und Widerstand in Management und Spiritualität / Konzeptentwicklung zur Überwindung von Innovationswiderständen und Risikobarrieren

- Sichtung von Innovationsideen und Handlungsmöglichkeiten zur Realisierung von Innovationsprojekten / die Bibel als Handbuch der Innovation

III. Veränderungsprozesse gestalten

Organisationen sind einem zunehmenden Veränderungsdruck ausgesetzt. Dieser Veränderungsprozess wird bedingt durch viele Faktoren, wie etwa Wertewandel, demographischer Wandel, zunehmende Internationalisierung. Viele Menschen sehen sich diesen Veränderungsprozessen allerdings zunehmend als Betroffene ausgesetzt, die keinerlei Möglichkeit der Mitgestaltung haben. Es geht in diesem Modul daher um die Frage, wie Veränderungsprozesse gestaltet und vorangetrieben werden können, und welche Auswirkungen diese Prozesse auf das Individuum haben. Wie kann in einer Organisation der Einzelne vom Betroffenen zum aktiv Gestaltenden werden?

Veränderung und die Kraft, Veränderungsprozesse zu gestalten, ist eine wichtige Kraft innerhalb der Spiritualitäts- und der Ordensgeschichte. Wie geht Kirche, die sich als ecclesia semper reformanda versteht, mit Veränderung um? Wie werden aktuelle Veränderungsprozesse in den Orden und der Kirche aus einer spirituellen Haltung heraus gestaltet? Eine weitere Dimension bildet die Untersuchung von historischen wie aktuellen Veränderungsprozessen in kirchlichen Strukturen. Welche Veränderungsprozesse finden bzw. fanden statt, wie wurden sie gestaltet, durch wen wurden sie getragen?

Inhalte:

- Befunde der Väterliteratur (Mönchsväter 3.–6. Jahrhundert) / Grundlagen des organisationalen Wandels
- Verwandlung als theologisch-spirituelle Grundkategorie (Askese, Mystik) / Interne und externe Ansatzpunkte des Veränderungsprozesses
- Akteure I: Mitarbeiter und Führung / Akteure II: Berater, Kunden etc.
- Methoden und Instrumente / Praxiskonzepte/Ordensregeln und Veränderung

IV. Mitarbeiter motivieren

Engagierte Mitarbeiter sind eine wichtige Voraussetzung für eine möglichst effiziente Gestaltung von Prozessen in Organisationen. Dabei ist neben der Möglichkeit von Anreizgestaltung durch leistungsabhängige Entgeltgestaltung und Arbeitszeitgestaltung auch die Frage der Aktivierung intrinsischer Motive gerade im kirchlichen Bereich von höchster Bedeutung. Was bewegt den Mitarbeiter zur Erbringung von Leistung? Wie sieht sich der Mitarbeiter in die Organisation eingebunden? Welche Rolle spielt die Spiritualität?

Wenn wir in diesem Modul auf Unternehmen der freien Wirtschaft schauen, stellen wir uns die Frage, ob spezifische intrinsische Motive für wertorientierte Organisationen zu identifizieren sind. Wenn ja, worin bestehen sie?

Von der spiritualitätstheologischen Seite her spielt der Zusammenhang von Motivation zu Beruf / Berufung / Professionalität eine große Rolle. Auf welche Verheißungen hin lebt und arbeitet der Mensch?

Inhalte:

- Grundlagen und Rahmenbedingungen der Anreizgestaltung (Motivation) / Sinnsuche, Gestaltung von Sinn, spirituelle Angebote

- Christliche Werte erkennen und umsetzen / Leistungsorientierte Anreizgestaltung

- Flexible Arbeitszeitmodelle, Erfolgsbeteiligung als Anreizkomponenten / Anreizgestaltung auf Basis von Zielvereinbarungen

- Verheißung als theologisch-spirituelle Anreizkomponente: Hoffnung, Zuversicht, Vertrauen

V. Mitarbeiter begleiten

Letztlich entscheidet die Handlungsfähigkeit der einzelnen Mitarbeiter über die Handlungsfähigkeit einer Organisation. Daher ist die herausragende Aufgabe des Personalmanagements, eigene Qualifikationen wie auch die der Mitarbeiter fortlaufend weiterzuentwickeln. Die Grundlage für diese permanente Personalentwicklung bietet das Bochumer Kompetenzmodell, das grundsätzlich auf die Fragestellung fokussiert, was den Einzelnen zur Ausführung einer Handlung befähigt. Dabei sind neben der eigentlichen Fachkompetenz auch motivationale und organisationale Bedingungen zu berücksichtigen. Die Entwicklung einzelner Mitarbeiter kann so nur vor dem Hintergrund der individuellen Möglichkeiten wie auch der organisationalen Bedarfe erfolgen.

In den Evangelien setzt Jesus ganz eigene Maßstäbe der Begleitung von Menschen, basierend auf Ehrfurcht, Respekt und Aufmerksamkeit, letztlich somit auf der Grundlage, dass alle von Gott geliebte Geschöpfe sind. Welche Impulse erwachsen aus dem biblischen Menschenbild für die Begleitung von Mitarbeitern, gerade auch in kirchlichen Institutionen?

Inhalte:

- Strategie und Aufgabenfelder des modernen Personalmanagements / Wertschätzung und Empathie, Ehrfurcht und Respekt als spirituelle Komponenten
- Das Mitarbeitergespräch und Personalbeurteilung / das brüderlich-geschwisterliche Gespräch
- Personalplanung, Personaleinsatz, Personalbeschaffung und Personalmarketing
- Personal- bzw. Kompetenzentwicklung / Unterscheidung der Geister

VI. Qualität sichern

Die Qualität von Dienstleistungen oder Produkten ist einer der bestimmenden Faktoren für die Beurteilung einer Organisation bei ihren Kunden. Dies hat bei zahlreichen Unternehmen unter dem Druck der Marktveränderungen vom Anbieter- zum Käufermarkt, aber auch durch den verschärften Kostendruck, zu einer Neubewertung des Qualitätsmanagements geführt. Ausgangspunkte für die Entwicklung der derzeitigen Qualitätsmanagementsysteme finden sich zunächst im Bereich der Industrie, besonders der Automobilindustrie.

Doch längst hat die Veränderung des Qualitätsgedankens auch Auswirkungen auf die Dienstleistungsbranche. Auch kirchliche (Wohlfahrts-) Einrichtungen sind ohne funktionierende Qualitätsmanagementsysteme nicht mehr denkbar. Allerdings unterscheiden sich die einzelnen Systeme erheblich. Daher muss jede Einrichtung ein eigenes Qualitätsmanagementsystem aufbauen und in seinen spezifischen Werterahmen bzw. in das Leitbild integrieren.

Was heißt Qualität aber im spiritualitätstheologischen Zusammenhängen?

Inhalte:

- Grundlagen des Qualitätsmanagements/Spiritualität und Qualität
- Qualitätsmanagementsysteme (ISO, EFQM etc.)
- Entwicklung und Aufbau eigener Qualitätsmanagementsysteme
- Zertifizierung (Ein Gütesiegel für die Qualität)

VII. Weltweit vernetzen

Internationalisierung, Globalisierung sind Schlagworte der gesellschaftlichen wie wirtschaftlichen Diskussion. Zugleich sind diese Begriffe bei vielen Menschen inzwischen negativ besetzt, da mit ihnen Verlust von Arbeitsplätzen, unethisches Verhalten von Großunternehmen, Ausbeutung und vieles mehr in Verbindung gebracht wird. Diese Sicht der Dinge hat ihre Berechtigung, doch sollten auch die Chancen weltweit agierender Organisationen gesehen werden. Es gilt dabei auch, Fragen der Interkulturalität zu klären.

Die Kirche ist seit jeher eine internationale, inzwischen weltweite Organisation. Dies brachte und bringt Bereicherung auf vielen Ebenen, gleichzeitig aber sind damit Schwierigkeiten verbunden, was z.B. den Austausch zwischen internationalen Partnern oder den internationalen Einsatz von Mitarbeitern betrifft.

In vielen Ordensgemeinschaften wird mittlerweile internationale Solidarität gelebt, sowohl in finanzieller aber auch in personeller Hinsicht. Wie stellt sich diese Grundkategorie evangelischen Lebens dar? Welche Impulse erwachsen daraus für wirtschaftliches Denken?

Inhalte:

- Management, Kultur und Spiritualität
- Internationaler Personaleinsatz / Solidarität als spirituelle Basiskompetenz
- Grundlagen erfolgreicher Kooperation mit ausländischen Partnern / Kirche und Orden als global player
- Aufbau internationaler Arbeitsteams / Kirchliche Hilfswerke, Partnerschaften, Aufbau internationaler Missionsgesellschaften

VIII. Für sich selbst und die Mitarbeiter Verantwortung übernehmen

Die Erhaltung der Gesundheit der Mitarbeiter fällt in die Fürsorgepflicht des Arbeitgebers. Lange Zeit wurde dies ausschließlich auf die Einhaltung von Gesetzen des Arbeitsschutzes beschränkt. So wurde besonders in Deutschland ein ausgeklügeltes System zur Vermeidung von Arbeitsunfällen entwickelt, das allerdings im postindustriellen Zeitalter wenig auf die Bedürfnisse der Arbeitnehmer wie auch neuer Beschäftigungsgruppen wie z.B. der Freelancer zugeschnitten ist. Immer mehr rückt der Aspekt des präventiven Gesundheitsschutzes in den Focus des Interesses, basierend auf den Ergebnissen des salutogenetischen Ansatzes nach Antonowsky und dessen Rezeption durch die WHO und andere Organisationen. Gesundheit wird darin als Prozess verstanden. Definiert ist Gesundheit dabei nicht als das Freisein von Krankheit, sondern als ein vieldimensionales Konstrukt, in welchem physische, spirituelle und soziale Aspekte als Bedingungsfaktoren in Beziehung zueinander stehen. Gesundheit und Gesundheitsmanagement stehen damit in elementarer Verbindung mit Spiritualität, wenn Gesundheit als eine ganzheitliche Komponente menschlichen Lebens betrachtet wird. Auch die Frage nach den eigenen Quellen, der eigenen Spiritualität soll in diesem Modul berücksichtigt werden.

Inhalte:

- Stressmanagement: Theorie und Instrumente / Quellen der eigenen Spiritualität
- Salutogenese und Spiritualität
- Betriebliches Gesundheitsmanagement / Unternehmensspiritualität
- Gesellschaftliche Rahmenbedingungen: Arbeitsschutz, Gesundheitssystem

IX. Wert(e)orientiert führen

Führung von Mitarbeitern ist eine Aufgabe, die für Personal verantwortliche Leitungspersönlichkeiten häufig nicht »gelernt« haben, die sie aber selbstverständlich leisten müssen. Dies gilt insbesondere bei Führungskräften, die aufgrund der Fachkarriere in eine Führungsposition gelangt sind. Führung von Mitarbeitern und die Gestaltung von Unternehmensklima und -philosophie ist aber eine Schlüsselaufgabe für das ökonomische Gelingen von Organisationen, zugleich aber stellt sie besondere moralische Fragen, da Menschen in zentralen Punkten ihrer Lebens- und Arbeitsgestaltung davon betroffen sind. Führungskräfte dürfen bei der Bewältigung dieser Aufgabe nicht allein gelassen werden.

Eine besondere Herausforderung stellt die Führung von Mitarbeitern in kirchlichen Institutionen dar, weil hier ethische Forderungen der Kirche sich an konkreten Bedürfnissen der häufig kirchlich gebundenen Mitarbeiter messen lassen müssen. Das ist eine zutiefst spiritualitätstheologische Aufgabe. An dieser entscheidenden Stelle Handlungsfähigkeit und -sicherheit zu vermitteln, ist die Aufgabe dieses Moduls.

Inhalte:

- Leitung und Führung / Ansätze zu Führung in den Ordensregeln des hl. Benedikt oder der heiligen Augustinus und Franziskus

- Führungsgrundsätze, Führungsstile und Führungsinstrumente / Christliches Menschenbild

- Unternehmensethik / Ethik und Spiritualität (Wirtschaftsethik)

- Personalentwicklung / spirituelle Reifung

X. Kommunizieren, moderieren und präsentieren

»Man kann nicht nicht kommunizieren« – dieser Satz bringt es auf den Punkt: Mittelpunkt der täglichen Arbeit besonders all jener, die mit Menschen arbeiten, ist dauerhafte Kommunikation. In den meisten Ausbildungen wird jedoch der Bereich der Kommunikation, Kommunikationstechniken, Gestaltung von Diskussionen, Moderation von Gruppen und Konfliktmoderation nicht berücksichtigt. Dadurch entstehen im Lauf des beruflichen Alltags zahlreiche Defizite.

Dies gezielt zu üben, in Einzelgesprächen wie auch in der Gestaltung von Gruppenprozessen, ist Aufgabe dieses Moduls. Dadurch sollen die Teilnehmer in die Lage versetzt werden, diesen Teil ihrer Führungsaufgabe deutlich optimieren zu können. Neben der Vermittlung theoretischer Befunde sollen die Teilnehmer anwendungsorientiert in die Lage versetzt werden, Kommunikation in Gruppen zielorientiert zu leiten.

Inhalte:

- Grundmodelle der Kommunikation
- Zielvereinbarungs- und Konfliktgespräche
- Professionelle Präsentation
- Moderationstechniken

XI. Projektmanagement

Projektarbeit hat heute einen herausragenden Stellenwert. Sie macht es möglich, mit einem Team von Spezialisten flexibel und schnell komplexe Vorhaben zu bearbeiten. Oftmals sehen sich die Projektbeteiligten jedoch unerwarteten Schwierigkeiten gegenüber: Kostenvorgaben werden nicht eingehalten, vereinbarte Termine überschritten und Leistungen nicht in der gewünschten Qualität erbracht. Ziel des Moduls ist es, das Projektmanagement-Know-how der Teilnehmer zu erweitern, um so den Grundstein für eine professionelle Projektarbeit zu legen. Zu diesem Know-how gehört auch die Kenntnis der Spiritualität und der Vision des Unternehmens. Was sind die Werte, die Normen, die ausgesprochenen und unausgesprochenen Erwartungen? Wie können unerwartete Schwierigkeiten nicht nur mit Hilfe von Managementwissen, vielmehr auch mit spirituellen Quellen und Werten aufgefangen werden? Wie geht das Team mit Misserfolg und Scheitern um? Neben dem methodischen Rüstzeug zur Planung, Steuerung und Überwachung von Projekten stehen organisatorische Fragestellungen des Projektmanagements sowie spiritualitätstheologische Aspekte des Umgangs mit einander im Team, innerhalb der Organisation und in Fragen des Misserfolgs im Fokus der Veranstaltung.

Inhalte:

- Fehler und Scheitern im Projektmanagement/ Scheitern als Grunddimension menschlichen und spirituellen Wachstums

- Methoden zur Planung, Steuerung und Überwachung von Projekten /Ordensregeln als regulative Instanzen

- EDV-Einsatz im Projektmanagement

- Aus Erfahrungen lernen/Christliche Spiritualitätsgeschichte als Geschichte des Projektmanagements

XII. Kostentransparenz schaffen

Lebendige Gemeinschaft und aktiver Beistand erfordern neben viel Engagement und Zeit auch den Einsatz von finanziellen Mitteln. Gelebter Glaube und Zuwendung haben daher stets auch mit Geld zu tun. Dabei erweist sich die Kirche als Institution immer auch als ein Spiegelbild der Gesellschaft. In Zeiten einer immer prekärer werdenden Haushaltslage gehen die Einnahmen der Kirche spürbar zurück. Demgegenüber ist es in vielen Bereichen schwierig, die Höhe der Ausgaben zu reduzieren. Angesichts dieser Entwicklungen ist es für nahezu alle kirchlichen Mitarbeiter in leitenden Positionen, egal ob sie in der Ausbildung, im seelsorglichen Bereich oder auch in der Verwaltung tätig sind, unerlässlich, Transparenz in die Kosten- und Erlösstrukturen ihres Verantwortungsbereiches zu bringen.

Um die Teilnehmer in die Lage zu versetzen, betriebliche Engpässe zu erkennen, Instrumente des Controllings problemorientiert einsetzen und reale Controllingprobleme lösen zu können, werden in diesem Modul die Ziele, Aufgaben und Instrumente des Controlling vermittelt. Die Themenblöcke werden anhand von Praxisbeispielen illustriert und in Übungen vertieft.

Inhalte:

- Instrumente und Techniken des Rechnungswesens /Kirche und Geld – Annäherungen an ein schwieriges Thema im Zeitalter der Globalisierung

- Informationsquelle betriebliches Rechnungswesen

- Moderne Instrumente der Kostenrechnung

- Früherkennungs- und Frühwarnsysteme /Die Kirche als »globaler Wirtschaftsbetrieb« im Wandel der Zeit

Die Autoren

Thomas Dienberg OFMCap, geb. 1964, ist Professor für Theologie der Spiritualität an der Philosophisch-Theologischen Hochschule Münster (PTH) und seit einigen Jahren an Hochschulen in New York und in Rom in der Lehre tätig. Seit 2002 ist er Rektor der PTH. Schwerpunkte seiner Lehr- und Forschungstätigkeit liegen in den Bereichen von Mystik und Askese, der Franziskanischen Spiritualität, der Frage nach dem Gebet und der gelebten christlichen Spiritualität, in der Verbindung von Management und Spiritualität sowie in dem Dialog von Kunst und Spiritualität.

Thomas Dienberg ist Mitglied des Kapuzinerordens und seit 1991 Priester. Er ist im Leitungsgremium des Ordens in Deutschland sowie als Ausbildungsleiter tätig.

Gregor Fasel, geb. 1960, ist Leiter des Instituts für Kirche, Management und Spiritualität an der PTH Münster. Nach dem Studium der katholischen Theologie war er einige Jahre als Theologe tätig, danach studierte er Arbeitswissenschaften am Institut für Arbeitswissenschaften der Ruhr-Universität Bochum und arbeitete als wissenschaftlicher Mitarbeiter bei Prof. Norbert Kailer am Lehrstuhl für Personal und Qualifikation sowie am Forschungszentrum für Personalentwicklung. Forschungsschwerpunkt sind die Gestaltung von Veränderungsprozessen und ihre Auswirkungen auf das Individuum.

Michael Fischer, geb. 1962, ist seit 2006 ordentlicher Universitätsprofessor und Vorstand des Instituts für Qualität und Ethik im Gesundheitswesen an der Privaten Universität für Gesundheitswissenschaften, medizinische Informatik und Technik (UMIT) in Hall (Tirol). Zugleich leitet er das Referat Leitbild/Qualitätsmanagement des Vorstands in der

St. Franziskus-Stiftung Münster, einem katholischer Krankenhausverbund in Nordwestdeutschland. Seine Aufgaben- und Forschungsschwerpunkte liegen in der Einführung, im Aufbau und der Weiterentwicklung von Qualitätsmanagementsystemen, den Fragen einer wertebasierten Organisationsentwicklung, der Gemeinde-, Kirchen und Ordensberatung sowie in der Entwicklung des Managements und des Unternehmensprofils kirchlicher Sozialunternehmen.

Michael Fischer nimmt weitere Lehrtätigkeiten an der Philosophisch-Theologischen Hochschule der Kapuziner in Münster wahr. Seine Bemühungen, Theorie und Praxis im Sinne einer anwendungsbezogenen Grundlagenforschung zu verbinden, werden von der Volkswagenstiftung gefördert.

Joachim Hagel O.Praem., geb. am 27. Juli 1961 in Münster/ Westf., 1982-1987 Studium der Kath. Theologie und der Volkswirtschaftslehre an der WWU Münster, 1987 Diplom in Kath. Theologie, 1992 Promotion in Volkswirtschaftslehre, 1998 Habilitation im Fach Moraltheologie an der Uni Salzburg, 1997 bis 2003 Lehrbeauftragter für Christ.

Sozialwissenschaft an der Theol. Fakultät Fulda, 2005-2007 Vertretungsprofessur für Christl. Sozialwissenschaft an der Kath.-Theol. Fakultät der Uni Erfurt; seit 2003 Lehrbeauftragter an der FH Salzburg für den Studiengang Betriebswirtschaftlehre & Informationsmanagement, seit 2007 Lehrbeauftragter für Christl. Sozialethik an der PTH Benediktbeuern.

1987 Eintritt in die Prämonstratenser-Abtei Hamborn in Duisburg, 1992 Priesterweihe, 1992-1996 verschiedene pastorale Tätigkeiten als Seelsorger und Religionslehrer, derzeit Pfarrprovisor in Elixhausen in der Erzdiözese Salzburg.

Urs Jäger, studierte Betriebswirtschaft an der Universität St.Gallen und Genf und schloss sein Studium an der Universität St.Gallen mit einem Doktortitel über Führungsethik ab. Er arbeitete in verschiedenen Forschungsprojekten: Er nahm an einem Aktionsforschungsprojekt an der Universität Zürich teil und forschte am Institut für Wirtschaftsethik der Universität St. Gallen. Danach wirkte er in einer empirischen Studie über Personalmanagement und HR-Manager in internationalen Unternehmen am Institut für Führung und Personalmanagement an der Universität St. Gallen mit. Die empirischen Erfahrungen, die er bei der Deutschen Lufthansa AG sammeln konnte, transferierte er in ein praxisorientiertes Controlling-Konzept. Ab 2003 arbeitete er mit Prof. Johannes Rüegg-Stürm am Institut für Betriebswirtschaft der Universität St.Gallen als Habilitand. Er lehrte in verschiedenen Vorlesungen und Seminaren an verschiedenen Universitäten. 2006 machte er einen Forschungsaufenthalt an der Peter F. Drucker and Masatoshi Ito Graduate School of Management in Kalifornien (USA), und 2007 wurde er an der Universität St.Gallen zum Privatdozenten ernannt.

Urs Jäger arbeitete in verschiedenen Projekten als Berater. 1996 war er am Institut für Arbeitspsychologie der ETH Zürich in einem Projekt tätig, 1997 in einem Beratungsprojekt des Instituts für Wirtschaftsethik und als Analyst im Portfoliomanagement eines Unternehmens des Investment Banking. 1998 arbeitete er für die BSU (Beratung für soziale Unternehmen) in Stuttgart. 1999 wechselte er auf die Kundenseite zur Deutschen Lufthansa AG, wo er drei Jahre als Finanzcontroller, Personalentwickler und Projektmanager wirkte. Seit April 2007 arbeitet er in einem Team für den Aufbau des Center for Social Enterprise der Universität St.Gallen.

Walter Krieg ist selbständiger Unternehmensberater, Lehrbeauftragter an der Universität St. Gallen und Mitglied zahlreicher Verwaltungs- und Stiftungsräte. Er ist ein ausgewiesener Fachmann für Führungsorganisation und kennt die Probleme oberster Leitungsorgane aus langjähriger eigener Erfahrung. Besonderes Augenmerk legt er auf die Gestaltung und Führung von mittelständischen Unternehmen und Familienbetrieben.

Walter Krieg war maßgeblich an der Entwicklung der Systemorientierten Managementlehre beteiligt und ist Mitbegründer und Mitautor des St.Galler Management-Modells Die daraus gewonnen Erkenntnisse hat er mit umfassendem Anwendungswissen verbunden und vertieft. Er übte leitende Funktionen in weltweit tätigen Schweizer Unternehmen aus und machte sich anschließend selbständig.

Seit bald 20 Jahren betreut Walter Krieg mit großem Erfolg Unternehmen verschiedener Größen und Branchen in Fragen der unternehmerischen Ausrichtung, der Gesamtführung und der umfassenden Befähigung, meist in Form eines persönlichen Mandats. Besonderen Wert legt er auf die intensive Interaktion mit den Beteiligten und die gemeinsame Erarbeitung von Lösungen.

Bernd Kriegesmann, Jahrgang 1963, Dipl.-oec., Dr. rer. oec., Studium der Wirtschaftswissenschaften an der Ruhr-Universität Bochum, von 1989 bis 1991 wissenschaftlicher Mitarbeiter am Institut für angewandte Innovationsforschung (IAI) Bochum e.V., von 1991 bis 1993 Fachreferent beim Bundesministerium für Forschung und Technologie (Innovationsförderung), von 1993 bis Februar 2000 Geschäftsführer des IAI, seit März 2000 Professor für Betriebswirtschaftslehre an der Fachhochschule Gelsenkirchen, seit Juli 2002 Vorstandsvorsitzender des IAI. Mitglied in verschiedenen Arbeitskreisen und Beiräten. Autor zahlreicher Fachpublikationen, Herausgeber der „Berichte aus der angewandten Innovationsforschung" sowie der Reihe „Innovation: Forschung und Management".

Friedrich Kerka, 1966 in Dortmund geboren, studierte Wirtschaftswissenschaften an der Ruhr-Universität Bochum, promovierte zum Thema „Strukturierung von Innovationsaufgaben – Ein Beitrag zur Beschreibung und Erklärung betrieblicher Veränderungsprozesse" an der Ruhr-Universität Bochum (Prof. Dr. Erich Staudt).

Er war von 01/1994–09/1997 wissenschaftlicher Mitarbeiter und Projektleiter am Institut für angewandte Innovationsforschung (IAI) Bochum e.V. und von 10/1997–09/2001 am Institut für Arbeitswissenschaft, Lehrstuhl Arbeitsökonomie an der Ruhr-Universität Bochum. Seit Oktober 2001 ist er Geschäftsführer des IAI, seit 05/2004 geschäftsführender Gesellschafter der Prof. Staudt Innovation-Consulting GmbH, Bochum, und seit September 2005 Professor für Betriebswirtschaftslehre an der Fachhochschule Gelsenkirchen. Herr Kerka ist Autor zahlreicher Fachveröffentlichungen und Studien insbesondere zum Innovationsmanagement und behandelt seine Forschungsthemen in Vorträgen auf zahlreichen Kongressen und Symposien.

Arbeitsschwerpunkte: Technologie- und Innovationsmanagement, Technologietransfer und Innovationspolitik.

Marcus Kottman, geb. 1969, Dipl. Chem., Dipl.-Arb.-Wiss., Studium der Chemie an den Universtiäten Bochum und Essen, Studium der Arbeitswissenschaft an der Ruhr-Universität Bochum. Von 1995 bis 2001 wissenschaftlicher Mitarbeiter und Projektleiter am Institut für angewandte Innovationsforschung Bochum e.V. an der Ruhr-Universität Bochum. Seit November 2001 Geschäftsleiter des Forschungszentrums für Personalentwicklung am Institut für Arbeitswissenschaft der Ruhr-Universität Bochum, seit 2002 geschäftsführender Vorstand des Instituts für angewandte Innovationsforschung Bochum e.V., ebenfalls seit 2002 Gesellschafter und Prokurist der Prof. Staudt Innovation Consulting GmbH, Bochum. Mitglied verschiedener Beiräte und Expertenkommissionen zur innovationsorientierten Kompetenzentwicklung. Autor zahlreicher Fachpublikationen und Mit-Herausgeber der Reihe „Arbeitswissenschaftlicher Personaldiskurs".

Arbeitsschwerpunkte: Innovationsorientierte Personal- und Organisationsentwicklung, Kompetenzentwicklung und betriebliches Gesundheitsmanagement.